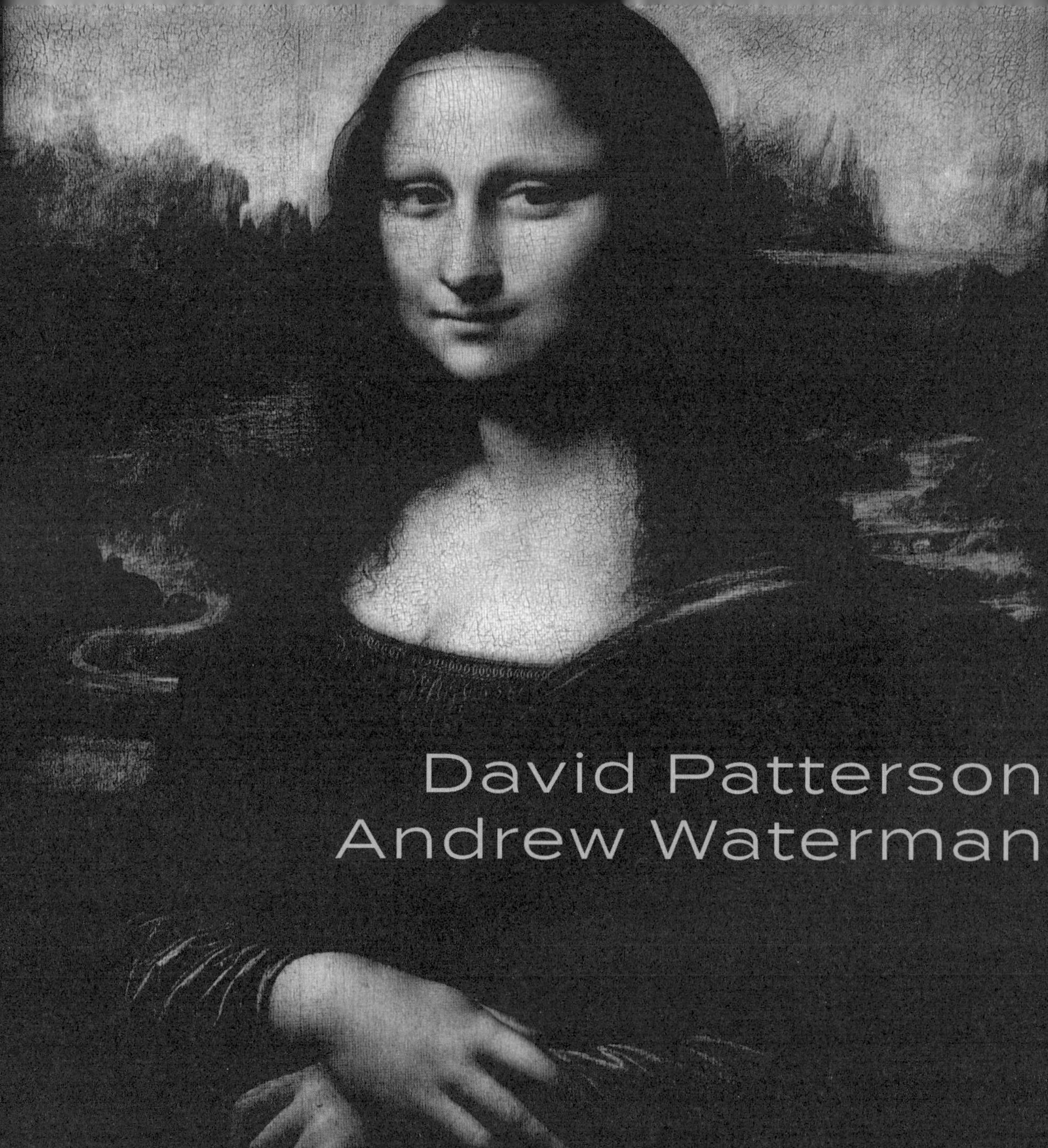

David Patterson
Andrew Waterman

RISC-V 독본

오픈 아키텍처 아틀라스

조정훈 옮김

도서출판 홍릉

THE RISC-V READER by David Patterson, Andrew Waterman

RISC-V 독본

오픈 아키텍처 아틀라스

인 쇄: 2021년 8월 19일 초판 1쇄
발 행: 2021년 8월 30일 초판 1쇄

역 자: 조정훈
발행인: 송 준
발행처: 도서출판 홍릉
주 소: 01093 서울시 강북구 인수봉로 50길 10
등 록: 1976년 10월 21일 제5-66호

전 화: 02-999-2274~5, 903-7037
팩 스: 02-905-6729
e-mail: hongpub@hongpub.co.kr
http://www.hongpub.co.kr
ISBN: 979-11-5600-794-4(93000)

정 가: 23,000원

In Praise of The RISC-V Reader

This timely book concisely describes the simple, free and open RISC-V ISA that is experiencing rapid uptake in many different computing sectors. The book also contains many insights about computer architecture in general, as well as explaining the particular design choices we made in creating RISC-V. I can imagine this book becoming a well-worn reference guide for many RISC-V practitioners.

—Professor Krste Asanović, University of California, Berkeley, one of the four architects of RISC-V

I like RISC-V and this book as they are elegant—brief, to the point, and complete. The book's commentaries provide a gratuitous history, motivation, and architecture critique.

—C. Gordon Bell, Microsoft and designer of the Digital PDP-11 and VAX-11 instruction set architectures

This handy little book effortlessly summarizes all the essential elements of the RISC-V Instruction Set Architecture, a perfect reference guide for students and practitioners alike.

—Professor Randy Katz, University of California, Berkeley, one of the inventors of RAID storage systems

RISC-V is a fine choice for students to learn about instruction set architecture and assembly-level programming, the basic underpinnings for later work in higher-level languages. This clearly-written book offers a good introduction to RISC-V, augmented with insightful comments on its evolutionary history and comparisons with other familiar architectures. Drawing on past experience with other architectures, RISC-V designers were able avoid unnecessary, often irregular features, yielding easy pedagogy. Although simple, it is still powerful enough for widespread use in real applications. Long ago, I used to teach a first course in assembly programming and if I were doing that now, I'd happily use this book.

—John Mashey, one of the designers of the MIPS instruction set architecture

This book tells what RISC-V can do and why its designers chose to endow it with those abilities. Even more interesting, the authors tell why RISC-V omits things found in earlier machines. The reasons are at least as interesting as RISC-V's endowments and omissions.

—Ivan Sutherland, Turing Award laureate called the father of computer graphics

RISC-V will change the world, and this book will help you become part of that change.

—Professor Michael B. Taylor, University of Washington

This book will be an invaluable reference for anyone working with the RISC-V ISA. The opcodes are presented in several useful formats for quick reference, making assembly coding and interpretation easy. In addition, the explanations and examples of how to use the ISA make the programmer's job even simpler. The comparisons with other ISAs are interesting and demonstrate why the RISC-V creators made the design decisions they did.

—Megan Wachs, PhD, SiFive Engineer

Open RISC-V Reference Card ①

Base Integer Instructions: RV32I and RV64I

Category	Name	Fmt	RV32I Base	+RV64I
Shifts	Shift Left Logical	R	SLL rd,rs1,rs2	SLLW rd,rs1,rs2
	Shift Left Log. Imm.	I	SLLI rd,rs1,shamt	SLLIW rd,rs1,shamt
	Shift Right Logical	R	SRL rd,rs1,rs2	SRLW rd,rs1,rs2
	Shift Right Log. Imm.	I	SRLI rd,rs1,shamt	SRLIW rd,rs1,shamt
	Shift Right Arithmetic	R	SRA rd,rs1,rs2	SRAW rd,rs1,rs2
	Shift Right Arith. Imm.	I	SRAI rd,rs1,shamt	SRAIW rd,rs1,shamt
Arithmetic	ADD	R	ADD rd,rs1,rs2	ADDW rd,rs1,rs2
	ADD Immediate	I	ADDI rd,rs1,imm	ADDIW rd,rs1,imm
	SUBtract	R	SUB rd,rs1,rs2	SUBW rd,rs1,rs2
	Load Upper Imm	U	LUI rd,imm	
	Add Upper Imm to PC	U	AUIPC rd,imm	
Logical	XOR	R	XOR rd,rs1,rs2	
	XOR Immediate	I	XORI rd,rs1,imm	
	OR	R	OR rd,rs1,rs2	
	OR Immediate	I	ORI rd,rs1,imm	
	AND	R	AND rd,rs1,rs2	
	AND Immediate	I	ANDI rd,rs1,imm	
Compare	Set <	R	SLT rd,rs1,rs2	
	Set < Immediate	I	SLTI rd,rs1,imm	
	Set < Unsigned	R	SLTU rd,rs1,rs2	
	Set < Imm Unsigned	I	SLTIU rd,rs1,imm	
Branches	Branch =	B	BEQ rs1,rs2,imm	
	Branch ≠	B	BNE rs1,rs2,imm	
	Branch <	B	BLT rs1,rs2,imm	
	Branch ≥	B	BGE rs1,rs2,imm	
	Branch < Unsigned	B	BLTU rs1,rs2,imm	
	Branch ≥ Unsigned	B	BGEU rs1,rs2,imm	
Jump & Link	J&L	J	JAL rd,imm	
	Jump & Link Register	I	JALR rd,rs1,imm	
Synch	Synch thread	I	FENCE	
	Synch Instr & Data	I	FENCE.I	
Environment	CALL	I	ECALL	
	BREAK	I	EBREAK	

RV Privileged Instructions

Category	Name	Fmt	RV mnemonic
Trap	Mach-mode trap return	R	MRET
	Supervisor-mode trap return	R	SRET
Interrupt	Wait for Interrupt	R	WFI
MMU	Virtual Memory FENCE	R	SFENCE.VMA rs1,rs2

Examples of the 60 RV Pseudoinstructions

Name	Fmt	RV mnemonic
Branch = 0 (BEQ rs,x0,imm)	J	BEQZ rs,imm
Jump (uses JAL x0,imm)	J	J imm
MoVe (uses ADDI rd,rs,0)	R	MV rd,rs
RETurn (uses JALR x0,0,ra)	I	RET

Optional Compressed (16-bit) Instruction Extension: RV32C

Category	Name	Fmt	RVC	RISC-V equivalent
Loads	Load Word	CL	C.LW rd′,rs1′,imm	LW rd′,rs1′,imm*4
	Load Word SP	CI	C.LWSP rd,imm	LW rd,sp,imm*4
	Float Load Word SP	CL	C.FLW rd′,rs1′,imm	FLW rd′,rs1′,imm*8
	Float Load Word	CI	C.FLWSP rd,imm	FLW rd,sp,imm*8
	Float Load Double	CL	C.FLD rd′,rs1′,imm	FLD rd′,rs1′,imm*16
	Float Load Double SP	CI	C.FLDSP rd,imm	FLD rd,sp,imm*16
Stores	Store Word	CS	C.SW rs1′,rs2′,imm	SW rs1′,rs2′,imm*4
	Store Word SP	CSS	C.SWSP rs2,imm	SW rs2,sp,imm*4
	Float Store Word	CS	C.FSW rs1′,rs2′,imm	FSW rs1′,rs2′,imm*8
	Float Store Word SP	CSS	C.FSWSP rs2,imm	FSW rs2,sp,imm*8
	Float Store Double	CS	C.FSD rs1′,rs2′,imm	FSD rs1′,rs2′,imm*16
	Float Store Double SP	CSS	C.FSDSP rs2,imm	FSD rs2,sp,imm*16
Arithmetic	ADD	CR	C.ADD rd,rs1	ADD rd,rd,rs1
	ADD Immediate	CI	C.ADDI rd,imm	ADDI rd,rd,imm
	ADD SP Imm * 16	CI	C.ADDI16SP x0,imm	ADDI sp,sp,imm*16
	ADD SP Imm * 4	CIW	C.ADDI4SPN rd′,imm	ADDI rd′,sp,imm*4
	SUB	CR	C.SUB rd,rs1	SUB rd,rd,rs1
	AND	CR	C.AND rd,rs1	AND rd,rd,rs1
	AND Immediate	CI	C.ANDI rd,imm	ANDI rd,rd,imm
	OR	CR	C.OR rd,rs1	OR rd,rd,rs1
	eXclusive OR	CR	C.XOR rd,rs1	AND rd,rd,rs1
	MoVe	CR	C.MV rd,rs1	ADD rd,rs1,x0
	Load Immediate	CI	C.LI rd,imm	ADDI rd,x0,imm
	Load Upper Imm	CI	C.LUI rd,imm	LUI rd,imm
Shifts	Shift Left Imm	CI	C.SLLI rd,imm	SLLI rd,rd,imm
	Shift Right Ari. Imm.	CI	C.SRAI rd,imm	SRAI rd,rd,imm
	Shift Right Log. Imm.	CI	C.SRLI rd,imm	SRLI rd,rd,imm
Branches	Branch=0	CB	C.BEQZ rs1′,imm	BEQ rs1′,x0,imm
	Branch≠0	CB	C.BNEZ rs1′,imm	BNE rs1′,x0,imm
Jump	Jump	CJ	C.J imm	JAL x0,imm
	Jump Register	CR	C.JR rd,rs1	JALR x0,rs1,0
Jump & Link	J&L	CJ	C.JAL imm	JAL ra,imm
	Jump & Link Register	CR	C.JALR rs1	JALR ra,rs1,0
System	Env. BREAK	CI	C.EBREAK	EBREAK

Control Status Register (CSR)

Name	Fmt	RV32I Base
Read/Write	I	CSRRW rd,csr,rs1
Read & Set Bit	I	CSRRS rd,csr,rs1
Read & Clear Bit	I	CSRRC rd,csr,rs1
Read/Write Imm	I	CSRRWI rd,csr,imm
Read & Set Bit Imm	I	CSRRSI rd,csr,imm
Read & Clear Bit Imm	I	CSRRCI rd,csr,imm

Category	Name	Fmt	RV32I Base	+RV64I
Loads	Load Byte	I	LB rd,rs1,imm	
	Load Halfword	I	LH rd,rs1,imm	
	Load Byte Unsigned	I	LBU rd,rs1,imm	
	Load Half Unsigned	I	LHU rd,rs1,imm	LWU rd,rs1,imm
	Load Word	I	LW rd,rs1,imm	LD rd,rs1,imm
Stores	Store Byte	S	SB rs1,rs2,imm	
	Store Halfword	S	SH rs1,rs2,imm	
	Store Word	S	SW rs1,rs2,imm	SD rs1,rs2,imm

Optional Compressed Extention: RV64C

All RV32C (except C.JAL, 4 word loads, 4 word strores) plus:

ADD Word (C.ADDW)	Load Doubleword (C.LD)
ADD Imm. Word (C.ADDIW)	Load Doubleword SP (C.LDSP)
SUBtract Word (C.SUBW)	Store Doubleword (C.SD)
	Store Doubleword SP (C.SDSP)

32-bit Instruction Formats

	31 … 25	24 … 20	19 … 15	14 … 12	11 … 7	6 … 0
R	funct7	rs2	rs1	funct3	rd	opcode
I	imm[11:0]		rs1	funct3	rd	opcode
S	imm[11:5]	rs2	rs1	funct3	imm[4:0]	opcode
B	imm[12|10:5]	rs2	rs1	funct3	imm[4:1|11]	opcode
U	imm[31:12]				rd	opcode
J	imm[20|10:1|11|19:12]				rd	opcode

16-bit (RVC) Instruction Formats

	15 14 13	12	11 10	9 8 7	6 5	4 3 2	1 0
CR	funct4		rd/rs1		rs2		op
CI	funct3	imm	rd/rs1		imm		op
CSS	funct3	imm			rs2		op
CIW	funct3	imm				rd′	op
CL	funct3	imm		rs1′	imm	rd′	op
CS	funct3	imm		rs1′	imm	rs2′	op
CB	funct3	offset		rs1′	offset		op
CJ	funct3	jump target					op

RISC-V Integer Base (RV32I/64I), privileged, and optional RV32/64C. Registers x1-x31 and the PC are 32 bits wide in RV32I and 64 in RV64I (x0=0). RV64I adds 12 instructions for the wider data. Every 16-bit RVC instruction maps to an existing 32-bit RISC-V instruction.

Open RISC-V Reference Card ②

Optional Multiply-Divide Instruction Extension: RVM

Category	Name	Fmt	RV32M (Multiply-Divide)		+RV64M	
Multiply	MULtiply	R	MUL	rd,rs1,rs2	MULW	rd,rs1,rs2
	MULtiply High	R	MULH	rd,rs1,rs2		
	MULtiply High Sign/Uns	R	MULHSU	rd,rs1,rs2		
	MULtiply High Uns	R	MULHU	rd,rs1,rs2		
Divide	DIVide	R	DIV	rd,rs1,rs2	DIVW	rd,rs1,rs2
	DIVide Unsigned	R	DIVU	rd,rs1,rs2		
Remainder	REMainder	R	REM	rd,rs1,rs2	REMW	rd,rs1,rs2
	REMainder Unsigned	R	REMU	rd,rs1,rs2	REMUW	rd,rs1,rs2

Optional Atomic Instruction Extension: RVA

Category	Name	Fmt	RV32A (Atomic)		+RV64A	
Load	Load Reserved	R	LR.W	rd,rs1	LR.D	rd,rs1
Store	Store Conditional	R	SC.W	rd,rs1,rs2	SC.D	rd,rs1,rs2
Swap	SWAP	R	AMOSWAP.W	rd,rs1,rs2	AMOSWAP.D	rd,rs1,rs2
Add	ADD	R	AMOADD.W	rd,rs1,rs2	AMOADD.D	rd,rs1,rs2
Logical	XOR	R	AMOXOR.W	rd,rs1,rs2	AMOXOR.D	rd,rs1,rs2
	AND	R	AMOAND.W	rd,rs1,rs2	AMOAND.D	rd,rs1,rs2
	OR	R	AMOOR.W	rd,rs1,rs2	AMOOR.D	rd,rs1,rs2
Min/Max	MINimum	R	AMOMIN.W	rd,rs1,rs2	AMOMIN.D	rd,rs1,rs2
	MAXimum	R	AMOMAX.W	rd,rs1,rs2	AMOMAX.D	rd,rs1,rs2
	MINimum Unsigned	R	AMOMINU.W	rd,rs1,rs2	AMOMINU.D	rd,rs1,rs2
	MAXimum Unsigned	R	AMOMAXU.W	rd,rs1,rs2	AMOMAXU.D	rd,rs1,rs2

Two Optional Floating-Point Instruction Extensions: RVF & RVD

Category	Name	Fmt	RV32{F|D} (SP,DP Fl. Pt.)		+RV64{F|D}	
Move	Move from Integer	R	FMV.W.X	rd,rs1	FMV.D.X	rd,rs1
	Move to Integer	R	FMV.X.W	rd,rs1	FMV.X.D	rd,rs1
Convert	ConVerT from Int	R	FCVT.{S|D}.W	rd,rs1	FCVT.{S|D}.L	rd,rs1
	ConVerT from Int Unsigned	R	FCVT.{S|D}.WU	rd,rs1	FCVT.{S|D}.LU	rd,rs1
	ConVerT to Int	R	FCVT.W.{S|D}	rd,rs1	FCVT.L.{S|D}	rd,rs1
	ConVerT to Int Unsigned	R	FCVT.WU.{S|D}	rd,rs1	FCVT.LU.{S|D}	rd,rs1
Load	Load	I	FL{W,D}	rd,rs1,imm		
Store	Store	S	FS{W,D}	rs1,rs2,imm		
Arithmetic	ADD	R	FADD.{S|D}	rd,rs1,rs2		
	SUBtract	R	FSUB.{S|D}	rd,rs1,rs2		
	MULtiply	R	FMUL.{S|D}	rd,rs1,rs2		
	DIVide	R	FDIV.{S|D}	rd,rs1,rs2		
	SQuare RooT	R	FSQRT.{S|D}	rd,rs1		
Mul-Add	Multiply-ADD	R	FMADD.{S|D}	rd,rs1,rs2,rs3		
	Multiply-SUBtract	R	FMSUB.{S|D}	rd,rs1,rs2,rs3		
	Negative Multiply-SUBtract	R	FNMSUB.{S|D}	rd,rs1,rs2,rs3		
	Negative Multiply-ADD	R	FNMADD.{S|D}	rd,rs1,rs2,rs3		
Sign Inject	SiGN source	R	FSGNJ.{S|D}	rd,rs1,rs2		
	Negative SiGN source	R	FSGNJN.{S|D}	rd,rs1,rs2		
	Xor SiGN source	R	FSGNJX.{S|D}	rd,rs1,rs2		
Min/Max	MINimum	R	FMIN.{S|D}	rd,rs1,rs2		
	MAXimum	R	FMAX.{S|D}	rd,rs1,rs2		
Compare	compare Float =	R	FEQ.{S|D}	rd,rs1,rs2		
	compare Float <	R	FLT.{S|D}	rd,rs1,rs2		
	compare Float ≤	R	FLE.{S|D}	rd,rs1,rs2		
Categorize	CLASSify type	R	FCLASS.{S|D}	rd,rs1		
Configure	Read Status	R	FRCSR	rd		
	Read Rounding Mode	R	FRRM	rd		
	Read Flags	R	FRFLAGS	rd		
	Swap Status Reg	R	FSCSR	rd,rs1		
	Swap Rounding Mode	R	FSRM	rd,rs1		
	Swap Flags	R	FSFLAGS	rd,rs1		
	Swap Rounding Mode Imm	I	FSRMI	rd,imm		
	Swap Flags Imm	I	FSFLAGSI	rd,imm		

Calling Convention

Register	ABI Name	Saver
x0	zero	---
x1	ra	Caller
x2	sp	Callee
x3	gp	---
x4	tp	---
x5-7	t0-2	Caller
x8	s0/fp	Callee
x9	s1	Callee
x10-11	a0-1	Caller
x12-17	a2-7	Caller
x18-27	s2-11	Callee
x28-31	t3-t6	Caller
f0-7	ft0-7	Caller
f8-9	fs0-1	Callee
f10-11	fa0-1	Caller
f12-17	fa2-7	Caller
f18-27	fs2-11	Callee
f28-31	ft8-11	Caller
zero	Hardwired zero	
ra	Return address	
sp	Stack pointer	
gp	Global pointer	
tp	Thread pointer	
t0-6,ft0-11	Temporaries	
s0-11,fs0-11	Saved registers	
a0-7,fa0-7	Function args	

Optional Vector Extension: RVV

Name	Fmt	RV32V/R64V	
SET Vector Len.	R	SETVL	rd,rs1
MULtiply High	R	VMULH	rd,rs1,rs2
REMainder	R	VREM	rd,rs1,rs2
Shift Left Log.	R	VSLL	rd,rs1,rs2
Shift Right Log.	R	VSRL	rd,rs1,rs2
Shift R. Arith.	R	VSRA	rd,rs1,rs2
LoaD	I	VLD	rd,rs1,imm
LoaD Strided	R	VLDS	rd,rs1,rs2
LoaD indeXed	R	VLDX	rd,rs1,rs2
STore	S	VST	rd,rs1,imm
STore Strided	R	VSTS	rd,rs1,rs2
STore indeXed	R	VSTX	rd,rs1,rs2
AMO SWAP	R	AMOSWAP	rd,rs1,rs2
AMO ADD	R	AMOADD	rd,rs1,rs2
AMO XOR	R	AMOXOR	rd,rs1,rs2
AMO AND	R	AMOAND	rd,rs1,rs2
AMO OR	R	AMOOR	rd,rs1,rs2
AMO MINimum	R	AMOMIN	rd,rs1,rs2
AMO MAXimum	R	AMOMAX	rd,rs1,rs2
Predicate =	R	VPEQ	rd,rs1,rs2
Predicate ≠	R	VPNE	rd,rs1,rs2
Predicate <	R	VPLT	rd,rs1,rs2
Predicate ≥	R	VPGE	rd,rs1,rs2
Predicate AND	R	VPAND	rd,rs1,rs2
Pred. AND NOT	R	VPANDN	rd,rs1,rs2
Predicate OR	R	VPOR	rd,rs1,rs2
Predicate XOR	R	VPXOR	rd,rs1,rs2
Predicate NOT	R	VPNOT	rd,rs1
Pred. SWAP	R	VPSWAP	rd,rs1
MOVe	R	VMOV	rd,rs1
ConVerT	R	VCVT	rd,rs1
ADD	R	VADD	rd,rs1,rs2
SUBtract	R	VSUB	rd,rs1,rs2
MULtiply	R	VMUL	rd,rs1,rs2
DIVide	R	VDIV	rd,rs1,rs2
SQuare RooT	R	VSQRT	rd,rs1,rs2
Multiply-ADD	R	VFMADD	rd,rs1,rs2,rs3
Multiply-SUB	R	VFMSUB	rd,rs1,rs2,rs3
Neg. Mul.-SUB	R	VFNMSUB	rd,rs1,rs2,rs3
Neg. Mul.-ADD	R	VFNMADD	rd,rs1,rs2,rs3
SiGN inJect	R	VSGNJ	rd,rs1,rs2
Neg SiGN inJect	R	VSGNJN	rd,rs1,rs2
Xor SiGN inJect	R	VSGNJX	rd,rs1,rs2
MINimum	R	VMIN	rd,rs1,rs2
MAXimum	R	VMAX	rd,rs1,rs2
XOR	R	VXOR	rd,rs1,rs2
OR	R	VOR	rd,rs1,rs2
AND	R	VAND	rd,rs1,rs2
CLASS	R	VCLASS	rd,rs1
SET Data Conf.	R	VSETDCFG	rd,rs1
EXTRACT	R	VEXTRACT	rd,rs1,rs2
MERGE	R	VMERGE	rd,rs1,rs2
SELECT	R	VSELECT	rd,rs1,rs2

RISC-V calling convention and five optional extensions: 8 RV32M; 11 RV32A; 34 floating-point instructions each for 32- and 64-bit data (RV32F, RV32D); and 53 RV32V. Using regex notation, {} means set, so `FADD.{F|D}` is both `FADD.F` and `FADD.D`. RV32{F|D} adds registers `f0-f31`, whose width matches the widest precision, and a floating-point control and status register `fcsr`. RV32V adds vector registers `v0-v31`, vector predicate registers `vp0-vp7`, and vector length register `vl`. RV64 adds a few instructions: RVM gets 4, RVA 11, RVF 6, RVD 6, and RVV 0.

The RISC-V Reader:
An Open Architecture Atlas
First Edition, 1.0.0

David Patterson and Andrew Waterman

2021년 8월 5일

Book version: 1.0.0

The cover background is a photo of the ***Mona Lisa***. It is a portrait of Lisa Gherardini, painted between 1503 and 1506, by the Leonardo da Vinci. The King of France bought it from Leonardo in about 1530, and it has been on display at the Louvre Museum in Paris since 1797. The Mona Lisa is considered the best known work of art in the world. Mona Lisa represents elegance, which we believe is a feature of RISC-V.

The book was prepared with LaTeX. The necessary Makefiles, style files, and most of the scripts are available under the BSD License at `github.com/armandofox/latex2ebook`.

Arthur Klepchukov designed the covers and graphics for all versions.

Publisher's Cataloging-in-Publication

Names: Patterson, David A. | Waterman, Andrew, 1986-

Title: The RISC-V reader: an open architecture atlas / David Patterson and Andrew Waterman.

Description: First edition. | [Berkeley, California] : Strawberry Canyon LLC, 2017. |
Includes bibliographical references and index.

Identifiers: ISBN 978-0-9992491-1-6

Subjects: LCSH: Computer architecture. | RISC microprocessors. |
Assembly languages (Electronic computers)

Classification: LCC QA76.9.A73 P38 2017 | DDC 004.22- -dc23

Dedication

David Patterson dedicates this book to his parents:

—To my father David, from whom I inherited inventiveness, athleticism, and the courage to fight for what is right; and

—To my mother Lucie, from whom I inherited intelligence, optimism, and my temperament.

Thank you for being such great role models, which taught me what it means to be a good spouse, parent, and grandparent.

Andrew Waterman dedicates this book to his parents, John and Elizabeth, who have been enormously supportive, even while thousands of miles away.

저자에 대하여

David Patterson은 UC Berkeley에서 컴퓨터과학과 교수로 40년 동안 역임한 후 2016년에 은퇴했고 Google Brain에 distinguished engineer로 합류했다. 또한 RISC-V 재단의 이사회 부의장을 맡고 있다. 과거에 Berkeley 컴퓨터과학과 학과장을 담당했고, Computing Research Association의 의장과 Association for Computing Machinery의 학회장으로 선출되었다. 1980년대에 4세대 RISC(Reduced Instruction Set Computer) 프로젝트를 이끌었고, 이 프로젝트에서 Berkeley의 최신 RISC를 "RISC Five"로 명명하도록 영감을 받았다. Andrew Waterman과 함께 RISC-V의 네 명의 아키텍트 중 한 명이었다. RISC외에 그의 가장 잘 알려진 연구 프로젝트는 RAID(Redundant Arrays of Inexpensive Disks)와 NOW(Networks of Workstations)이다. 이 연구는 많은 논문, 7권의 책과 National Academy of Engineering, National Academy of Sciences, Silicon Valley Engineering 명예의 전당 뿐만 아니라 컴퓨터 역사 박물관, ACM, IEEE 및 AAAS 조직의 펠로우로 임명되는 것을 포함한 35개의 영예로 이어졌다. 그의 교수상은 Distinguished Teaching Aware (UC Berkeley), Karlstrom Outstanding Educator Award (ACM), Mulligan Education Medal (IEEE), Undergraduate Teaching Award (IEEE)등이 있다. 그는 교재 및 학술 작가 협회(Text and Academic Authors Association)에서도 컴퓨터 구조 교재와 소프트웨어 공학 교재로 Textbook Excellence Awards ("Texty")를 수상했다. 그는 UCLA에서 모든 학위를 받았고, Outstanding Engineering Academic Alumni Award를 수여받았다. 그는 남부 캘리포니아에서 자랐고, 아들과 함께 축구를 하고 자전거를 타고, 아내와 함께 해변을 걷는 것을 좋아한다. 원래 고등학교 시절 연인 사이인 이들은 베타판이 출간된지 며칠 후에 결혼 50주년을 맞았다.

Andrew Waterman은 SiFive의 수석 엔지니어 겸 공동설립자로 근무한다. RISC-V 구조의 제작자들은 RISC-V 기반으로 저렴한 맞춤형 칩을 제공하기 위해 SiFive를 설립하였다. Andrew는 UC Berkeley에서 컴퓨터과학 박사학위를 받았고 기존의 명령어 집합 구조에 싫증이 나서 RISC-V ISA와 첫 번째 RISC-V 마이크로프로세서를 공동 설계하였다. 오픈소스 RISC-V 기반 Rocket 칩 생성기, Chisel 하드웨어 구축 언어, 리눅스 운영체제 커널과 GNU C 컴파일러와 C 라이브러리의 RISC-V 포팅의 주요 공헌자 중 한 명이다. 그는 UC Berkeley에서 석사학위를 가지고 있고 이는 RISC-V를 위한 RVC 확장의 기반이 되었으며, Duke 대학에서 학사학위를 받았다.

빠른 차례

차 례

그림 차례

머리말

환영합니다!

RISC-V는 2011년에 소개된 이후로 인기가 급상승하는 팬덤을 형성하게 되었다. 프로그래머 가이드가 얇아서 신규 진입자들이 부담없이 진입할 수 있고, 왜 RISC-V가 매력적인 명령어 집합인지 이해하게 되고, 과거의 전통적 명령어 집합 구조(ISA)와 어떻게 다른지 아는데 도움이 될거라고 생각했다.

다른 ISA들을 설명한 책들에서 영감을 받았지만 RISC-V는 단순해서 *MIPS Run*과 같은 500페이지 이상되는 훌륭한 책보다 훨씬 적은 양의 글이 되기를 바랬다. 전체 길이가 3분의 1이라는 수치에서 본다면 적어도 성공한 셈이다. 사실 모듈형 RISC-V 명령어 집합의 각 컴포넌트를 소개하는 10개의 장은 평균적으로 페이지 당 거의 하나의 그림(전체 75개)이 있는데도 100페이지 정도여서 빠르게 읽을 수 있다.

명령어 집합의 디자인 원리에 대하여 설명한 후에 RISC-V 아키텍트들이 지난 40년 간 명령어 집합으로부터 훌륭한 아이디어는 어떻게 빌려오고 실수는 어떻게 회피하였는지 설명한다. ISA들은 포함된 것 만큼이나 생략한 것에 의해서도 중요하게 판단된다.

그리고 나서 장 순서대로 모듈형 아키텍쳐의 각 컴포넌트를 소개한다. 각각의 장에는 그 장에서 소개한 명령어의 사용법을 시연하는 RISC-V 어셈블리어로 된 프로그램이 있어서 어셈블리어 프로그래머가 RISC-V 코드를 더 쉽게 배울 수 있도록 해준다. ARM, MIPS, x86으로 된 동일한 프로그램을 자주 보여서 RISC-V의 단순함과 비용-에너지-성능의 장점을 강조하려 한다.

본 책을 재미있게 읽을 수 있도록 본문과 관련된 흥미있는 논평으로 페이지 여백에 50여개의 사이드바를 추가했다. 훌륭한 ISA 디자인 예제를 강조하기 위해서도 여백에 대략 75개의 이미지를 추가했다(여백이 훌륭하게 사용됐다!). 마지막으로 전문 독자들을 위해 본문 전체에 대략 25개의 고난도를 덧붙였다. 여러분이 특정 주제에 관심이 있다면 이런 선택적인 내용에서 자세히 알아볼 수 있다. 이 부분은 책의 다른 내용을 이해하기 위해 반드시 필요한 것은 아니므로 만약 그 주제가 흥미롭지 않다면 그냥 건너뛰어도 무방하다. 컴퓨터 구조 광들을 위해 시야를 넓힐 수 있는 25개의 논문과 책을 인용한다. 이 책을 쓰기 위해 그 자료에서 많은 것을 배웠다.

많은 인용이 있는 이유

우리가 생각하기에 인용은 책을 더 재미있게 읽도록 해주므로 전체 본문에 25개의 인용을 간간이 섞었다. 이것은 연장자로부터 초보자에게 지혜를 전달하는 것과 같은 효율적인 메카니즘이고, 훌륭한 ISA 디자인을 위해 문화적 기준을 세우는데 도움이 된다. 본문 전체에 걸쳐 유명한 컴퓨터 과학자와 공학자들의 인용을 활용한 이유는 독자들이 이 분야의 역사에 대해서도 좀 읽어주기를 바라는 마음에서다.

소개와 참고자료

이 얇은 책이 RISC-V 코드를 작성하는데 관심있는 학생들과 임베디드 시스템 프로그래머들에게 RISC-V에 대한 소개서와 참고자료로 모두 활용되기를 바란다. 본 책에서는 독자들이 이전에 적어도 하나의 명령어 집합을 공부한 적이 있다는 것을 가정하고 있다. 그렇지 않다면 여러분은 RISC-V에 기반한 아키텍처 관련 입문서를 찾아보는 것이 좋을 것이다 (*컴퓨터 구조 및 설계 RISC-V Edition: 하드웨어/소프트웨어 인터페이스*).

본 책에 있는 간략한 참고자료는 다음과 같다.

- **참조 카드** – 한 페이지(양면) 분량의 RISC-V 설명은 기본 및 모든 정의된 확장인 RVI, RVM, RVA, RVF, RVD, RVC, 심지어 아직 개발중인 RVV까지 포함하는 RV32GCV와 RV64GCV를 모두 다루고 있다.

- **명령어 다이어그램** – 각 명령어 확장에 대해 반 페이지 분량으로 시각화한 설명(장들의 첫 번째 그림)은 여러분에게 각 명령어의 변화를 쉽게 보여주기 위한 포맷으로 모든 RISC-V 명령어들의 전체 이름을 나열하고 있다. 그림 2.1, 4.1, 5.1, 6.1, 7.1, 8.1, 9.1, 9.2, 9.3, 9.4를 참조하라.

- **옵코드 맵** – 이 표들(한 페이지의 일부)은 각 명령어 확장에 대한 명령어 레이아웃, 옵코드, 포맷 타입, 명령어 네모닉을 보이고 있다. 그림 2.3, 3.3, 3.4, 4.2, 5.2, 5.3, 6.2, 7.6, 7.5, 7.7, 9.5, 10.1을 참조하라. 명령어 다이어그램과 옵코드 맵은 책의 부제에 아틀라스라는 단어를 사용하도록 영감을 주었다.

- **명령어 용어사전** – 부록 A에는 모든 RISC-V 명령어와 의사명령어에 대한 자세한 설명이 제공된다. [1] 부록 A는 연산 이름과 피연산자, 설명, 레지스터 전달 언어(register-transfer language) 정의, 어떤 RISC-V 확장에 들어있는지, 명령어의 전체 이름, 명령어 포맷, 옵코드가 포함된 명령어의 다이어그램, 명령어의 컴팩트 버전에 대한 참고 등 모든 것을 포함한다. 놀랍게도 이 모든 것이 50페이지 미만에 맞춰져 있다.

---

[1] RV32V를 정의하는 위원회가 베타판에 맞춰 작업을 완료하지 못해서, 부록 A에서는 그 명령어들을 삭제했다. 8장은 약간의 변화는 있겠지만 RV32V가 되어야 하는 최대한의 추측이다.

- **명령어 변환기** – 부록 B에는 숙련된 어셈블리어 프로그래머들을 도와줄 수 있도록 RV32I 명령어와 동일한 ARM-32 또는 x86-32 명령어를 나타내는 표가 제공된다. 또한 이러한 세 개의 아키텍처를 위한 단순한 트리-탐색 프로그램을 위한 C 컴파일러 출력을 나열하고 세 아키텍처 사이의 차이가 놀라울만큼 적다는 것을 설명한다. 오래된 아키텍처로 된 코드를 RISC-V로 어떻게 변환해야 하는지(생각보다 쉽다)에 대한 조언으로 결론을 맺는다.

- **찾아보기** – 전체 이름 또는 네모닉으로 명령어 설명, 정의, 또는 다이어그램을 설명하는 페이지를 찾는데 도움을 준다. 찾아보기는 사전처럼 구성되어 있다.

정오표와 보충 자료

1년에 몇 번정도 정오표를 수집하고 업데이트를 릴리즈하려고 한다. 본 책의 웹사이트에는 이 책의 최신 버전과 이전 버전 이후로 변화된 부분을 간략히 기술하는 내용이 있다. 본 책의 웹사이트(www.riscbook.com)에서 이전 정오표가 리뷰되고 새로운 내용이 보고될 수 있다. 본 판에서 여러분이 발견한 문제들에 대해 미리 사과하고 이 자료를 어떻게 향상시킬 수 있을지 여러분의 피드백을 기대한다.

이 책의 역사

상하이에서 2017년 5월 8일에서 11일까지 개최된 6번째 RISC-V 워크샵에서 책에 대한 수요를 확인했다. 우리는 몇 주 후에 작업을 시작했다. 계획은 교재 작성에 대한 Patterson 교수의 엄청난 경험에 기반하여 대부분의 장을 Patterson 교수가 작성하는 것이었다. 책의 구조에 대해서 우리 둘 다 협업을 했고 서로 작성한 장에 대하여 첫 번째 리뷰어가 되었다. Patterson 교수가 1, 2, 3, 4, 5, 6, 7, 8, 9, 11장, 참조 카드, 그리고 이 머리말을 저술하였고, Waterman이 10장, 부록 A(책에서 가장 큰 절), 부록 B를 저술하였고, 그리고 책에 있는 모든 프로그램을 코딩했다. Waterman은 또한 Armando Fox가 지원해준 책을 만들어주는 LaTeX 파이프라인을 관리했다.

2017년 가을학기에 800명의 버클리 대학생들에게 교재의 베타판을 제공하였다. 독자들은 단지 몇개의 오자와 LaTeX 버그만을 발견하였고 이는 초판에서 수정되었다. 또한 기억하기 쉽도록 여백 아이콘을 향상시켰으며 인쇄된 페이지에서 바라던 만큼 좋아 보이지 않았던 그림 몇 개를 수정했다.

더 중요한건 초판에는 60개 이상의 제어 및 상태 레지스터를 포함하도록 10장을 확장했고, 이전 ISA에서 RISC-V로 어셈블리어 프로그램을 변환하는데 관심있는 프로그래머에게 도움이 되도록 부록 B를 추가했다.

첫 번째 판은 2017년 11월 28일부터 30일까지 실리콘 밸리에서 개최된 7번째 RISC-V 워크샵에서 사용할 수 있도록 제시간에 출판되었다.

RISC-V는 병렬 하드웨어와 소프트웨어를 구축하기 쉽게 만드는 기술을 개발하는 Berkeley research project[1] 의 부산물이었다.

감사의 글

LaTex 파이프라인의 사용과 자가출판의 세계로 안내해주는데 조언을 해준 Armando Fox 에게 감사를 하고 싶다.

가장 깊은 감사를 표현하고 싶은 사람들은 본 책의 초기 드래프트를 읽고 도움이 되는 제안을 제공한 Krste Asanović, Nikhil Athreya, C. Gordon Bell, Stuart Hoad, David Kanter, John Mashey, Ivan Sutherland, Ted Speers, Michael Taylor, Megan Wachs이다.

마지막으로 디버깅에 도움을 주고 본 자료에 지속적인 관심을 가져준 버클리 대학 학생들에게 감사를 전한다.

David Patterson과 Andrew Waterman
2017년 11월 16일
캘리포니아 버클리

Notes

[1] `http://parlab.eecs.berkeley.edu`

1 왜 RISC-V인가?

Leonardo da Vinci (1452-1519)는 르네상스 아키텍트, 공학자, 조각가이자 모나리자의 화가이다.

Simplicity is the ultimate sophistication.

—Leonardo da Vinci

1.1 소개

RISC-V("RISC five")는 보편적인 명령어 집합 구조(*instruction set architecture*, *ISA*)가 되는 것이 목표이다.

- 가장 작은 임베디드 제어기에서부터 가장 빠른 고성능 컴퓨터에 이르기까지 모든 종류의 프로세서에 적합해야 한다.
- 다양하고 유명한 소프트웨어 스택 및 프로그래밍 언어와 함께 잘 동작해야 한다.
- FPGA(Field-Programmable Gate Arrays), ASIC(Application-Specific Integrated Circuits), 풀 커스텀 칩, 심지어는 미래의 장치 기술로도 구현될 수 있어야 한다.
- 모든 마이크로아키텍처 스타일에서 효율적이어야 한다. 예를 들어 마이크로코드(microcoded) 또는 하드와이어드(hardwired) 제어, 순차적, 분리, 또는 비순서 파이프라인, 단일 또는 수퍼스칼라 명령어 이슈(issue) 등에 대해서 효율적어야 한다.
- 무어의 법칙이 쇠퇴하여 맞춤형(customized) 가속기의 중요성이 높아짐에 따라 가속기를 지원하기 위한 베이스로 동작하도록 방대한 전문성을 지원해야 한다.
- 기본 ISA는 안정적이어서 변하지 않아야 한다. 더욱 중요한 것은 AMD Am29000, DEC Alpha, DEC VAX, HP PA-RISC, 인텔 i860, 인텔 i960, 모토롤라 88000, 자일로그 Z8000과 같이 과거에 전매(proprietary) ISA처럼 단종되어서는 안된다.

RISC-V는 최신 ISA(대부분의 대체품들은 1970년대 또는 1980년대지만 RISC-V는 최근 10년내에 만들어졌다)라서가 아니라 *개방형* ISA라서 독특하다. RISC-V는 개방형 비영리 재단에 속해 있어서 과거에 많은 ISA가 한 회사의 운명이나 변심으로 단종되었던

>$50B		>$5B, <$50B		>$0.5B, <$5B	
Google	USA	BAE Systems	UK	AMD	USA
Huawei	China	MediaTek	Taiwan	Andes Technology	China
IBM	USA	Micron Tech.	USA	C-SKY Microsystems	China
Microsoft	USA	Nvidia	USA	Integrated Device Tech.	USA
Samsung	Korea	NXP Semi.	Netherlands	Mellanox Technology	Israel
		Qualcomm	USA	Microsemi Corp.	USA
		Western Digital	USA		

그림 1.1: RISC-V 재단의 기업 회원. 2017년 5월 제6차 RISC-V 워크숍에서 연간 매출 순서로 정렬되어 있다. 왼쪽 컬럼 회사들은 모두 연간 매출에서 $US 50B을 초과하고, 중간 컬럼 회사들은 $US 50B 미만이지만 $US 5B을 초과하며, 오른쪽 컬럼에 있는 회사들의 매출은 $US 5B 미만이지만 $US 0.5B 이상이다. 이 재단에는 다른 25개 중소기업, 5개 스타트업(Antmicro Ltd, Blockstream, Esperanto Technologies, Greenwave Technologies, Si Five), 4개 비영리 단체(CSEM, Draper Laboratory, ICT, LowRISC), 6개 대학교(ETH 취리히, IIT 마드리드, Princeton, UC 버클리)가 포함된다. 60개 기관 대부분은 미국 밖에 본부를 두고 있다. 자세한 내용은 www.riscv.org를 참조.

여백에 흥미로운 해설을 여러분들에게 제공하기 위해 사이드바를 추가한다. 예를 들어 RISC-V는 원래 버클리 대학 연구 및 교육과정을 위해 내부용으로 개발되었다. 외부에서 RISC-V를 자신들의 목적을 위해 사용되면서 개방되었다. RISC-V 아키텍트는 교육과정에서 ISA 변경에 대한 불만을 접수하면서 외부의 관심에 대하여 알게 되었다. 아키텍트가 그런 수요에 대해 이해하고 나서야 개방형 ISA 표준으로 만들려고 시도했다.

것과는 다르다. RISC-V 재단의 목표는 RISC-V의 안정성을 유지하면서 기술적인 이유로만 천천히 조심스럽게 발전시켜, 리눅스가 운영체제 분야에서 했던 방식으로 RISC-V가 하드웨어 분야에서 대중적이 되도록 노력하는 것이다. 그 증거로 그림 1.1에서는 RISC-V 재단의 가장 큰 멤버 기업 현황을 나타내고 있다.

1.2 모듈형 vs. 증분형 ISA

Intel was betting its future on a high-end microprocessor, but that was still years away. To counter Zilog, Intel developed a stop-gap processor and called it the 8086. It was intended to be short-lived and not have any successors, but that's not how things turned out. The high-end processor ended up being late to market, and when it did come out, it was too slow. So the 8086 architecture lived on—it evolved into a 32-bit processor and eventually into a 64-bit one. The names kept changing (80186, 80286, i386, i486, Pentium), but the underlying instruction set remained intact.

—Stephen P. Morse, architect of the 8086 [Morse 2017]

컴퓨터 구조에 대한 일반적인 접근 방식은 *증분형* ISA이다. 새로운 프로세서를 구현할 때 새로운 ISA 확장 뿐만 아니라 과거에 했던 모든 확장까지도 전부 구현하는 방식이다. 그 이유는 10년 정도 지난 프로그램 바이너리 버전이 최신의 프로세서에서도 정확하게 동작할 수 있도록 하기 위한 *하위 이진 호환성(backwards binary-compatibility)*을 유지하기 위함이다. 새로운 세대의 프로세서가 갖고 있는 새로운 명령어들을 발표하는 마케팅적인 매력 호소가 되면 될수록 ISA는 시간이 지남에 따라 크기가 상당히 증가하게 되었다. 예를 들어 그림 1.2는 오늘날 지배적 ISA인 80x86 명령어 개수의 증가를 보이고 있다. 1978년부터 오랜 기간동안 *한달에 세 개의 명령어* 정도가 추가된 것을 알 수 있다.

이런 상황으로 인해 x86-32(x86의 32비트 주소 버전의 이름)의 모든 구현물은 말이 안되지만 과거 확장의 실수까지도 구현해야만 했다. 예를 들어 그림 1.3에는 유용하지 않은데도 오래 지속되어온 x86의 ASCII Adjust after Addition(aaa) 명령어를 설명하고 있다.

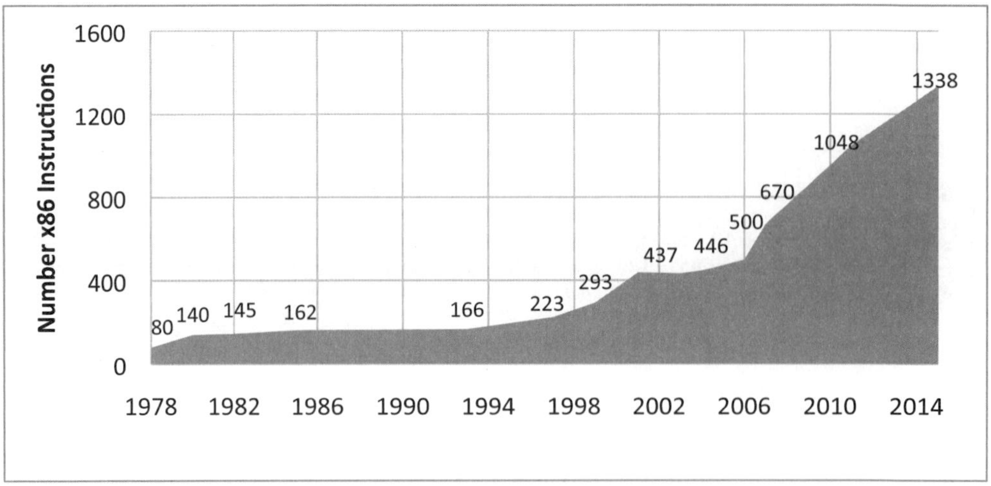

그림 1.2: x86 명령어 집합의 성장. x86은 1978년에 80개 명령어로 시작해서 2015년까지 1338개 명령어로 16배 증가했으며 여전히 성장하고 있는 중이다. 더욱 놀라운 사실은 이 그래프는 보수적으로 그려졌다는 것이다. 인텔 블로그에 의하면 명령어 집합은 2015년에 3600개 명령어[Rodgers and Uhlig 2017]로 집계하였고, 이는 1978년에서 2015년 사이에 *4*일 마다 하나의 새로운 명령어가 추가된 셈이다. 우리는 어셈블리어 명령어의 갯수를 센 것이고 예상컨대 인텔에서는 기계어 명령어를 센 것이다. 8장에서 설명하는 것과 같이 증가된 많은 부분은 x86 ISA가 SIMD 명령어로 데이터 단계 병렬성을 지원하기 때문이다.

```
The AL register is the default source and destination.
If the low 4-bits of AL register are > 9,
   or the auxiliary carry flag AF = 1,
 Then
    Add 6 to low 4-bits of AL and discard overflow
    Increment the high byte of AL
    Carry flag CF = 1
    Auxiliary carry flag AF = 1
 Else
    CF = AF = 0
Upper 4-bits of AL = 0
```

그림 1.3: x86-32 *ASCII Adjust after Addition* (aaa) 명령어 설명. aaa 명령어는 정보기술 역사에서 이미 버려진 BCD(Binary Coded Decimal)로 컴퓨터 연산을 수행한다. x86은 뺄셈(aaa), 곱셈(aam), 나눗셈(aad)을 위한 세 개의 명령어도 가지고 있다. 각각은 한 바이트 명령어이므로 전체적으로 귀중한 opcode 공간의 1.6%(4/256)를 차지한다.

예를 들어 식당에서 햄버거와 밀크셰이크만으로 구성된 간단한 저녁식사로 시작하는 정가의 식사를 제공한다고 가정해보자. 시간이 지남에 따라 감자튀김을 추가하고, 아이스크림, 샐러드, 파이, 와인, 채식 파스타, 스테이크, 맥주 등 성대한 뷔페가 될 때까지 끝도 없이 추가한다. 이것이 전체적으로 말이 안 될 것 같지만 손님들은 과거에 그 식당에서 식사했던 무엇이든 주문할 수 있다. 나쁜 소식은 손님들은 저녁식사에서 연회가 확대되어 증가된 모든 비용을 지불해야 한다는 것이다.

RISC-V는 최신형과 개방형이라는 것을 넘어서는 *모듈형*이라서 이전의 대부분 ISA와는 달리 독특하다. 핵심은 기본 ISA에 해당하는 *RV32I*이고, 이 기본 ISA를 기반으로 소프트웨어 풀 스택이 실행된다. RV32I는 고정되어 있기 때문에 절대 변경되지 않으므로 컴파일러 개발자, 운영체제 개발자, 어셈블리어 프로그래머들에게 안정적인 목표를 제공한다. 모듈성은 하드웨어가 응용프로그램의 필요에 따라 포함할 수 있고 안할수도 있는 선택적 표준 확장에서 나온다. 이런 모듈성으로 RISC-V는 임베디드 응용프로그램에서 필수적일 수 있는 매우 작은 크기에 낮은 에너지를 소비하도록 구현하는 것이 가능해진다. RISC-V 컴파일러에게 어떤 확장을 포함하는지 알려주면 컴파일러는 그 하드웨어를 위한 가장 훌륭한 코드를 생성할 수 있다. 관례적으로 어떤 확장이 포함되었는지 나타내기 위해 이름에 확장 문자를 추가한다. 예를 들어 RV32IMFD는 필수적인 기본 명령어(RV32I)에 곱셈(RV32M), 단정도 부동 소수점(RV32F)과 배정도 부동 소수점(RV32D) 확장을 추가한다.

만약 소프트웨어가 선택적 확장에 존재하지 않은 RISC-V 명령어를 사용하면, 하드웨어는 트랩되고 표준 라이브러리의 일부분인 소프트웨어적으로 원하는 기능을 실행한다.

이전의 비유로 돌아가서 RISC-V는 뷔페 대신에 메뉴를 제공한다. 쉐프는 모든 식사를 위한 뷔페가 아니라 고객이 원하는 요리만 하면 되고 고객은 자신이 주문한 것에 대해서만 지불하면 된다. RISC-V는 마케팅 상황에 따라 단순하게 명령어들을 추가할 필요는 없다. RISC-V 재단은 메뉴에 새로운 옵션을 언제 추가할지 결정하고, 재단은 하드웨어와 소프트웨어 전문가 위원회에서 확대 개방 회의를 한 후 기술적 이유가 확실하게 있는 경우에만 추가할 것이다. 심지어 새로운 선택이 메뉴에 만들어지더라도 선택으로 남아있을 뿐이지 증분형 ISA처럼 반드시 구현해야 하는 새로운 요구사항이 되는 것은 아니다.

1.3 ISA 설계 101

Cost

RISC-V ISA를 소개하기 전에 컴퓨터 아키텍트가 ISA를 설계하는 동안 해야 하는 기본 원칙과 상호절충에 대하여 이해하는 것이 도움될 것이다. 다음은 7개의 지표를 나열하고 있다. 이 지표는 이후의 장에서 RISC-V가 그 항목들을 언급할 때 강조하기 위해 아이콘과 함께 페이지 여백에 넣을 것이다.

Simplicity

Performance

Isolation of Arch from Impl

- 비용 (US 달러 동전 아이콘)
- 단순함 (휠)
- 성능 (속도계)

그림 1.4: SiFive에서 설계한 RISC-V 다이의 직경 8인치 웨이퍼. 오래되고 더 큰 프로세싱 라인을 사용하는 두 종류의 RISC-V 다이가 있다. FE310 다이는 2.65 mm×2.72 mm이고 SiFive 테스트 다이는 2.89 mm×2.72 mm이다. 한 웨이퍼에 FE310은 1846개 그리고 SiFive의 경우 1866개, 총 3712개의 칩을 포함한다.

- 구현에서 구조의 격리 (분리된 반원)
- 성장 여지 (아코디언)
- 프로그램 크기 (선을 압축하는 마주보는 화살표)
- 프로그래밍 / 컴파일링 / 링킹의 편이 (“ABC 만큼 쉽게”).

Room for Growth

Code Size

Programmability

이 절에서는 RISC-V 설계 의도를 설명하기 위해 예전 ISA 개발자들이 했던 현명하지 않았던 선택 몇 가지를 보여주고 어느 부분에서 훨씬 나은 결정을 했는지 설명하려 한다.

비용. 프로세서는 주로 *칩(chip)* 또는 *다이(die)*와 같은 집적회로(Integrated Circuit)로 구현된다. 프로세서는 하나의 둥근 웨이퍼에서 많은 개별 조각으로 잘라진(diced) 한 조각으로 삶을 시작하고 이 한 조각을 다이(die)라고 부른다. 그림 1.4는 RISC-V 프로세서의 웨이퍼를 보여주고 있다. 비용은 다이의 면적에 비례한다.

$$cost \approx f(die\ area^2)$$

다이가 작아지면 작아질수록 웨이퍼당 다이가 많아지고 다이 비용의 대부분은 처리된 웨이퍼 그 자체이다. 명확하지는 않지만 다이가 작아지면 작아질수록 제작된 다이 중에 동작하는 비율인 *수율(yield)*이 높아진다. 그 이유는 실리콘 제작에서 웨이퍼에 산발적으로 작은 결함이 발생할 수 있는데 다이가 작아질수록 결함이 생길 확률이 낮아지기 때문이다.

하이엔드 프로세서는 더욱 크고 복잡한 ISA를 이용해 모든 로우엔드 구현에 대해 고려하지 않고 단순한 명령어들을 결합하여 성능을 높일 수 있다. 이런 기술은 "매크로" 명령어를 함께 융합시켰다는 의미로 *매크로 퓨젼*이라고 부른다.

아키텍트는 구현하려는 프로세서의 크기를 줄이기 위해 ISA를 단순하게 유지하려 한다. 다음 장에서 보게 되는 바와 같이 RISC-V ISA는 ARM-32 ISA보다 훨씬 더 단순한 ISA이다. 단순하다는 것이 영향을 미치는 확실한 예제로 같은 크기의 캐쉬(16KiB)를 사용하고 같은 기술(TSMC40GPLUS)로 제작된 RISC-V Rocket 프로세서와 ARM-32 Cortex-A5 프로세서를 비교해 보자. RISC-V 다이는 0.27 mm^2이고 ARM-32는 0.53 mm^2이다. ARM-32 Cortex-A5 다이 비용은 두 배 정도의 면적이므로 RISC-V Rocket 다이에 비해 4배(2^2) 정도이다. 10% 더 작은 다이는 1.2(1.1^2) 팩터까지 비용을 줄일수도 있다.

Simplicity

단순함. 복잡해지면 비용이 증가하므로 아키텍트는 다이 면적을 줄이기 위해 단순한 ISA를 선호한다. 단순하게 설계하면 칩 개발 비용의 대부분을 차지하는 칩 설계 시간과 검증 시간도 줄일 수 있다. 이러한 비용은 배송된 칩의 개수에 따른 오버헤드와 함께 칩 비용에 추가되어야만 한다. 단순한 설계로 문서의 비용을 줄일 수 있고 ISA 사용법에 대해서도 고객에게 쉽게 설명할 수 있다.

단순한 프로세서는 실행시간 예측이 쉬우므로 임베디드 응용프로그램에 도움이 될 수 있다. 마이크로컨트롤러의 어셈블리어 프로그래머들은 주로 정확한 타이밍 유지를 원해서 수작업으로 계산할 수 있는 예측 가능한 클럭 사이클 수를 갖도록 코드를 작성하는 것을 선호한다.

아래 명령어는 ARM-32 ISA의 복잡성을 설명할 수 있는 좋은 예제이다.

```
ldmiaeq SP!, {R4-R7, PC}
```

명령어는 LoaD Multiple, Increment-Address, on EQual의 약자이다. 이 명령어는 EQ 조건코드가 설정되어 있을 때만 5개 데이터를 읽어 6개 레지스터에 쓰는 것을 실행한다. 추가로 결과를 PC에 쓰는 조건 분기를 수행하는 중이다. 매우 다루기 어려움!

아이러니하게 단순한 명령어들이 복잡한 명령어들보다 훨씬 더 자주 사용된다. 예를 들어 x86-32에는 `enter` 명령어가 있는데, 이 명령어는 스택 프레임을 생성하기 위해 프로시저에 진입하여 실행하는 첫 번째 명령어이다(3장). 대부분 컴파일러는 x86-32에 있는 다음의 두 개의 명령어를 선호한다.

```
push ebp       # 스택에 프레임 포인터를 푸쉬
mov  ebp, esp  # 스택 포인터를 프레임 포인터로 카피
```

Performance

성능. 임베디드 응용프로그램을 위한 작은 칩을 제외하면 아키텍트는 일반적으로 비용뿐만 아니라 성능에 중점을 둔다. 성능은 세 가지 용어로 나눌 수 있다:

$$\frac{instructions}{program} \times \frac{average\ clock\ cycles}{instruction} \times \frac{time}{clock\ cycle} = \frac{time}{program}$$

마지막 팩터는 클럭률의 역수이고, 1GHz 클럭률은 클럭 사이클 당 시간인 1ns이다 ($1/10^9$).

단순한 ISA는 복잡한 ISA보다 더 많은 프로그램 당 명령어들을 실행할 수도 있지만, 더 빠른 클럭 사이클을 가지거나 평균적으로 더 적은 명령어 당 클럭 사이클(CPI)을 가지고 있어서 보상 이상의 가치를 얻을 수 있다.

예를 들어 CoreMark 벤치마크[Gal-On and Levy 2012](100,000 반복)에서 ARM-32 Cortex-A9에서 성능은

$$\frac{32.27\ B\ instructions}{program} \times \frac{0.79\ clock\ cycles}{instruction} \times \frac{0.71\ ns}{clock\ cycle} = \frac{18.15\ secs}{program}$$

이다. RISC-V를 구현한 BOOM의 수식은

평균 클럭 사이클수는 1보다 작을 수 있다. 왜냐하면 A9과 BOOM[Celio et al. 2015]은 클럭 사이클 당 하나 이상의 명령어를 실행하는 *수퍼스칼라(superscalar)* 프로세서이다.

$$\frac{29.51\ B\ instructions}{program} \times \frac{0.72\ clock\ cycles}{instruction} \times \frac{0.67\ ns}{clock\ cycle} = \frac{14.26\ secs}{program}$$

이다.

ARM 프로세서는 이 경우에 RISC-V보다 더 많은 수의 명령어를 실행하였다. 간단한 명령어가 가장 많이 사용되는 명령어이므로 ISA가 단순하면 모든 성능 지표에서 우월할 수 있다. 이 프로그램에서 RISC-V 프로세서는 세 가지 팩터 각각에 대하여 10% 정도 이득을 얻게 되어 결과적으로 30% 정도의 성능 향상을 얻을 수 있었다. ISA가 단순해질수록 더 작은 칩을 만들 수 있으므로 가성비도 훌륭하다.

Isolation of Arch from Impl

구현에서 구조의 격리. 1960년대로 거슬러 올라가서 *구조*와 *구현* 사이의 구분은 원래 다음과 같다. 구조는 기계어 프로그래머가 정확한 프로그램을 작성하기 위해 알아야 할 필요가 있는 것으로 프로그램의 성능을 의미하는 것은 아니다. 아키텍트는 구현의 성능 또는 비용에 도움이 되도록 ISA에 명령어를 추가하려는 유혹에 빠질 수 있지만, 명령어를 추가하는 것은 나중에 구현할 때에 부담으로 되돌아오게 된다.

MIPS-32 ISA에서 아쉬운 기능으로는 *지연 분기(delayed branch)*가 있다. 조건 분기는 파이프라인으로 실행 시에 문제의 원인이 된다. 프로세서는 파이프라인에서 실행할 다음 명령어를 미리 가지고 있어야 하는데, 다음 연속적인 명령어(만약 분기가 발생하지 않는다면)를 원하는지 아니면 분기된 명령어(분기가 발생한 경우)를 원하는지 결정할 수 없기 때문이다. 5단계 파이프라인을 갖고 있는 최초의 마이크로프로세서에서는 이런 미결정으로 파이프라인을 한 클럭 멈출 수 밖에 없었다. MIPS-32에서는 이를 해결하기 위해 분기 명령어의 실제 실행이 다음 명령어 *이후의* 명령어에서 발생하도록 분기를 재정의하였다. 따라서 분기문에 이어서 오는 다음 명령어는 *항상* 실행되고 이곳을 *지연슬롯(delay slot)*이라고 하였다. 프로그래머 또는 컴파일러 작성자의 할일은 *지연슬롯*에 뭔가 유용한 걸 두는 것이었다.

오늘날 파이프라인 프로세서는 하드웨어 예측기 를 사용하여 분기 결과를 90% 정확성 이상으로 예측할 수 있으며 파이프라인의 깊이에 상관없이 동작할 수 있다. 그 예측기가 잘못 예측을 하였을 때 파이프라인을 비우고 재시작하는 메커니즘만 있으면 된다.

안타깝게도 이러한 "해결책"은 더욱 많은 파이프라인 단계를 갖고 있는 후속 MIPS-32 프로세서에게는 도움이 되지 않았고(파이프라인 단계가 많아서 분기 결과가 계산되기 전에 더 많은 명령어를 가져와야 하므로), 증분식 ISA는 하위 호환성(1.2절 참조)을 유지해야 하므로 그 이후의 MIPS-32 프로그래머, 컴파일러 작성자, 프로세서 설계자의 인생이 고단

하게 되었다. 게다가 MIPS-32 코드를 이해하기 더욱 어렵게 만들었다(32페이지 그림 2.10 참고).

아키텍트는 어느 순간에 한 지점에서 하나의 구현만을 지원하는 기능을 넣어서는 안되지만 구현을 방해하는 일부 기능을 넣어서도 안된다. 예를 들어, ARM-32와 몇몇 다른 ISA는 이전 페이지에서 언급한 다중 적재(Load Multiple) 명령어를 가지고 있다. 이 명령어들은 단일 명령어 내보내기(issue) 파이프라인 설계의 성능을 향상시킬 수 있지만, 다중 명령어 내보내기 파이프라인에게는 해가 된다. 그 이유는 직관적으로 구현하게 되면 다중 적재 명령어 각각의 적재들이 다른 명령어와 병렬적으로 스케줄링을 못하게 되어 프로세서의 명령어 처리량이 감소하게 되기 때문이다.

성장 여지. 무어의 법칙이 끝나감에 따라 딥러닝, 증강현실, 조합 최적화, 그래픽 등과 같은 특정한 분야를 위한 커스텀 명령어를 추가하는 것이 가성비에 있어서 큰 향상을 얻기 위한 유일한 방법이다. 이는 현대의 ISA는 opcode 공간을 비축하는 것이 앞으로의 발전을 위해 중요하다는 것을 의미한다.

Room for Growth

무어의 법칙이 한참 진행중인 1970 1980년대에는 미래의 가속기를 위해 opcode 공간을 비축하는 것을 거의 생각하지 않았다. 대신 아키텍트에게는 프로그램 당 실행할 명령어들의 개수를 줄이기 위해(이전 페이지에서 성능 방정식의 첫 번째 요소) 더 큰 주소와 수치(immediate) 필드가 가장 큰 관심사였다.

opcode 공간 부족이 영향을 미치는 예제로는 ARM-32 아키텍트가 고정된 32비트 크기 ISA에 16비트 크기 명령어를 추가하여 코드 크기를 줄이려 시도할 때 발생하였다. 간단히 말해 더 이상 남아있는 공간이 없었다. 유일한 해결책은 16비트 명령어로 된 새로운 ISA(Thumb)를 먼저 만들고, 나중에 16비트와 32비트 명령어 둘 다로 구성된 새로운 ISA(Thumb2)를 만들어서, 모드(mode) 비트를 사용하여 ARM ISA 사이에 변환하는 것이었다. 모드를 변경하기 위해 프로그래머 또는 컴파일러는 최하위비트(LSB)에 1을 넣어서 바이트 주소로 분기한다. 16비트와 32비트 명령어들의 주소는 그 최하위비트가 0이므로 영향을 미치지 않고 동작한다.

앞에서 언급한 ARM-32 명령어 `ldmiaeq`는 그 명령어가 분기할 때 ARM-32와 Thumb/Thumb-2 사이의 명령어 집합 모드도 변경하므로 가장 복잡하다.

프로그램 크기. 임베디드 장치에서 상당한 비용을 차지하는 칩 내부의 프로그램 메모리 면적은 프로그램이 작아질수록 작아진다. 실제로 이런 점 때문에 ARM 아키텍트는 더 작은 명령어를 소급적으로 추가하기 위해 Thumb과 Thumb-2 ISA를 설계하였다. 프로그램이 작아지면 명령어 캐쉬에서 실패(miss)할 확률도 적어지게 된다. 이로 인해 온칩(on-chip) SRAM보다 훨씬 많은 에너지를 사용하는 오프칩(off-chip) DRAM 사용을 빈도를 줄여서 전력 소모를 줄일 수 있고 성능도 향상된다. 작은 코드 크기가 ISA 아키텍트의 목표 중에 하나가 될 수 있다는 것이다.

Code Size

x86-32 ISA는 1바이트에서 15바이트 크기까지 사용하는 가변 길이 명령어 방식이다. x86의 가변 길이 명령어는 32비트 고정 길이로 제한된 ARM-32와 RISC-V ISA보다 더 작은 프로그램을 생성할 거라고 확실하게 추측할 수 있다. 논리적으로 보면 8비트 가변 길이 명령어는 ARM의 Thumb-2와 RISC-V의 RV32C 확장(7장 참조)을 사용하는 16비트 또는

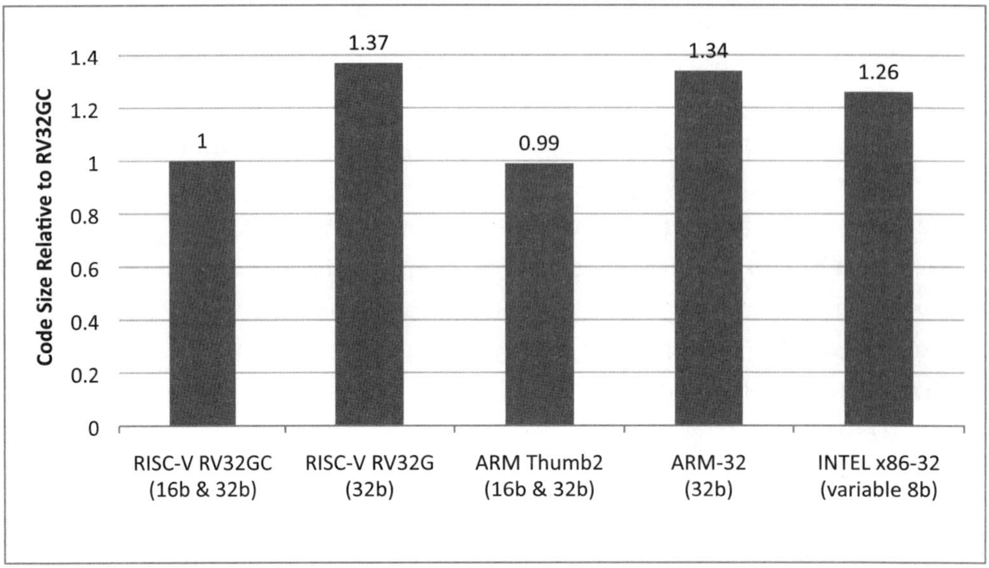

그림 1.5: RV32G, ARM-32, x86-32, RV32C, Thumb-2와 상대적인 프로그램 크기. 마지막 두 ISA는 작은 코드 크기에 목적이 있다. 프로그램은 GCC 컴파일러를 사용한 SPEC CPU2006 벤치마크이다. RV32C와 비교한 Thumb-2의 작은 크기의 장점은 프로시저 진입에서 다중적재와 다중저장의 코드 크기 절약 때문이다. RV32C에서는 RV32G의 명령어와 1대1 매핑을 유지하기 위해 그런 명령어를 배제하였고, 하이엔드 프로세서들(아래 참조)을 위한 구현 복잡도를 줄이기 위해 다중적재와 다중저장을 생략하였다(아래 참조). 7장에서는 RV32C에 대하여 설명한다. RV32G는 널리 알려진 RISC-V 확장(RV32M, RV32F, RV32D, RV32A)의 조합을 나타내고 정확히는 RV32IMAFD라고 부른다.[Waterman 2016]

32비트 명령어만 제공하는 ISA보다 더 작아야만 한다. 그림 1.5에서 x86-32 코드는 모든 명령어가 32비트 길이인 ARM-32와 RISC-V 코드에 비해 단지 6%에서 9% 정도 더 크지만, 16비트와 32비트 명령어 둘 다를 제공하는 압축 버전(RV32C와 Thumb-2)보다는 오히려 26% 더 크다는 것을 알 수 있다.

> **15바이트 x86-32 명령어의 한 예제는** `lock add dword ptr ds:[esi+ecx*4 +0x12345678], 0xefcdab89`이다. 16진수로 67 66 f0 3e 81 84 8e 78 56 34 12 89 ab cd ef로 어셈블된다. 마지막 8바이트는 두 개 주소이고 처음 7바이트는 아토믹 메모리 연산, 덧셈 연산, 32비트 데이터, 데이터 세그먼트 레지스터, 두 개의 주소 레지스터, 스케일 인덱스 주소지정 모드이다. 1바이트 명령어의 예제는 `inc eax`이고 40으로 어셈블된다.

8비트 가변 길이 명령어를 사용하는 새로운 ISA는 RV32C와 Thumb-2보다 더 작은 코드를 생성하지만, 1970년대에 첫 번째 x86의 아키텍트들은 다른 의견을 갖고 있었다. 게다가 증분식 ISA(1.2절)의 하위 이진 호환성에 대한 요구사항이 주어져 있어서, 원래 x86의 제한된 opcode 여유 공간으로만 쥐어짜기 위해 하나 또는 두 바이트 접두사를 사용해야 해서 수백 개의 새로운 x86-32 명령어들은 예상보다 길어지게 되었다.

프로그래밍, 컴파일링, 링킹의 편이. 레지스터에 있는 데이터는 메모리에 있는 데이터보다 훨씬 빠르게 접근할 수 있으므로 컴파일러는 레지스터 할당에 최선을 다하는 것이 필수적이다. 레지스터 할당은 레지스터가 적은 것보다 많을 때 훨씬 더 쉬워진다. 그런 점에서 ARM-32는 16개의 레지스터, x86-32는 8개의 레지스터만을 가지고 있다. RISC-V를 포함한 대부분 현대 ISA는 상대적으로 여유로운 32개의 정수 레지스터를 가지고 있다. 레지스터가 많을수록 컴파일러와 어셈블리어 프로그래머의 삶을 여유롭게 만들어 줄 수 있다.

컴파일러와 어셈블리어 프로그래머에게 다른 이슈는 코드 시퀀스의 속도를 파악하는 것이다. 알다시피 RISC-V 명령어들은 캐쉬 실패(miss)를 무시한다면 기껏해야 명령어 당 한 클럭 사이클이다. 반면 이전에 봤듯이 ARM-32와 x86-32는 둘 다 모든 것이 캐쉬에 있더라도 많은 클럭 사이클이 걸리는 명령어들을 가지고 있다. 게다가 ARM-32와 RISC-V와는 달리 x86-32 산술 명령어들은 필요한 모든 피연산자가 레지스터에만 있는 것이 아니라 메모리에도 피연산자를 가질 수 있다. 프로세서 설계자들은 복잡한 명령어들과 메모리에 있는 피연산자들로 인해 성능 예측이 어려워진다.

Programmability

ISA가 위치 독립적 코드(*position independent code*, *PIC*)를 지원하는 것은 유용하다. 왜냐하면 PIC는 공유 라이브러리 코드를 다른 프로그램에서 다른 주소에 거주할 수 있게 하는 동적 링킹(3.5절 참조)을 지원하기 때문이다. PC-상대적 분기와 PC-상대적 데이터 주소지정은 PIC에 필수적이다. 거의 모든 ISA가 PC-상대적 분기를 제공하는 반면에 x86-32와 MIPS-32는 PC-상대적 데이터 주소지정이 빠져있다.

■ **고난도*: ARM-32, MIPS-32, x86-32***

고난도는 독자들이 그 주제에 관심이 있다면 자세히 살펴볼 수 있는 선택적인 내용이지 책의 나머지 내용을 이해하기 위해 반드시 읽어야 하는 것은 아니다. 예를 들어 우리가 사용하는 ISA 이름은 공식적인 것이 아니다. 32비트 주소 ARM ISA는 1986년에 처음 나와서 2005년에 출시된 ARMv7까지 많은 버전을 갖고 있다. ARM-32는 일반적으로 ARMv7 ISA를 가리킨다. MIPS도 많은 32비트 버전을 가지고 있지만 MIPS I이라 불리는 오리지널을 가리킨다. "MIPS32"는 다른 ISA이고 우리가 MIPS-32라고 부르는 것보다 나중 ISA이다. 인텔의 첫 번째 16비트 주소 아키텍처는 1978년 8086였고 1985년에 80386 ISA는 32비트 주소로 확장되었다. x86-32 표기는 일반적으로 x86 ISA의 32비트 주소 버전인 IA-32를 가리킨다. 이러한 ISA의 무수한 변형을 고려하면 본 교재에서 사용하는 비표준적인 용어가 가장 혼란스럽지 않다는 것을 알게 된다.

1.4 이 책의 개요

이 교재는 RISC-V 이전에 다른 명령어 집합을 공부한 적이 있다고 가정하고 있다. 만약 그렇지 않다면 RISC-V에 기반한 소개 형식의 아키텍처 교재[Patterson and Hennessy 2017]를 먼저 보기 바란다.

참조 카드는 초록 카드라고도 부른다. 왜냐하면 초록색이 1960년대부터 ISA의 한 페이지로 요약된 카드의 바탕 색깔이기 때문이다. 역사적 정확성인 초록색 대신에 읽기 쉬운 흰색으로 바탕화면을 정하였다.

2장은 RISC-V의 심장부에 해당하는 변화가 없는 기본 정수 명령어인 RV32I를 소개한다. 3장은 호출 규약과 링킹을 위한 약간 똑똑한 트릭을 포함하여 2장에서 소개한 내용에 추가해서 남아있는 RISC-V 어셈블리어를 설명한다. 어셈블리어는 모든 적절한 RISC-V 명령어들과 RISC-V 외부에 있는 몇몇 유용한 명령어들을 포함한다. 실제 명령어들을 유용하게 변형한 이런 *의사명령어(Pseudoinstruction)*들은 ISA를 복잡하게 만들지 않고도 어셈블리어 작성을 쉽게 만들어 준다.

다음 세 장에서 표준 RISC-V 확장을 설명하고, RV32I에 추가하고 모두 모아서 RV32G(G는 general을 의미)라고 부른다:

- 4장: 곱하기와 나누기 (RV32M)
- 5장: 부동소수점 (RV32F 및 RV32D)
- 6장: 아토믹 (RV32A)

3페이지와 4페이지에 있는 RISC-V "참조 카드"는 이 책에 있는 *모든* RISC-V 명령어들의 요약본이다(RV32G, RV64G, RV32/64V).

7장에서는 RISC-V에서 우아함의 가장 훌륭한 예제인 압축 확장 옵션 RV32C를 설명한다. 기존 32비트 RV32G 명령어들의 짧은 버전에 해당하도록 16비트 명령어로 제한하여 거의 공짜로 얻을 수 있다. 어셈블러는 어셈블리어 프로그래머와 컴파일러가 RV32C를 의식하지 못하는 사이에 명령어 크기를 고를 수 있다. 16비트 RV32C 명령어들을 32비트 RV32G 명령어들로 변환하는 하드웨어 디코더는 400게이트만이 필요할 뿐이고 이는 가장 단순하게 구현된 RISC-V에서도 몇 퍼센트 정도에 불과하다.

8장은 벡터 확장인 RV32V를 소개한다. 벡터 명령어들은 ARM-32, MIPS-32, x86-32에 있는 많고 무차별적인 *Single Instruction Multiple Data*(*SIMD*) 명령어들에 비해서 RISC-V ISA의 우아함을 보일 수 있는 또 다른 예제이다. 실제로 그림 1.2에 있는 x86-32에 수백개의 명령어들은 SIMD였고 수 백개가 더 추가될 예정이다. 자료형과 크기를 opcode에 내장하는 대신 벡터 레지스터들에 연관을 지어서 RV32V는 대부분의 벡터 ISA보다 오히려 더 단순하다. RV32V는 기존 SIMD 기반 ISA를 RISC-V로 전환하는 가장 경쟁력있는 이유일 수 있다.

Simplicity

9장은 RISC-V의 64비트 주소 버전인 RV64G를 보인다. 9장에서 설명하는 바와 같이 RISC-V 아키텍트는 32비트에서 64비트로 주소를 확장하기 위해서 레지스터만 넓히고 RV32G 명령어들에 `word`, `doubleword`, `long` 버전을 추가하는 것으로 완성하였다.

10장은 RISC-V가 페이징과 머신, 유저, 수퍼바이저 특권 모드를 어떻게 다루는지 보여주는 시스템 명령어에 대하여 설명한다.

마지막 장은 RISC-V 재단에서 현재 관심있는 나머지 확장에 대하여 간단하게 설명한다.

부록 A에는 책의 가장 큰 부분으로 알파벳 순서로 명령어 집합이 요약되어 있다. 대략 50페이지 분량으로 RISC-V의 단순함을 증명할 수 있는데 위에서 언급한 모든 확장에 있는 RISC-V 전체 ISA와 모든 의사명령어를 정의하고 있다.

부록 B는 공통의 어셈블리어 연산과 RV32I, ARM-32, x86-32에서 어떤 명령어에 대응하는지 설명한다. 세 개의 그림 다음으로 작은 C 프로그램과 세 개의 ISA로 된 컴파일러 출력물이 온다. 부록은 두 가지 목적을 가지고 있다. ARM-32 또는 x86-32 ISA에 이미 익숙한 독자들을 위해 더 잘 알고 있는 ISA에 매핑을 하여 RISC-V를 학습하기 위한 다른 방법을 제시한다. 두 번째 목적은 이런 오래된 ISA로 만들어진 어셈블리어 프로그램을 RISC-V로 변환하려는 프로그래머들에게 도움을 주기 위한 것이다.

찾아보기로 이 책을 마무리한다.

ISA	Pages	Words	Hours to read	Weeks to read
RISC-V	236	76,702	6	0.2
ARM-32	2736	895,032	79	1.9
x86-32	4898	2,186,259	182	4.5

그림 1.6: ISA 매뉴얼의 페이지와 단어 수. [Waterman and Asanović 2017a], [Waterman and Asanović 2017b], [Intel Corporation 2016], [ARM Ltd. 2014]. 1주일에 40시간에 대하여 분당 200단어를 읽는다고 가정할 때 시간 및 주. [Baumann 2017]의 그림1의 부분에 기반함.

1.5 결론

> *It is easy to see by formal-logical methods that there exist certain [instruction sets] that are in abstract adequate to control and cause the execution of any sequence of operations ... The really decisive considerations from the present point of view, in selecting an [instruction set], are more of a practical nature: simplicity of the equipment demanded by the [instruction set], and the clarity of its application to the actually important problems together with the speed of its handling of those problems.*
>
> —[von Neumann et al. 1947, 1947]

RISC-V는 과거 ISA의 실수로 알게 된 최신의, 깨끗한 경력의, 최소화된, 개방형 ISA다. RISC-V 아키텍트의 목표는 가장 작은 장치에서부터 가장 빠른 장치까지 모든 컴퓨팅 장치에 대해 효율적이 되도록 하는 것이다. 폰 노이만의 70년 전 충고에 따라 많은 레지스터를 사용하여 컴파일러와 어셈블리어 프로그래머가 중요한 문제를 적절하고 빠른 코드에 매핑하도록 도와주고 명령어 속도를 명확하게 가지는 반면에 비용은 낮게 유지하기 위하여 RISC-V ISA에서는 단순함을 강조한다.

John von Neumann의 훌륭하게 작성된 보고서의 이전 버전은 비록 다른 연구에 기반을 두었어도 너무 영향력이 커서 이런 스타일의 컴퓨터를 폰 노이만 아키텍처라고 말한다. 처음으로 저장된 프로그램 기반으로 컴퓨터가 동작하기 3년 전에 그 보고서는 작성되었다.

ISA의 복잡성을 알 수 있는 한 가지 방법은 문서의 크기이다. 그림 1.6은 페이지와 워드로 측정된 RISC-V, ARM-32, x86-32의 명령어 집합 매뉴얼 크기를 나타낸다. 만약 여러분이 풀타임 작업(일주일에 5일 동안 8시간)으로 매뉴얼을 읽는다면 한 번 읽는데 ARM-32 매뉴얼은 반 달이 걸릴 것이고 x86-32는 한 달이 걸릴 것이다. 이렇게 복잡한데 어떤 사람도 ARM-32 또는 x86-32를 완전히 이해할 수는 없을 것이다. 이런 상식적인 지표를 사용하여 RISC-V는 ARM-32의 $\frac{1}{12}$의 복잡도이고 x86-32의 $\frac{1}{10}$에서 $\frac{1}{30}$정도의 복잡도이다. 실제로 모든 확장을 포함하는 RISC-V ISA의 요약 자료는 두 페이지에 불과하다(참조 카드 참고).

이러한 최소화된 개방형 ISA는 2011년 공개되었는데 장기간의 토론으로 기술적 정당성에 엄격하게 기반을 둔 선택적인 확장을 추가해 발전시키려는 재단의 지원을 받고 있다. 개방성은 RISC-V의 구현을 자유롭게 공유할 수 있게 하여 비용을 절감하고 프로세서에 원치 않는 악성 비밀이 숨겨질 가능성을 줄일 수 있다.

Simplicity

그러나 하드웨어 홀로 시스템을 만들 수 없다. 소프트웨어 개발 비용은 하드웨어 개발 비용을 크게 줄일 수 있기 때문에 안정적인 하드웨어가 중요하지만 안정적인 소프트웨어는 더욱 중요하다. 소프트웨어 개발은 운영체제, 부트로더, 참고 소프트웨어, 그리고 많이 사용되는 소프트웨어 도구가 필요하다. 재단은 전체적인 ISA를 위한 안정성을 제공한다.

Elegance

굳어진 기반이라는 것은 소프트웨어 스택을 위한 타깃인 RV32I 코어는 절대 변하지 않는다는 것을 의미한다. RISC-V는 광범위한 적용과 개방성으로 우세한 전매 ISA의 지배력에 도전할 수 있다.

우아함은 ISA에 드물게 적용되는 단어이지만, 이 책을 읽은 후에 여러분은 RISC-V에 적용하는 것에 대하여 동의할 지도 모른다. 여백에 있는 모나리자 아이콘은 우아함을 가리킨다고 믿는 특징을 강조하기 위해 사용될 것이다.

1.6 추가 학습

ARM Ltd. ARM Architecture Reference Manual: ARMv7-A and ARMv7-R Edition, 2014. URL `http://infocenter.arm.com/help/topic/com.arm.doc.ddi0406c/`.

A. Baumann. Hardware is the new software. In *Proceedings of the 16th Workshop on Hot Topics in Operating Systems*, pages 132–137. ACM, 2017.

C. Celio, D. Patterson, and K. Asanovic. The Berkeley Out-of-Order Machine (BOOM): an industry-competitive, synthesizable, parameterized RISC-V processor. *Tech. Rep. UCB/EECS-2015–167, EECS Department, University of California, Berkeley*, 2015.

S. Gal-On and M. Levy. Exploring CoreMark - a benchmark maximizing simplicity and efficacy. *The Embedded Microprocessor Benchmark Consortium*, 2012.

Intel Corporation. *Intel 64 and IA-32 Architectures Software Developer's Manual, Volumes 1–4*. September 2016.

S. P. Morse. The Intel 8086 chip and the future of microprocessor design. *Computer*, 50(4): 8–9, 2017.

D. A. Patterson and J. L. Hennessy. *Computer Organization and Design RISC-V Edition: The Hardware Software Interface*. Morgan Kaufmann, 2017.

S. Rodgers and R. Uhlig. X86: Approaching 40 and still going strong, 2017.

J. L. von Neumann, A. W. Burks, and H. H. Goldstine. Preliminary discussion of the logical design of an electronic computing instrument. *Report to the U.S. Army Ordnance Department*, 1947.

A. Waterman. *Design of the RISC-V Instruction Set Architecture*. PhD thesis, EECS Department, University of California, Berkeley, Jan 2016. URL `http://www2.eecs.berkeley.edu/Pubs/TechRpts/2016/EECS-2016-1.html`.

A. Waterman and K. Asanović, editors. *The RISC-V Instruction Set Manual Volume II: Privileged Architecture Version 1.10*. May 2017a. URL `https://riscv.org/specifications/privileged-isa/`.

A. Waterman and K. Asanović, editors. *The RISC-V Instruction Set Manual, Volume I: User-Level ISA, Version 2.2*. May 2017b. URL `https://riscv.org/specifications/`.

2 RV32I: RISC-V 기본 정수 ISA

Frances Elizabeth "Fran" Allen (1932-)는 주로 최적화 컴파일러에 대한 그녀의 업적으로 튜링상을 수상했다. 튜링상은 컴퓨터 과학에서 가장 위대한 상이다.

...the only way to realistically realize the performance goals and make them accessible to the user was to design the compiler and the computer at the same time. In this way features would not be put in the hardware which the software could not use ...

—Frances Elizabeth "Fran" Allen, 1981

2.1 소개

그림 2.1은 한 페이지로 된 RV32I 기본 명령어 집합의 시각적 표현이다. 각 다이어그램에서 왼쪽에서 오른쪽으로 밑줄이 있는 문자와 결합하여 전체 RV32I 명령어 집합을 구성하게 된다. 집합 표기법 { }를 사용하여 명령어의 가능한 종류를 나열하고 밑줄 문자 _는 변화를 위한 문자가 없다는 것을 의미한다. 예를 들어

$$\underline{s}\text{et }\underline{l}\text{ess }\underline{t}\text{han}\begin{Bmatrix} \_ \\ \underline{i}\text{mmediate} \end{Bmatrix}\begin{Bmatrix} \_ \\ \underline{u}\text{nsigned} \end{Bmatrix}$$

는 `slt`, `slti`, `sltu`, `sltiu` 네 개의 RV32I 명령어를 표현한다.

이와 같은 다이어그램이 각 장의 첫 번째 그림이고 각 장에서 설명할 명령어에 대하여 빠르고 직관적으로 이해할 수 있도록 개요를 제공하는 것이 목표이다.

2.2 RV32I 명령어 포맷

Simplicity

Cost

Performance

그림 2.2는 여섯개의 기본 명령어 포맷을 보이고 있다. 레지스터-레지스터 연산을 위한 R-타입, 짧은 수치(immediate)와 적재를 위한 I-타입, 저장을 위한 S-타입, 조건 분기를 위한 B-타입, 긴 수치를 위한 U-타입, 무조건 분기를 위한 J-타입이다. 그림 2.3은 그림 2.2의 포맷을 사용하여 그림 2.1에 있는 RV32I 명령어들의 opcode를 나열한다.

간결한 RISC-V ISA가 가성비를 향상시킬 수 있는 명령어 포맷의 특징에 대하여 몇 가지 예제를 보이려고 한다. 첫 째로 여섯 개의 포맷만이 있고 모든 명령어의 크기는 32비트

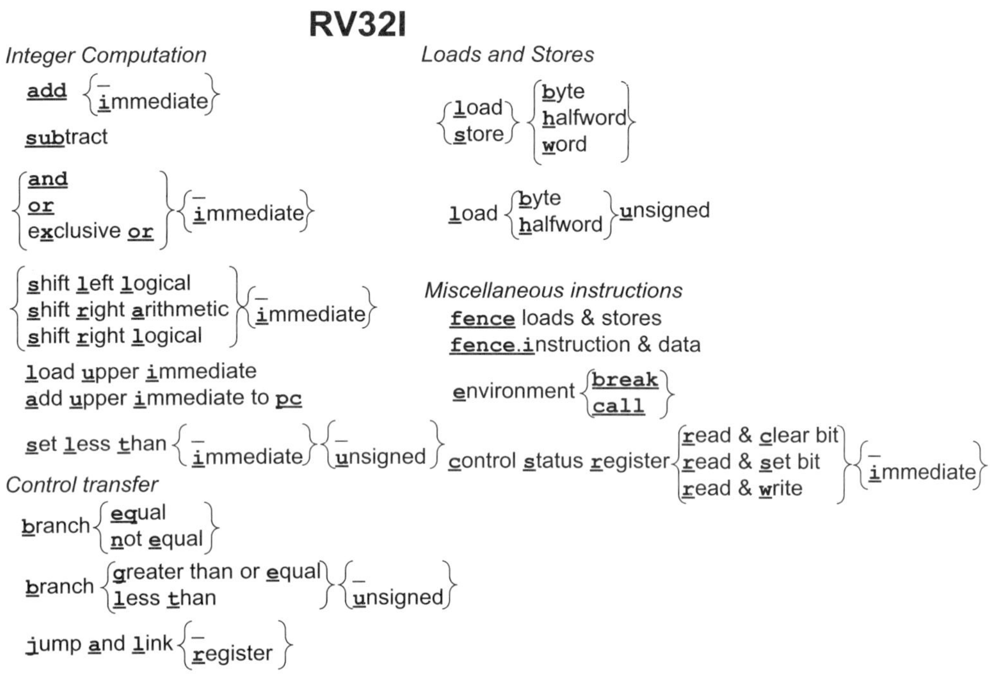

그림 2.1: RV32I 명령어 다이어그램. 밑줄있는 글자는 왼쪽에서 오른쪽으로 연결하여 RV32I 명령어들을 구성한다. 중괄호 기호 { }는 그 집합에 있는 각 수직 항목이 명령어의 다른 종류라는 것을 의미한다. 그 집합내에 있는 언더스코어 _는 이 집합에서 한 문자없는 이름까지만 선택할 수 있다는 것을 의미한다. 예를 들어 왼쪽 상단 코너 근처의 표기는 다음 여섯개의 명령어를 표현한다: and, or, xor, andi, ori, xori.

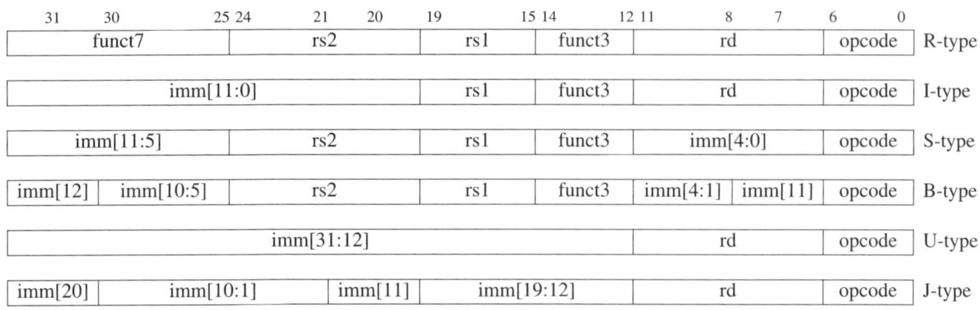

그림 2.2: RISC-V 명령어 포맷. 명령어에 있는 수치 하위 필드는 수행되는 명령어의 수치 필드에 있는 비트 위치가 아니라 생성되는 수치 값에 있는 비트 위치(imm[*x*])를 레이블로 지정한다. 10장은 제어 상태 레지스터 명령어들이 약간 다른 I-타입 포맷을 어떻게 사용하는지 설명한다.(Waterman and Asanović 2017의 그림 2.2 기반 그림)

31 25	24 20	19 15	14 12	11 7	6 0	
imm[31:12]				rd	0110111	U lui
imm[31:12]				rd	0010111	U auipc
imm[20|10:1|11|19:12]				rd	1101111	J jal
imm[11:0]		rs1	000	rd	1100111	I jalr
imm[12|10:5]	rs2	rs1	000	imm[4:1|11]	1100011	B beq
imm[12|10:5]	rs2	rs1	001	imm[4:1|11]	1100011	B bne
imm[12|10:5]	rs2	rs1	100	imm[4:1|11]	1100011	B blt
imm[12|10:5]	rs2	rs1	101	imm[4:1|11]	1100011	B bge
imm[12|10:5]	rs2	rs1	110	imm[4:1|11]	1100011	B bltu
imm[12|10:5]	rs2	rs1	111	imm[4:1|11]	1100011	B bgeu
imm[11:0]		rs1	000	rd	0000011	I lb
imm[11:0]		rs1	001	rd	0000011	I lh
imm[11:0]		rs1	010	rd	0000011	I lw
imm[11:0]		rs1	100	rd	0000011	I lbu
imm[11:0]		rs1	101	rd	0000011	I lhu
imm[11:5]	rs2	rs1	000	imm[4:0]	0100011	S sb
imm[11:5]	rs2	rs1	001	imm[4:0]	0100011	S sh
imm[11:5]	rs2	rs1	010	imm[4:0]	0100011	S sw
imm[11:0]		rs1	000	rd	0010011	I addi
imm[11:0]		rs1	010	rd	0010011	I slti
imm[11:0]		rs1	011	rd	0010011	I sltiu
imm[11:0]		rs1	100	rd	0010011	I xori
imm[11:0]		rs1	110	rd	0010011	I ori
imm[11:0]		rs1	111	rd	0010011	I andi
0000000	shamt	rs1	001	rd	0010011	I slli
0000000	shamt	rs1	101	rd	0010011	I srli
0100000	shamt	rs1	101	rd	0010011	I srai
0000000	rs2	rs1	000	rd	0110011	R add
0100000	rs2	rs1	000	rd	0110011	R sub
0000000	rs2	rs1	001	rd	0110011	R sll
0000000	rs2	rs1	010	rd	0110011	R slt
0000000	rs2	rs1	011	rd	0110011	R sltu
0000000	rs2	rs1	100	rd	0110011	R xor
0000000	rs2	rs1	101	rd	0110011	R srl
0100000	rs2	rs1	101	rd	0110011	R sra
0000000	rs2	rs1	110	rd	0110011	R or
0000000	rs2	rs1	111	rd	0110011	R and
0000 | pred | succ		00000	000	00000	0001111	I fence
0000 | 0000 | 0000		00000	001	00000	0001111	I fence.i
000000000000		00000	000	00000	1110011	I ecall
000000000001		00000	000	00000	1110011	I ebreak
csr		rs1	001	rd	1110011	I csrrw
csr		rs1	010	rd	1110011	I csrrs
csr		rs1	011	rd	1110011	I csrrc
csr		zimm	101	rd	1110011	I csrrwi
csr		zimm	110	rd	1110011	I csrrsi
csr		zimm	111	rd	1110011	I csrrci

그림 2.3: RV32I opcode 맵은 명령어 레이아웃, opcode, 포맷 타입, 이름을 가지고 있다. ([Waterman and Asanović 2017]의 표 19.2 기반의 그림)

길이이므로 명령어 디코딩이 단순해진다. ARM-32와 특히 x86-32는 많은 포맷을 가지고 있어서 로우엔드 구현에서는 디코딩이 비싸지고 미디엄과 하이엔드 프로세서 디자인에서는 성능 상의 문제가 된다. 두 번째로 RISC-V 명령어들은 x86-32와 같이 근원지(source)와 목적지(destination) 피연산자를 공유하지 않고 세 개의 레지스터 피연산자를 사용한다. 일반적으로 연산에서는 세 개의 구별되는 피연산자를 가지고 있지만 ISA에서는 두 개의 피연산자만을 가진 명령어를 제공한다면, 컴파일러 또는 어셈블리어 프로그래머는 목적지 피연산자를 보존하기 위해 별도의 이동(move) 명령어를 사용해야만 한다. 세 번째로 RISC-V에서 읽기와 쓰기를 위한 레지스터들의 명시자는 모든 명령어들에서 항상 같은 위치에 있어서 명령어를 디코딩하기 전에 레지스터 접근이 가능하다. 대부분 다른 ISA들의 경우 어떤 명령어에서는 근원지로 나머지 명령어에서는 목적지로 필드를 재사용하여 (예. ARM-32와 MIPS-32) 적절한 필드를 선택하기 위해서는 중요한 경로에 별도의 하드웨어를 추가해야 한다. 네 번째로 RISC-V 포맷에 있는 수치(immediate) 필드는 항상 부호 확장이고 부호 비트는 항상 명령어의 최상위비트(MSB)에 있다. 이렇게 구현하면 중요한 타이밍 패스에 있는 명령어를 해석하기 전에 수치의 부호 확장이 진행될 수 있게 된다.

부호 확장된 수치는 논리 명령어에 도움이 될 수도 있다. 예를 들어 x & 0xfffffff0는 RISC-V에서 하나의 명령어 `andi`만을 사용하지만, MIPS는 제로 확장되는 논리 수치이므로 MIPS-32에서는 두 개의 명령어(상수를 로드하기 위해 `addiu`와 `and`)가 필요하다. ARM-32는 제로 확장 수치를 보상하기 위해 rx & immediate를 수행하는 추가적인 `bic` 명령어가 필요하다.

■ 고난도: *B-* 와 *J-*타입 포맷?

아래에서 언급한바와 같이 B 포맷에 다시 레이블을 지정하는 S 포맷의 변형인 수치 필드는 분기 명령어를 위해 1비트 회전된다. J 포맷에 다시 레이블을 지정하는 U 포맷의 변형인 수치 필드는 또한 점프 명령어를 회전한다. 따라서 실제로 RISC-V는 네 개의 기본 포맷이 있지만, 보수적으로는 여섯 개의 포맷을 가진 것으로 계산할 수 있다.

프로그래머에게 도움이 되도록 RV32I에서는 비트 패턴이 모두 0인 것은 부적절한 명령어로 설계하였다. 따라서 모두 0인 메모리 영역으로 점프가 되면 에러가 발생한 것으로 즉각 트랩되어 디버깅에 도움이 된다. 유사하게 값이 모두 1인 비트 패턴은 부적절한 명령이므로 프로그램되지 않은 비휘발성 메모리 장치, 연결되지 않은 메모리 버스, 또는 고장난 메모리 칩과 같은 일반적인 에러로 트랩될 것이다.

Programmability

기본 RV32I에서는 ISA 확장을 위한 충분한 공간을 남겨두기 위해 32비트 명령어 워드에서 인코딩 공간의 1/8 이하만을 사용한다. RISC-V 아키텍트는 공통 데이터패스 연산들을 가지는 명령어들이 가능한 한 동일한 opcode 비트 값을 공유하여 제어 로직이 단순화되도록 RV32I opcode를 세밀하게 설계했다. 마지막으로 B와 J 포맷에 있는 분기와 점프 주소는 주소에 2를 곱하는 1비트 왼쪽 시프트를 사용하여 더 큰 범위에서 분기와 점프를 할 수 있도록 하였다. RISC-V는 수치 피연산자의 비트를 원래 위치에서 회전시켜 명령어 신호 팬아웃과 수치를 멀티플렉싱하는 비용을 거의 2배 절감하며, 이는 로우엔드 구현에서 데이터 패스 로직을 다시 단순화시켜준다.

RV32M, RV32F 등과 같은 선택적인 확장에 대하여 모든 RISC-V는 동일한 opcode를 사용한다. 프로세서에 고유한 비표준적인 확장은 RISC-V에서 남겨둔 opcode 공간으로 제한된다.

뭐가 다른가? 이 장과 다음 장에서는 RISC-V가 다른 ISA들과 어떻게 다른지 설명하는 것으로 각 절을 마무리하려고 한다. 둘 사이의 비교는 RISC-V가 무엇을 제외시켰는지에 대한 것이 대부분이다. 포함시킨 특징 뿐만 아니라 생략한 특징에 의해서도 아키텍트의 좋은 취향을 알 수 있다.

ARM-32의 12비트 수치 필드는 단순한 상수가 아니라 상수를 생성하는 함수의 입력이다. 12비트 중 8비트는 전체 폭을 채우기 위해 0으로 확장이 되고 나서 남은 4비트에 2를 곱한 값만큼 오른쪽으로 회전시킨다. 12비트에서 더 유용한 상수를 인코딩하여 실행된 명령어들의 개수를 줄이려는 의도였다. ARM-32는 조건부 실행을 위해 대부분 명령어 포맷에 귀중한 네 개의 비트도 고정시켰다. 빈번하게 사용되지 않더라도 조건부 실행은 *비순차적(out-of-order) 프로세서*의 복잡도를 증가시킨다.

파이프라인은 훌륭한 성능을 얻기 위해 가장 저렴한 프로세서를 제외하고는 모두 사용되고 있다. 산업체의 조립 라인처럼 많은 명령어의 실행을 동시에 겹치게 하여 더 높은 처리량을 얻는다. 이를 위해 프로세서는 분기의 결과를 90% 이상의 정확성으로 예측할 수 있다. 잘못 예측되었을때 명령어들은 다시 실행된다. 초기 마이크로프로세서들은 5개의 명령어가 겹쳐서 실행되는 것을 의미하는 5단계 파이프라인을 가졌었다. 최근에는 10단계 이상의 파이프라인을 사용한다. ARM-32의 후속인 ARM v8에서는 PC를 범용 레지스터에서 제외하였는데, 이는 사실상 실수를 인정한 셈이다.

■ **고난도: 비순차적(*Out-of-order*) 프로세서는**

락스텝(lock-step) 프로그램 순서 대신에 기회가 되는 대로 명령어를 실행하는 고속의 파이프라인 프로세서이다. 그런 프로세서의 중요한 특징은 프로그램에 있는 레지스터 이름을 많은 내부 물리 레지스터에 매핑하는 *레지스터 재명명(Register renaming)*이다. 조건부 실행의 문제점은 새로운 물리 레지스터는 조건이 유지되든 안되든 쓰여져야만 하고, 그래서 목적지 레지스터의 이전 값은 세 번째 피연산자로 읽혀야 하며, 조건이 유지되지 않을 경우 새로운 목적지 레지스터에 복사되는 것이다. 추가적인 피연산자는 레지스터 파일, 레지스터 재명명기(renamer), 비순차적 실행 하드웨어의 비용을 증가시킨다.

2.3 RV32I 레지스터

그림 2.4는 RISC-V ABI(Application Binary Interface)에 의해 결정된 RV32I 레지스터와 그 이름을 나열하고 있다. 읽기 쉽도록 코드 예제에서는 ABI 이름을 사용할 것이다. RV32I는 어셈블리어 프로그래머와 컴파일러 작성자가 편리하게 활용할 수 있도록 31개의 레지스터와 값이 항상 0인 x0를 갖고 있다. ARM-32는 16개의 레지스터만을 갖고 있고 x86-32는 8개만 있다!

무엇이 다른가? 레지스터를 0으로 고정시키는 것은 RISC-V ISA를 단순화시키는데 상당히 큰 역할을 한다. 3장의 38페이지에 있는 그림 3.3에는 제로 레지스터를 가지고 있지 않은 ARM-32와 x86-32에 있는 네이티브 명령어들로 구성된 연산에 대한 많은 예제들이 있다. 그러나 RV32I에서는 피연산자로 제로 레지스터를 사용하여 쉽게 합성해낼 수 있다.

Programmability

ARM-32에서 PC는 16개의 범용 레지스터 중 하나이고, 이것이 의미하는 것은 레지스터를 변경할 수 있는 모든 명령어는 분기 명령어도 될 수 있다는 것이다. 하나의 레지스터로 PC를 사용하면 파이프라인 성능 향상을 위해 정확성이 생명인 하드웨어 분기 예측을 복잡하게 만들게 된다. 일반적인 ISA에서는 프로그램에서 실행하는 명령어의 10~20%가 분기 명령어지만 ARM-32에서는 모든 명령어가 분기 명령어가 될 수 있기 때문이다. PC가 특별한 용도로 사용되므로 범용 레지스터가 하나 부족다는 것도 의미한다.

31 — 0	
x0 / zero	Hardwired zero
x1 / ra	Return address
x2 / sp	Stack pointer
x3 / gp	Global pointer
x4 / tp	Thread pointer
x5 / t0	Temporary
x6 / t1	Temporary
x7 / t2	Temporary
x8 / s0 / fp	Saved register, frame pointer
x9 / s1	Saved register
x10 / a0	Function argument, return value
x11 / a1	Function argument, return value
x12 / a2	Function argument
x13 / a3	Function argument
x14 / a4	Function argument
x15 / a5	Function argument
x16 / a6	Function argument
x17 / a7	Function argument
x18 / s2	Saved register
x19 / s3	Saved register
x20 / s4	Saved register
x21 / s5	Saved register
x22 / s6	Saved register
x23 / s7	Saved register
x24 / s8	Saved register
x25 / s9	Saved register
x26 / s10	Saved register
x27 / s11	Saved register
x28 / t3	Temporary
x29 / t4	Temporary
x30 / t5	Temporary
x31 / t6	Temporary
32	

31 — 0
pc
32

그림 2.4: RV32I의 레지스터들. 3장에서 다양한 포인터(sp, gp, tp, fp), 보존 레지스터(s0-s11), 임시 레지스터(t0-t6)를 뒷받침하는 근거인 RISC-V 호출 규약을 설명한다([Waterman and Asanović 2017]의 그림 2.1과 표 20.1 기반의 그림).

2.4 RV32I 정수 계산

부록 A에서는 RISC-V 명령어 포맷과 opcode를 포함하는 모든 자세한 내용을 제시하고 있다. 이 절과 다음 장들의 유사한 절에서 1장에 있는 7개의 ISA 지표를 시연하는 특징을 강조할 뿐만 아니라 숙련된 어셈블리어 프로그래머에게도 충분할 정도의 ISA 개요를 제시한다.

그림 2.1에 있는 단순한 산술 명령어(`add`, `sub`), 논리 명령어(`and`, `or`, `xor`), 시프트 명령어(`sll`, `srl`, `sra`)는 여러분이 모든 ISA에서 볼 수 있는 명령어와 동일하다. 그 명령어들은 레지스터로부터 두 개의 32비트 값을 읽고 연산을 한 후 목적지 레지스터에 32비트 결과를 쓴다. RV32I는 이러한 명령어들에 대해 피연산자를 수치로 사용하는 버전도 제공한다. ARM-32와 달리 수치는 필요할 때 음수가 될수 있도록 항상 부호 확장을 하며, 이로 인해 `sub`의 수치 버전은 필요 없게 된다.

Simplicity

프로그램은 비교의 결과로 boolean 값을 생성할 수 있다. 그런 경우에 사용하기 위해 RV32I는 *set less than* 명령어를 제공한다. 이 명령어는 만약 첫 번째 피연산자가 두 번째 피연산자보다 작다면 목적지 레지스터에 1을 그렇지 않은 경우에는 0을 쓴다. 기대하는 바와 같이 부호 있는 정수를 비교하기 위해 부호 있는 버전(`slt`)과 부호 없는 정수를 비교하기 위한 부호 없는 버전(`sltu`)이 있고, 수치버전을 위해 두 개의 명령어(`slti`와 `sltiu`)가 있다. RV32I 분기는 두 레지스터 사이의 모든 관계를 체크할 수 있는 반면, 여러 레지스터 사이의 복잡한 관계를 포함하는 조건식이 있을 수 있다. 컴파일러 또는 어셈블리어 프로그래머는 보다 정교한 조건식을 해결하기 위해 `slt`와 논리 명령어 `and`, `or`, `xor`를 사용할 수 있다.

Programmability

그림 2.1에 남아있는 두 개의 정수 계산 명령어는 어셈블리와 링킹을 도와준다. *Load upper immediate*(`lui`)는 20비트 상수를 레지스터의 최상위부터 20비트에 적재한다. 이어서 표준 수치 명령어가 오게 되면 두 개의 32비트 RV32I 명령어만으로 원하는 32비트 상수를 만들어 낼 수 있다. 같은 방식으로 *Add upper immediate to PC*(`auipc`)는 제어 흐름 전달 및 데이터 접근 둘 다를 위해 PC로부터 임의의 오프셋을 접근하기 위한 연속된 두 명령어를 지원한다. `auipc`와 `jalr`(아래를 참조)에 있는 12비트 수치를 조합하여 32비트 PC-상대 주소로 제어를 변경할 수 있고, `auipc`와 적재 또는 저장 명령어에 있는 12비트 수치 오프셋을 더하여 32비트 PC-상대 데이터 주소에도 접근할 수 있다.

Simplicity

무엇이 다른가? 먼저 바이트 또는 하프워드 정수를 계산하는 연산은 없다. 연산은 항상 레지스터 전체 폭이다. 메모리 접근은 산술 연산보다 수십 배 더 많은 에너지를 소비하므로 좁은 데이터 접근은 상당한 에너지를 절약할 수 있지만 좁은 연산은 그렇지 않다. ARM-32는 산술-논리 연산 대부분에서 피연산자 중 하나를 시프트할 수 있는 옵션을 가지는 특이한 기능이 있어서 데이터패스가 복잡해지지만 이런 기능은 거의 필요하지 않다[Hohl and Hinds 2016]. RV32I는 시프트 명령어를 일반 명령어와 분리하였다.

RV32I는 곱셈과 나눗셈도 포함하지 않고, 곱셈과 나눗셈은 선택적 RV32M 확장(4장 참조)으로 구성되어 있다. ARM-32와 x86-32와 달리 전체 RISC-V 소프트웨어 스택은 곱셈과 나눗셈이 없어도 실행할 수 있어서 임베디드 칩의 크기를 줄일 수 있다. 하드웨어적인 이유가 아니더라도 MIPS-32 *어셈블러*는 성능 향상을 위해 시프트와 덧셈을 연속적으로 사용하여 곱셈을 대체할 것이고, 이렇게 되면 어셈블리어 프로그램에서 없는 명령어를 보게 되어 프로그래머들이 혼란스러워할 수도 있다. RV32I는 회전 명령어와 정수 산술 오버플로우 감지도 생략한다. 둘 다 몇 개의 RV32I 명령어(2.6절 참조)로 계산할 수 있다.

ARM-32의 후계자 ISA인 ARM v8은 ALU 명령어에서 선택적인 시프트 연산을 포기했다. ARM-32에서 실수였다는 것을 다시 한 번 암시하는 것이다.

■ 고난도: *"Bit twiddling"* 명령어

(회전과 유사한) RV32B라 부르는 선택적 명령어 확장의 일부로서 RISC-V 재단이 고려중에 있다(11장 참조).

Cost

■ 고난도: *xor* 매직 트릭을 가능하게 한다.

여러분은 중간 레지스터를 사용하지 않고 두 값을 교환할 수 있다! 이 코드는 x1과 x2의 값을 교환한다. 증명은 여러분들이 해보기 바랍니다. 힌트: exclusive or는 교환 가능 ($a \oplus b = b \oplus a$), 결합 가능($(a \oplus b) \oplus c = a \oplus (b \oplus c)$), 자신의 역수($a \oplus a = 0$)이고, 그리고 아이덴티티($a \oplus 0 = a$)를 가지고 있다.

```
xor  x1,x1,x2 # x1' == x1^x2, x2' == x2
xor  x2,x1,x2 # x1' == x1^x2, x2' == x1'^x2 == x1^x2^x2 == x1
xor  x1,x1,x2 # x1'' == x1'^x2' == x1^x2^x1 == x1^x1^x2 == x2, x2' == x1
```

그러나 RISC-V는 넉넉한 레지스터 집합을 가지고 있어서 대개 컴파일러가 스크래치 레지스터를 찾으므로 XOR-swap을 거의 사용하지 않는다.

2.5 RV32I 적재와 저장

그림 2.1에서 RV32I는 32비트 워드 적재와 저장(`lw`와 `sw`)을 제공하는 것 뿐만 아니라 부호있는 그리고 부호없는 바이트와 하프워드 적재(`lb`, `lbu`, `lh`, `lhu`)와 바이트와 하프워드를 위한 저장(`sb`, `sh`)이 있다는 것을 보이고 있다. 부호있는 바이트와 하프워드는 32비트로 부호 확장되어 목적지 레지스터에 저장해야 한다. 좁은 데이터의 확장은 원래 데이터 타입이 좁더라도 다음에 오는 정수 연산 명령어가 모두 32비트에서 정확하게 연산이 되도록 한다. 문자와 부호없는 정수에 유용한 부호없는 바이트와 하프워드는 목적지 레지스터에 저장하기 전에 0을 이용해 32비트로 확장된다.

적재와 저장을 위한 유일한 주소지정 방식(addressing mode)은 레지스터에 부호 확장된 12비트 수치를 더하는 것이다. 이는 x86-32에서 변위(displacement) 주소지정 방식이라고 부른다[citeirvine2014assembly].

Simplicity

무엇이 다른가? RV32I는 ARM-32와 x86-32에 있는 복잡한 주소지정 방식을 제거했다. ARM-32의 모든 주소지정 방식은 모든 데이터 타입에서 이용 가능하지 않았지만 RV32I 주소지정은 어떤 데이터 타입에 대해서도 차별하지 않고 사용할 수 있다. RISC-V는 몇 개의 x86 주소지정 방식을 모방할 수 있다. 예를 들어 수치 필드에 0을 설정한 것은 레지스터-간접 주소지정 방식과 같은 효과를 가진다. x86-32와는 달리 RISC-V는 별도의 스택 명령어가 없다. 스택 포인터로 31개의 레지스터 중 하나를 사용(그림 2.4 참조)하여 표준 주소지정 방식으로 ISA를 복잡하게 만들지 않고도 `push`와 `pop` 명령어 대부분의 이점을 얻을 수 있다. MIPS-32와는 달리 RISC-V는 *지연 적재*를 사용하지 않는다. 적재 명령어 다음의 지연 슬롯에 놓을 만한 유용한 명령어가 없는 경우에 NOP 명령어를 배치하는 것은 컴파일러나 어셈블리어 프로그래머의 몫이었다.

Programmability

Cost

ARM-32와 MIPS-32는 메모리에서 데이터 크기의 경계에 맞게 정렬되어 있는 데이터가 필요한 반면에 RISC-V는 그렇지 않다. 비정렬된 접근은 레거시 코드를 포팅할 때 때때로 필요하다. 하나의 옵션은 기본 ISA에서 비정렬된 접근을 허락하지 않고 비정렬된 접근을 위해서는 MIPS-32의 Load Word Left 및 Load Word Right와 같은 몇몇 별도의 명령어를 제공하는 것이다. 그러나 `lwl`과 `lwr`은 단순히 전체 레지스터 대신에 레지스터를 부분적으로 써야하므로 이 옵션은 레지스터 접근을 복잡하게 만든다. 정규적 적재와 저장이 비정렬 접근을 지원하면 전체적인 설계는 단순화된다.

■ 고난도: 엔디안

RISC-V는 상업적으로 지배적인 *리틀 엔디안* 바이트 순서를 선택했다. 모든 x86-32 시스템, 애플 iOS, 구글 안드로이드 OS, 마이크로소프트 ARM용 윈도즈는 리틀 엔디안이다. 엔디안 순서는 동일한 데이터를 워드로 접근하느냐 바이트로 접근하느냐에서만 중요하므로, 엔디안은 프로그래머들에게는 거의 영향을 미치지 않는다.

2.6 RV32I 조건 분기

`bltu`는 부호있는 배열 경계를 명령어 하나로 체크할 수 있게 한다. 왜냐하면 모든 음수 인덱스는 음수가 아닌 경계보다 더 크게 비교되기 때문이다.

RV32I는 두 레지스터를 비교하여 만약 결과가 같다면(`beq`), 같지 않다면(`bne`), 크거나 같다면(`bge`), 또는 작다면(`blt`) 그 결과로 분기한다. 마지막 두 경우는 부호있는 비교이지만 RV32I는 부호없는 버전 `bgeu`와 `bltu`도 제공한다. 남아 있는 두 관계(크다와 작거나 같다)는 피연산자를 단순히 뒤집는 것으로 체크할 수 있다. 즉 $x < y$는 $y > x$를 의미하고 $x \geq y$는 $y \leq x$를 의미한다.

Programmability

Simplicity

RISC-V 명령어들은 2바이트의 배수 길이(선택적 2바이트 명령어를 학습하기 위해 7장을 참조)가 되어야만 하므로 분기 주소는 12비트 수치에 2를 곱하고 부호 확장을 하고 그리고 PC에 더한다. PC-상대 주소를 이용해 위치 독립적 코드(position independent code)를 지원하여 링커와 로더(3장)의 작업 부담을 경감할 수 있다.

무엇이 다른가? 위에서 언급한 바와 같이, RISC-V는 MIPS-32, 오라클 SPARC, 그리고 다른 프로세서에서 악명 높았던 지연 분기(delayed branch)를 없앴다. 또한 조건 분기를 사용하기 위한 ARM-32와 x86-32에 있는 조건 코드도 제외했다. 이런 기능은 명령어들 대부분에 암묵적으로 설정되야 하는 여분의 상태를 추가해야 하므로 비순서 실행(out-of-order execution)에서 의존성 계산이 쓸데 없이 복잡해진다. 마지막으로 x86-32의 순환 명령어(`loop`, `loope`, `loopz`, `loopne`, `loopnz`)를 삭제하였다.

■ 고난도: 조건 코드 없는 멀티워드 덧셈

캐리-아웃을 계산하기 위해 `sltu`를 사용하여 RV32I에서 다음과 같이 수행된다.

```
add  a0,a2,a4 # 하위 32비트 덧셈: a0 = a2 + a4
sltu a2,a0,a2 # 만약 (a2+a4) < a2이면 a2' = 1, 그렇지 않으면 a2' = 0
add  a5,a3,a5 # 상위 32비트 덧셈: a5 = a3 + a5
add  a1,a2,a5 # 상위 32비트 덧셈 결과와 하위 32비트 덧셈에서 발생한 캐리와의 덧셈
```

■ 고난도: *PC* 읽기

현재 PC는 `auipc`의 U-immediate 필드를 0으로 설정하여 얻을 수 있다. x86-32에서 PC를 읽기 위해 함수(스택에 PC를 푸쉬하는)를 호출해야 한다. 그리고 나서 피호출자는 스택에서 푸쉬했던 PC를 읽고, 마지막으로 PC를 반환(스택에서 팝하여)한다. 그래서 현재 PC를 읽기 위해서는 1번의 저장과, 2번의 적재, 그리고 2번의 발생되는 점프(taken jump)가 있어야 한다!

■ 고난도: 오버플로우의 소프트웨어적 체크

모든 프로그램이 정수의 산술 오버플로우를 무시하는 것은 아니므로 필요한 경우 RISC-V는 소프트웨어 오버플로우 체크에 의존한다. 부호없는 덧셈은 덧셈한 후에 단지 하나의 추가적인 분기 명령어가 필요하다(`addu t0, t1, t2; bltu t0, t1, overflow`). 부호있는 덧셈에 대하여는 만약 한 피연산자의 부호가 알려져 있다면 오버플로우 체크는 덧셈한 후에 하나의 분기가 필요하다(`addi t0, t1, +imm; blt t0, t1, overflow`). 일반적인 부호있는 덧셈에 대하여, 덧셈 후에 그 결과가 다른 피연산자가 음수인 경우에 피연산자 중 하나 보다 작다는 것을 관찰하는 3개의 추가적인 명령어가 필요하다.

```
add t0, t1, t2
slti t3, t2, 0       # t3 = (t2<0)
slt t4, t0, t1       # t4 = (t1+t2<t1)
bne t3, t4, overflow # overflow if (t2<0) && (t1+t2>=t1)
                     #          || (t2>=0) && (t1+t2<t1)
```

2.7 RV32I 무조건 점프

Simplicity

그림 2.1에 있는 하나의 *jump and link* 명령어(`jal`)는 두 기능을 담당한다. 프로시저 호출을 지원하기 위해 목적지 레지스터로 보통 복귀 주소 레지스터 `ra`(그림 2.4 참조)에 다음 명령어의 주소 PC+4를 저장한다. 무조건 점프를 지원하기 위해서는 목적지 레지스터로 `ra` 대신에 변하지 않는 제로 레지스터(x0)를 사용한다. 분기와 마찬가지로 `jal`은 점프할 주소를 계산하기 위해 20비트 분기 주소에 2를 곱하고, 부호 확장을 하고, 그리고 나서 그

결과값을 PC에 더한다.

jump and link 명령어의 레지스터 버전(`jalr`)은 유사하게 여러 목적이 있다. 이 명령어는 동적으로 계산된 주소로 프로시저를 호출하거나, 단순히 근원지 레지스터로 `ra`를 선택하고 목적지 레지스터로 다시 제로 레지스터(x0)를 선택하여 프로시저 반환을 수행할 수 있다.

무엇이 다른가? RV32I는 복잡한 프로시저 호출 명령어를 피했다. 예를 들어 x86-32의 `enter`와 `leave`, 또는 Intel Itanium, Oracle SPARC, Cadence Tensilica에서 볼 수 있는 *레지스터 윈도우(register windows)*가 있다.

레지스터 윈도우는 32개보다 훨씬 많은 레지스터로 함수 호출을 가속화한다. 새로운 기능은 호출할 때 32개 레지스터의 새로운 집합 또는 *윈도우*를 얻는 것이다. 매개변수 전달을 위해 윈도우가 겹치는데 이것은 몇몇 레지스터들은 두 개의 이웃한 윈도우에 있다는 의미다.

2.8 RV32I 기타

그림 2.1에 있는 제어 상태 레지스터 명령어들(`csrrc`, `csrrs`, `csrrw`, `cssrrci`, `csrrsi`, `csrrwi`)은 프로그램 성능 측정을 도와주는 레지스터에 쉽게 접근할 수 있도록 한다. 한 번에 32비트를 읽을 수 있는 이런 64비트 카운터는 실제 시간, 실행된 클럭 사이클, 그리고 실행 완료된 명령어의 개수를 측정한다.

`ecall` 명령어는 시스템 콜(system call)과 같은 지원 실행 환경(supporting execution environment)에 요청을 한다. 디버거는 디버깅 환경으로 제어권을 넘기기 위해 `ebreak` 명령어를 사용한다.

`fence` 명령어는 다른 쓰레드에서 보여지는 그리고 다른 외부 장치 또는 코-프로세서에서 보여지는 관점에서 디바이스 I/O와 메모리 접근이 순차적이 되도록 한다. `fence.i` 명령어는 명령어와 데이터 스트림을 동기화한다. RISC-V는 `fence.i` 명령어가 실행될 때까지 동일 프로세서에서 명령어 메모리에 저장이 명령어 가져오기에 반영되는 것을 보장하지 않는다. 10장은 RISC-V 시스템 명령어를 다룬다.

무엇이 다른가? x86-32의 `in`, `ins`, `insb`, `insw` 그리고 `out`, `outs`, `outsb`, `outsw` 대신에 RISC-V는 메모리 맵 I/O(Memory mapped I/O)를 사용한다. x86-32의 16개 특별한 문자열 명령어들 `rep`, `movs`, `coms`, `scas`, `lods`, ... 대신에 바이트 적재와 저장을 사용하여 문자열을 지원한다.

Simplicity

2.9 삽입 정렬을 사용한 RV32I, ARM-32, MIPS-32, x86-32 비교

코드 예제는 각 장의 설명이 끝난 이후로 옮겼다. 이 장과 다음 장 사이의 문맥을 원활히 하기 위해서다.

이 장에서는 RISC-V 기본 명령어 집합을 소개했고 ARM-32, MIPS-32, x86-32와 비교하여 왜 선택했는지 언급했다. 이제부터 직접적으로 비교를 하려고 한다. 그림 2.5는 벤치마크로 사용할 C로 된 삽입 정렬이다. 그림 2.6은 ISA들에 대하여 삽입 정렬에 대한 명령어의 개수와 바이트 수를 요약한 표이다.

그림 2.8부터 그림 2.11까지는 RV32I, ARM-32, MIPS-32, x86-32에 대한 컴파일된 코드를 보이고 있다. 단순성에서 강조했지만 RISC-V 버전은 같거나 적은 명령어들을 사용하고, 아키텍처의 코드 크기는 매우 유사하다. 이 예제에서 RISC-V의 compare-and-execute

```
void insertion_sort(long a[], size_t n)
{
  for (size_t i = 1, j; i < n; i++) {
    long x = a[i];
    for (j = i; j > 0 && a[j-1] > x; j--) {
      a[j] = a[j-1];
    }
    a[j] = x;
  }
}
```

그림 2.5: C에서 삽입 정렬. 삽입 정렬은 단순한 반면에 복잡한 정렬 알고리즘에 비해 많은 장점을 갖고 있다. 적응 가능하고, 안정적이고, 온라인인데 반해서 작은 데이터 셋에 대하여 메모리 효율적이고 빠르다. GCC 컴파일러는 다음 4개의 그림과 같은 코드를 생성한다. 이해하기 가장 쉬운 코드를 생성하기 위해 코드 크기 최적화 플래그를 설정하였다.

ISA	ARM-32	ARM Thumb-2	MIPS-32	microMIPS	x86-32	RV32I	RV32I+RVC
Instructions	19	18	24	24	20	19	19
Bytes	76	46	96	56	45	76	52

그림 2.6: 이들 ISA에 대한 삽입 정렬의 명령어 개수와 코드 크기. 7장은 ARM Thumb-2, microMIPS, RV32C를 설명한다.

분기는 그림 2.9와 그림 2.11에 있는 ARM-32와 x86-32의 화려한 주소지정 모드와 푸쉬와 팝 명령어들만큼 많은 명령어를 절약한다.

2.10 결론

Those who cannot remember the past are condemned to repeat it.

—George Santayana, 1905

Lindy 효과[Lin 2017]는 기술이나 아이디어의 미래 수명 기대치가 그 수명에 비례한다고 말한다. 시간의 시험대에 서있어서 과거에 더 오래 살아남아 있을수록 미래에는 더 오래 살아남을 것 같다. 만약 그 가정이 유지된다면 RISC 아키텍처는 오랫동안 훌륭한 아이디어일 수 있다.

그림 2.7은 앞 절에서 나열한 과거 ISA에서 얻은 교훈을 체계화하기 위해 1장의 ISA 설계를 위한 7가지 지표를 사용한다. RISC-V는 이런 성과를 가지는 첫 번째 ISA를 암시하는 것이 아니다. 실제로 RV32I는 고조부 격인 RISC-I에서부터 다음 사항을 계승한다.

- 바이트 주소지정 가능한(byte-addressable) 32비트 주소 공간
- 모든 명령어들은 32비트 길이
- 하드웨어적으로 0으로 연결되어 있는 레지스터 0과 모두 32비트 폭인 31개의 레지스터들
- 모든 연산은 레지스터 사이에 이루어진다(레지스터와 메모리 사이의 연산은 없음)
- 워드 적재/저장, 부호있는 그리고 부호없는 바이트와 하프워드 적재/저장
- 모든 산술, 논리, 시프트 명령어에 대한 수치 옵션
- 수치는 항상 부호 확장

- 하나의 데이터 주소지정 방식 (레지스터 + 수치) 그리고 PC-상대 분기
- 곱셈과 나눗셈 명령어 없음
- 32비트 상수를 두 개의 명령어만으로 저장하기 위해 넓은 수치를 레지스터의 상위 부분에 저장하는 명령어

Elegance

수 십년간 RISC-V 혜택은 아키텍트들이 현재의 RISC-V ISA에 과거(RISC-I ISA를 포함한)의 좋은 아이디어를 따르고 실수를 되풀이하지 말라는 Santayana의 충고를 따를 수 있게 해주었다. 게다가 RISC-V 재단은 과거의 성공적인 ISA를 괴롭혀왔던 증분주의를 방지하기 위해 선택적 확장을 통해 ISA를 천천히 성장시키려고 한다.

■ 고난도: *RV32I*는 유니크한가?

초기의 마이크로프로세서들은 부동 소수점 연산기를 별도의 칩으로 가지고 있어서 그 명령어들은 선택적이었다. 무어의 법칙으로 칩에 모든 기능을 집적하는 것이 가능해져서 모듈화는 ISA에서 퇴색해졌다. 더 단순한 프로세서에 전체 ISA를 하위 설정하는 것과 그것들을 에뮬레이션하기 위해 소프트웨어를 트랩하는 것은 IBM 360 model 44와 Digital Equipment microVAX와 같이 수십 년 전으로 거슬러 올라간다. RV32I는 소프트웨어 풀스택이 오로지 기본 명령어만 필요하다는 점에서 다르므로, RV32I 프로세서는 RV32G에서 생략된 명령어들로 인해 반복적으로 트랩될 필요가 없다. 아마 RISC-V와 가장 가까운 ISA는 임베디드 응용 프로그램을 목표로 하는 Tensilica Xtensa이다. 80개 명령어로 이루어진 기본 ISA는 응용 프로그램을 가속하기 위해 사용자가 커스텀 명령어들로 확장하려는 의도이다. RV32I는 더 단순한 기본 ISA를 가지고 있고, 64비트 주소 버전을 가지고 있고, 마이크로컨트롤러 뿐만 아니라 수퍼컴퓨터를 지향하는 확장도 제공한다.

2.11 추가 학습

Lindy effect, 2017. URL https://en.wikipedia.org/wiki/Lindy_effect.

T. Chen and D. A. Patterson. RISC-V genealogy. Technical Report UCB/EECS-2016-6, EECS Department, University of California, Berkeley, Jan 2016. URL http://www2.eecs.berkeley.edu/Pubs/TechRpts/2016/EECS-2016-6.html.

W. Hohl and C. Hinds. *ARM Assembly Language: Fundamentals and Techniques*. CRC Press, 2016.

A. Waterman and K. Asanović, editors. *The RISC-V Instruction Set Manual, Volume I: User-Level ISA, Version 2.2*. May 2017. URL https://riscv.org/specifications/.

	과거의 실수 ARM-32 (1986)	MIPS-32 (1986)	x86-32 (1978)	교훈 RV32I (2011)
비용	정수 곱셈 필수	정수 곱셈 및 나눗셈 필수	8비트 및 16비트 연산. 정수 곱셈 및 나눗셈 필수	8비트 및 16비트 연산 없음. 선택적 정수 곱셈 및 나눗셈(RV32M)
단순성	제로 레지스터 없음. 조건부 명령어 실행. 복잡한 데이터 주소지정 모드. 스택 명령어 (push/pop). 산술/논리 명령어에 선택적 쉬프트	수치 제로 및 부호확장. 몇몇 산술 명령어는 오버플로우 트랩을 발생할 수 있음.	제로 레지스터 없음. 복잡한 프로시저 호출/복귀 명령어(enter/leave). 스택 명령어(push/pop). 복잡한 데이터 주소지정 방식. 루프 명령어.	x0 레지스터는 0으로 고정. 부호확장만 가능한 수치. 한 가지 데이터 주소지정 방식. 조건부 실행 없음. 복잡한 호출/복귀 또는 스택 명령어 없음. 산술 오버플로우 트랩 없음. 별도의 쉬프트 명령어
성능	분기를 위한 조건 코드. 명령어 포맷에 따라 근원지 및 목적지 레지스터가 다름. 다중 적재. 계산된 수치. PC는 범용 레지스터	명령어 포맷에 따라 근원지 및 목적지 레지스터가 다름	분기를 위한 조건 코드. 명령어 당 최대 2개 레지스터	비교 및 분기 명령어(조건 코드 없음). 명령어 당 3개 레지스터. 다중 적재 없음. 명령어 포맷에 따라 근원지 및 목적지 레지스터 고정. 상수 수치. PC는 범용 레지스터가 아님
구현에서 구조의 격리	범용 레지스터로 PC에 값을 쓸 때 파이프라인의 길이가 부각됨	지연 분기. 지연 적재. 곱셈 및 나눗셈만을 위한 HI 및 LO 레지스터	범용이 아닌 레지스터 (AX, CX, DX, DI, SI 용도가 정해져 있음)	지연 분기 없음. 지연 적재 없음. 범용 레지스터
성장 여지	제한된 사용 가능 옵코드 공간	제한된 사용 가능 옵코드 공간		여유있는 사용 가능 옵코드 공간
프로그램 크기	32비트 명령어만 있음(별도의 ISA로 Thumb-2)	32비트 명령어만 있음(별도의 ISA로 microMIPS)	바이트 단위의 가변 명령어지만 안좋은 선택임	32비트 명령어 + 16비트 RV32C 확장
프로그래밍/컴파일링/링킹의 편이	15개 레지스터만 있음. 메모리에 정렬된 데이터. 비규칙적 데이터 주소지정 방식. 일관성 없는 성능 카운터	메모리에 정렬된 데이터. 일관성 없는 성능 카운터	8개 레지스터만 있음. PC-상대 데이터 주소지정 없음. 일관성 없는 성능 카운터	31개 레지스터. 비정렬 데이터 가능. PC-상대 데이터 주소지정. 대칭적 데이터 주소지정 방식. 구조 상에 정의된 성능 카운터

그림 2.7: RISC-V 아키텍트가 과거의 명령어 집합 실수에서 배운 교훈. 종종 교훈은 과거의 ISA "최적화"를 회피하는 것이었다. 교훈과 실수는 1장에서 7개의 ISA 지표로 분류된다. 비용, 단순성, 성능 하에 열거된 많은 특성들은 취향의 문제이기 때문에 서로 교환될 수 있지만 어디에 나타나든 중요하다.

```
# RV32I (19 instructions, 76 bytes, or 52 bytes with RVC)
# a1 is n, a3 points to a[0], a4 is i, a5 is j, a6 is x
   0: 00450693  addi  a3,a0,4    # a3 is pointer to a[i]
   4: 00100713  addi  a4,x0,1    # i = 1
Outer Loop:
   8: 00b76463  bltu  a4,a1,10   # if i < n, jump to Continue Outer loop
Exit Outer Loop:
   c: 00008067  jalr  x0,x1,0    # return from function
Continue Outer Loop:
  10: 0006a803  lw    a6,0(a3)   # x = a[i]
  14: 00068613  addi  a2,a3,0    # a2 is pointer to a[j]
  18: 00070793  addi  a5,a4,0    # j = i
Inner Loop:
  1c: ffc62883  lw    a7,-4(a2)  # a7 = a[j-1]
  20: 01185a63  bge   a6,a7,34   # if a[j-1] <= a[i], jump to Exit Inner Loop
  24: 01162023  sw    a7,0(a2)   # a[j] = a[j-1]
  28: fff78793  addi  a5,a5,-1   # j--
  2c: ffc60613  addi  a2,a2,-4   # decrement a2 to point to a[j]
  30: fe0796e3  bne   a5,x0,1c   # if j != 0, jump to Inner Loop
Exit Inner Loop:
  34: 00279793  slli  a5,a5,0x2  # multiply a5 by 4
  38: 00f507b3  add   a5,a0,a5   # a5 is now byte address of a[j]
  3c: 0107a023  sw    a6,0(a5)   # a[j] = x
  40: 00170713  addi  a4,a4,1    # i++
  44: 00468693  addi  a3,a3,4    # increment a3 to point to a[i]
  48: fc1ff06f  jal   x0,8       # jump to Outer Loop
```

그림 2.8: 그림 2.5에 있는 삽입 정렬을 위한 RV32I 코드. 16진수로 된 주소가 왼쪽에 있고, 16진수의 기계어 코드가 다음에 있고, 어셈블리어 명령어가 주석 다음에 나온다. RV32I는 두 개의 레지스터를 `a[j]`와 `a[j-1]`를 가리키기 위해 할당한다. 많은 레지스터가 있고 그중 몇 개는 ABI가 프로시저 호출을 위해 별도로 정하고 있다. 다른 ISA와 달리, 이런 레지스터들을 메모리에 저장하고 복구하는 것을 생략한다. 코드 크기가 x86-32보다 더 커지는 반면에, 선택적인 RV32C(7장 참조)를 사용하면 그 크기 차이는 좁혀진다. 비교와 분기(compare and branch) 명령어들은 ARM-32와 x86-32가 필요로 하는 세 개의 비교 명령어를 사용하지 않는다.

```
# ARM-32 (19 instructions, 76 bytes; or 18 insns/46 bytes with Thumb-2)
# r0 points to a[0], r1 is n, r2 is j, r3 is i, r4 is x
  0: e3a03001 mov  r3, #1              # i = 1
  4: e1530001 cmp  r3, r1              # i vs. n (unnecessary?)
  8: e1a0c000 mov  ip, r0              # ip = a[0]
  c: 212fff1e bxcs lr                  # don't let return address change ISAs
 10: e92d4030 push {r4, r5, lr}        # save r4, r5, return address
Outer Loop:
 14: e5bc4004 ldr  r4, [ip, #4]!       # x = a[i] ; increment ip
 18: e1a02003 mov  r2, r3              # j = i
 1c: e1a0e00c mov  lr, ip              # lr = a[0] (using lr as scratch reg)
Inner Loop:
 20: e51e5004 ldr  r5, [lr, #-4]       # r5 = a[j-1]
 24: e1550004 cmp  r5, r4              # compare a[j-1] vs. x
 28: da000002 ble  38                  # if a[j-1]<=a[i], jump to Exit Inner Loop
 2c: e2522001 subs r2, r2, #1          # j--
 30: e40e5004 str  r5, [lr], #-4       # a[j] = a[j-1]
 34: 1afffff9 bne  20                  # if j != 0, jump to Inner Loop
Exit Inner Loop:
 38: e2833001 add  r3, r3, #1          # i++
 3c: e1530001 cmp  r3, r1              # i vs. n
 40: e7804102 str  r4, [r0, r2, lsl #2] # a[j] = x
 44: 3affffff2 bcc 14                  # if i < n, jump to Outer Loop
 48: e8bd8030 pop  {r4, r5, pc}        # restore r4, r5, and return address
```

그림 2.9: 그림 2.5에서 삽입 정렬을 위한 ARM-32 코드. 16진수로 된 주소가 왼쪽에 있고, 16진수의 기계어 코드가 다음에 있고, 어셈블리어 명령어가 주석 다음에 나온다. 레지스터가 부족하면 ARM-32는 리턴 주소와 함께 나중 사용을 위해 그것들 중 두 개를 스택에 저장한다. ARM-32는 `i`와 `j`를 바이트 주소로 확장하는 주소지정 방식을 사용한다. 분기는 ARM-32와 Thumb-2사이의 ISA 변경 가능성이 있는 바, `bxcs`는 복귀 주소를 저장하기 전에 최하위비트 (least significant bit)에 0을 먼저 설정한다. 조건 코드는 `j`를 감소시킨 후에 체크하기 위한 하나의 비교 명령어를 절약하지만 다른 곳에는 여전히 3개의 비교가 있다.

```
# MIPS-32 (24 instructions, 96 bytes, or 56 bytes with microMIPS)
# a1 is n, a3 is pointer to a[0], v0 is j, v1 is i, t0 is x
   0: 24860004 addiu a2,a0,4    # a2 is pointer to a[i]
   4: 24030001 li    v1,1       # i = 1
Outer Loop:
   8: 0065102b sltu  v0,v1,a1   # set on i < n
   c: 14400003 bnez  v0,1c      # if i<n, jump to Continue Outer Loop
  10: 00c03825 move  a3,a2      # a3 is pointer to a[j] (slot filled)
  14: 03e00008 jr    ra         # return from function
  18: 00000000 nop              # branch delay slot unfilled
Continue Outer Loop:
  1c: 8cc80000 lw    t0,0(a2)   # x = a[i]
  20: 00601025 move  v0,v1      # j = i
Inner Loop:
  24: 8ce9fffc lw    t1,-4(a3)  # t1 = a[j-1]
  28: 00000000 nop              # load delay slot unfilled
  2c: 0109502a slt   t2,t0,t1   # set a[i] < a[j-1]
  30: 11400005 beqz  t2,48      # if a[j-1]<=a[i], jump to Exit Inner Loop
  34: 00000000 nop              # branch delay slot unfilled
  38: 2442ffff addiu v0,v0,-1   # j--
  3c: ace90000 sw    t1,0(a3)   # a[j] = a[j-1]
  40: 1440fff8 bnez  v0,24      # if j != 0, jump to Inner Loop
  44: 24e7fffc addiu a3,a3,-4   # decr. a3 to point to a[j] (slot filled)
Exit Inner Loop:
  48: 00021080 sll   v0,v0,0x2  #
  4c: 00821021 addu  v0,a0,v0   # v0 now byte address of a[j]
  50: ac480000 sw    t0,0(v0)   # a[j] = x
  54: 24630001 addiu v1,v1,1    # i++
  58: 1000ffeb b     8          # jump to Outer Loop
  5c: 24c60004 addiu a2,a2,4    # incr. a2 to point to a[i] (slot filled)
```

그림 2.10: 그림 2.5에서 삽입 정렬을 위한 MIPS-32 코드. 16진수로 된 주소가 왼쪽에 있고, 16진수의 기계어 코드가 다음에 있고, 어셈블리어 명령어가 주석 다음에 나온다. MIPS-32 코드는 길이를 늘리는 세 개의 nop **명령어를 가지고 있다. 두 개는 지연 분기 때문이고 하나는 지연 적재 때문이다. 컴파일러는 그 지연 슬롯에 놓을만한 유용한 명령어를 찾을 수 없었다. 다음에 따라오는 명령어가 분기 또는 점프가 발생했을 때도 실행되므로, 지연 분기는 코드를 더 이해하기 어렵게 만든다. 예를 들어 5c 번지에 있는 마지막 명령어**(addiu)**는 분기 명령어의 다음에 있더라도 루프의 일부분이다.**

```
# x86-32 (20 instructions, 45 bytes)
# eax is j, ecx is x, edx is i
# pointer to a[0] is in memory at address esp+0xc, n is in memory at esp+0x10
  0: 56             push esi                  # save esi on stack (esi needed below)
  1: 53             push ebx                  # save ebx on stack (ebx needed below)
  2: ba 01 00 00 00 mov  edx,0x1              # i = 1
  7: 8b 4c 24 0c    mov  ecx,[esp+0xc]        # ecx is pointer to a[0]
Outer Loop:
  b: 3b 54 24 10    cmp  edx,[esp+0x10]       # compare i vs. n
  f: 73 19          jae  2a <Exit Loop>       # if i >= n, jump to Exit Outer Loop
 11: 8b 1c 91       mov  ebx,[ecx+edx*4]      # x = a[i]
 14: 89 d0          mov  eax,edx              # j = i
Inner Loop:
 16: 8b 74 81 fc    mov  esi,[ecx+eax*4-0x4]  # esi = a[j-1]
 1a: 39 de          cmp  esi,ebx              # compare a[j-1] vs. x
 1c: 7e 06          jle  24 <Exit Loop>       # if a[j-1]<=a[i],jump Exit Inner Loop
 1e: 89 34 81       mov  [ecx+eax*4],esi      # a[j] = a[j-1]
 21: 48             dec  eax                  # j--
 22: 75 f2          jne  16 <Inner Loop>      # if j != 0, jump to Inner Loop
Exit Inner Loop:
 24: 89 1c 81       mov  [ecx+eax*4],ebx      # a[j] = x
 27: 42             inc  edx                  # i++
 28: eb e1          jmp  b <Outer Loop>       # jump to Outer Loop
Exit Outer Loop:
 2a: 5b             pop  ebx                  # restore old value of ebx from stack
 2b: 5e             pop  esi                  # restore old value of esi from stack
 2c: c3             ret                       # return from function
```

그림 2.11: 그림 2.5에서 삽입 정렬을 위한 x86-32 코드. 16진수로 된 주소가 왼쪽에 있고, 16진수의 기계어 코드가 다음에 있고, 어셈블리어 명령어가 주석 다음에 나온다. 레지스터가 거의 없어 x86-32는 스택에 그것들 중 두 개를 저장한다. 게다가 RV32I에서 레지스터에 할당된 변수들 중의 두 개는(n과 `a[0]`의 포인터) 대신 메모리에 유지된다. `a[i]`와 `a[j]`를 접근하기에 좋은 영향을 얻기 위해 Scaled Indexed 주소지정 방식을 사용한다. 20개의 x86-32 명령어 중 7개는 1바이트 길이여서 이런 단순한 프로그램에서 훌륭한 코드 크기를 얻는다. x86 어셈블리어의 유명한 두 가지 버전인 Intel/Microsoft와 AT&T/Linux가 있다. 여기에서는 Intel syntax를 사용하는데 이는 목적지 피연산자가 왼쪽에 오고 근원지 피연산자가 오른쪽에 오는 RISC-V, ARM-32, MIPS-32와 피연산자 순서가 일치하기 때문이다. AT&T는 피연산자의 순서가 반대이고 레지스터 이름 앞에 %를 붙인다. 언뜻 보기에 사소한 일처럼 보이는 문제는 몇몇 프로그래머에게는 거의 종교적인 문제이다. 정통성이 아니라 교육학적으로 선택했다.

3 RISC-V 어셈블리어

Ivan Sutherland (1938-) 1962년 현대 컴퓨팅의 그래픽 사용자 인터페이스(GUI)의 선구자격인 Sketchpad의 발명으로 컴퓨터 그래픽의 아버지로 불리고 튜링상 수상의 계기가 되었다.

It's very satisfying to take a problem we thought difficult and find a simple solution. The best solutions are always simple.

—Ivan Sutherland

3.1 소개

그림 3.1은 컴퓨터에서 C 프로그램부터 시작하여 실행 가능한 기계어로 변환하는 네 단계를 나타내고 있다. 이 장에서는 그림에 있는 네 단계 중 마지막 세 단계를 다루려고 하며, RISC-V 함수 호출 규약에서 어셈블러가 담당하는 역할에서부터 시작한다.

3.2 호출 규약

함수를 호출하는 데는 일반적으로 여섯 단계가 있다[Patterson and Hennessy 2017].

1. 함수가 접근할 수 있는 곳에 매개변수 배치
2. 함수로 점프(RV32I의 `jal` 명령어 사용)
3. 함수가 사용할 지역 저장 공간을 확보하고 필요하다면 레지스터를 저장
4. 함수 작업 수행
5. 호출한 프로그램이 접근할 수 있는 곳에 함수 결과 값 배치, 레지스터 복구, 지역 저장소 자원 해제
6. 함수는 프로그램의 여러 지점에서 호출될 수 있으므로 원래의 지점으로 제어권 반환(`ret` 사용)

더 나은 성능을 얻기 위해 변수들을 메모리보다는 레지스터에 유지하려고 하면서, 레지스터들을 저장하고 복구하기 위해 메모리를 자주 사용하는 것은 피해야 한다.

Performance

RISC-V는 충분히 많은 레지스터가 있어서 피연산자를 레지스터에 유지하면서 이들을 저장하고 복구할 필요가 없는 2가지 장점 모두를 제공할 수 있다. 알아야할 것은 일부 레지스터는 함수 호출 사이에 데이터 보존을 보장하지 않는 *임시 레지스터 (temporary*

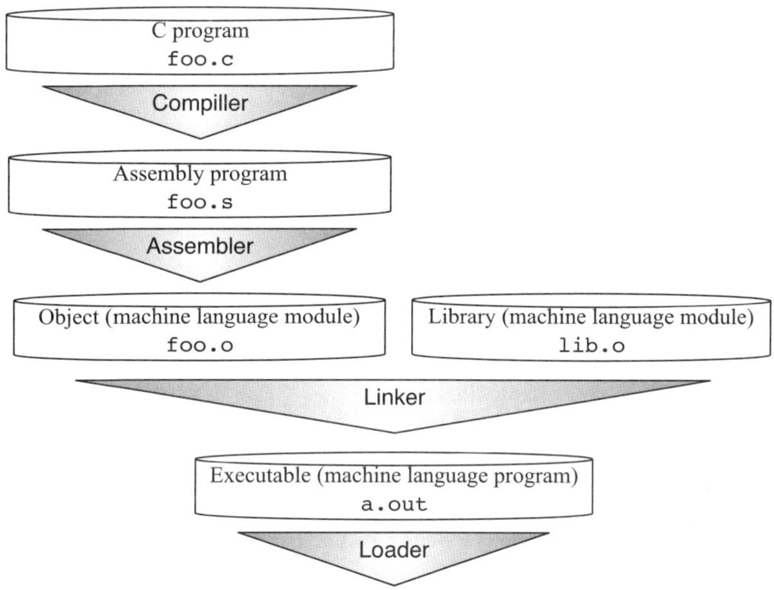

그림 3.1: C 소스 코드부터 실행 프로그램까지 변환 과정. 변환을 가속하기 위해 일부 단계는 결합되어 있으므로 그림에서 보이는 것은 논리적 단계이다. 파일의 각 타입에 대해서 유닉스 파일 확장자 규칙을 사용한다. MS-DOS에 대응하는 확장자는 `.C`, `.ASM`, `.OBJ`, `.LIB`, `.EXE`**이다.**

*registers)*이고, 일부 레지스터는 이를 보장하는 *보존 레지스터(saved registers)*라는 것이다. 다른 함수를 호출하지 않는 함수를 *리프* 함수라고 한다. 리프 함수가 몇 개의 매개변수와 지역변수만을 가지고 있다면 메모리에 어떠한 것도 "스필링" 하지 않고 레지스터에 모든 변수를 유지할 수 있다. 만약 이런 조건이 유지된다면 프로그램은 레지스터 값을 메모리에 저장할 필요가 없게 되는데 실제로 많은 함수 호출이 이런 이상적인 경우에 해당한다.

하나의 함수 호출 내에 있는 레지스터들은 함수 호출 사이에 보존되는 보존 레지스터와 같은 클래스에 있거나 또는 보존되지 않는 임시 레지스터와 같은 클래스 중 하나로 생각해야만 한다. 함수는 반환 값을 포함하는 레지스터를 변경할 것이므로, 그 레지스터는 임시 레지스터와 같다. 반환 주소 또는 함수 매개 변수는 보존할 필요가 없으므로 임시 레지스터에 해당한다. 호출자는 함수 호출 사이에서 레지스터를 보존하기 위해 나머지 레지스터인 스택 포인터를 활용할 수 있다. 그림 3.2는 레지스터의 RISC-V ABI 이름과, 함수 호출 사이의 보존 여부에 대한 규칙이 나열되어 있다.

다음은 주어진 ABI 규칙에서 함수 진입과 종료를 위한 표준 RV32I 코드이다. 함수 프롤로그는 다음과 같다.

Register	ABI Name	Description	Preserved across call?
x0	zero	Hard-wired zero	—
x1	ra	Return address	No
x2	sp	Stack pointer	Yes
x3	gp	Global pointer	—
x4	tp	Thread pointer	—
x5	t0	Temporary/alternate link register	No
x6–7	t1–2	Temporaries	No
x8	s0/fp	Saved register/frame pointer	Yes
x9	s1	Saved register	Yes
x10–11	a0–1	Function arguments/return values	No
x12–17	a2–7	Function arguments	No
x18–27	s2–11	Saved registers	Yes
x28–31	t3–6	Temporaries	No
f0–7	ft0–7	FP temporaries	No
f8–9	fs0–1	FP saved registers	Yes
f10–11	fa0–1	FP arguments/return values	No
f12–17	fa2–7	FP arguments	No
f18–27	fs2–11	FP saved registers	Yes
f28–31	ft8–11	FP temporaries	No

그림 3.2: RISC-V 정수와 부동 소수점 레지스터를 위한 어셈블러 네모닉. RISC-V는 레지스터를 충분히 가지고 있어서 다른 프로시저나 메소드를 직접 호출하지 않을 때 ABI가 저장하거나 복원하지 않고 자유롭게 사용할 수 있는 레지스터를 할당할 수 있다. 프로시저 호출에 걸쳐 보존되는 레지스터는 호출자 보존*(caller saved)*이라고 부르고 그렇지 않은 레지스터는 피호출자 보존*(callee saved)*이라고 부른다. 5장에서는 부동 소수점 f 레지스터에 대해 설명한다. ([Waterman and Asanović 2017]의 그림 20.1 기반의 그림)

```
entry_label:
  addi sp,sp,-framesize    # 스택 포인터 (sp 레지스터)를 조정하여
                           # 스택 프레임에 공간을 할당한다.
  sw   ra,framesize-4(sp)  # 복귀 주소 저장 (ra 레지스터)
  # 필요하다면 스택에 다른 레지스터 저장
  ... # 함수의 바디
```

만약 함수 매개변수와 변수가 너무 많아서 레지스터에 할당할 수 없다면 프롤로그는 함수 *프레임*을 스택 공간에 할당한다. 함수의 작업이 완료된 후에 *에필로그*는 스택 프레임을 복구하고 원래의 지점으로 복귀한다.

```
# 필요하다면 스택에서 레지스터들을 복구
lw   ra,framesize-4(sp)  # 리턴 주소(ra) 레지스터를 복구한다.
addi sp,sp, framesize    # 스택 프레임을 위한 공간을 해제한다.
ret                      # 호출한 지점으로 복귀한다.
```

이런 ABI를 따르는 간단한 예제를 보기 전에 먼저 ABI 레지스터 이름을 레지스터 번호로 바꾸는 나머지 어셈블리 작업을 설명할 필요가 있다.

Simplicity

■ 고난도: 보존 레지스터와 임시 레지스터는 연속적이지 않다.

16개 레지스터만을 가지고 있는 RISC-V의 임베디드 버전인 RV32E를 지원하기 위함(11장 참조)이다. 단순하게 x0부터 x15의 레지스터 번호를 사용하므로 몇몇 보존 레지스터와 임시 레지스터는 이 범위에 있고 나머지는 마지막 16개의 레지스터에 있다. RV32E는 더 작지만 RV32I와 일치하지 않으므로 아직 컴파일러가 지원하지 않고 있다.

"Hello world" 프로그램은 일반적으로 새롭게 디자인한 프로세서에서 실행하는 첫 번째 프로그램이다. 아키텍트는 전통적으로 "Hello world"를 인쇄할 수 있을 만큼 운영체제가 잘 실행중인 것을 새로운 칩이 전체적으로 동작한다는 강력한 신호로 생각한다. 이 출력물을 경영진과 동료들에게 이메일로 보내고 서로 축하한다.

3.3 어셈블리

유닉스에서 이 단계의 입력은 `foo.s`와 같이 `.s`를 확장자로 갖는 파일이다(MS-DOS의 경우에는 .ASM). 그림 3.1에서 어셈블러 단계의 작업은 프로세서가 이해하는 명령어로부터 단순히 목적 코드를 생성하는 것이 아니라 어셈블리어 프로그래머 또는 컴파일러 작성자가 유용하게 사용할 수 있도록 연산을 확장하는 것도 포함된다. 정규 명령어에 적절한 설정을 하는 방식인 이런 종류의 명령어를 *의사명령어(pseudoinstruction)*라고 한다. 그림 3.3은 항상 0인 x0 레지스터 기반으로 하는 의사명령어이고, 그림 3.4는 그렇지 않은 RISC-V 의사명령어를 나열하고 있다. 예를 들어 위에 언급한 `ret` 명령어의 경우 실제로는 어셈블러가 `jalr x0, x1, 0`(그림 3.3)로 대체하는 의사명령어다. RISC-V 의사명령어 대다수는 x0에 의존한다. 여러분이 알 수 있는 바와 같이 32개의 레지스터 중 하나를 0으로 하드웨어적 고정을 시켜서 많은 유명한 연산(가령, jump, return, 그리고 0과 같은지 비교하는 분기)을 의사명령어로 제공하여 RISC-V 명령어 집합을 크게 단순화시킬 수 있게 된다.

Pseudoinstruction	Base Instruction(s)	Meaning
`nop`	`addi x0, x0, 0`	No operation
`neg rd, rs`	`sub rd, x0, rs`	Two's complement
`negw rd, rs`	`subw rd, x0, rs`	Two's complement word
`snez rd, rs`	`sltu rd, x0, rs`	Set if ≠ zero
`sltz rd, rs`	`slt rd, rs, x0`	Set if < zero
`sgtz rd, rs`	`slt rd, x0, rs`	Set if > zero
`beqz rs, offset`	`beq rs, x0, offset`	Branch if = zero
`bnez rs, offset`	`bne rs, x0, offset`	Branch if ≠ zero
`blez rs, offset`	`bge x0, rs, offset`	Branch if ≤ zero
`bgez rs, offset`	`bge rs, x0, offset`	Branch if ≥ zero
`bltz rs, offset`	`blt rs, x0, offset`	Branch if < zero
`bgtz rs, offset`	`blt x0, rs, offset`	Branch if > zero
`j offset`	`jal x0, offset`	Jump
`jr rs`	`jalr x0, rs, 0`	Jump register
`ret`	`jalr x0, x1, 0`	Return from subroutine
`tail offset`	`auipc x6, offset[31:12]` `jalr x0, x6, offset[11:0]`	Tail call far-away subroutine
`rdinstret[h] rd`	`csrrs rd, instret[h], x0`	Read instructions-retired counter
`rdcycle[h] rd`	`csrrs rd, cycle[h], x0`	Read cycle counter
`rdtime[h] rd`	`csrrs rd, time[h], x0`	Read real-time clock
`csrr rd, csr`	`csrrs rd, csr, x0`	Read CSR
`csrw csr, rs`	`csrrw x0, csr, rs`	Write CSR
`csrs csr, rs`	`csrrs x0, csr, rs`	Set bits in CSR
`csrc csr, rs`	`csrrc x0, csr, rs`	Clear bits in CSR
`csrwi csr, imm`	`csrrwi x0, csr, imm`	Write CSR, immediate
`csrsi csr, imm`	`csrrsi x0, csr, imm`	Set bits in CSR, immediate
`csrci csr, imm`	`csrrci x0, csr, imm`	Clear bits in CSR, immediate
`frcsr rd`	`csrrs rd, fcsr, x0`	Read FP control/status register
`fscsr rs`	`csrrw x0, fcsr, rs`	Write FP control/status register
`frrm rd`	`csrrs rd, frm, x0`	Read FP rounding mode
`fsrm rs`	`csrrw x0, frm, rs`	Write FP rounding mode
`frflags rd`	`csrrs rd, fflags, x0`	Read FP exception flags
`fsflags rs`	`csrrw x0, fflags, rs`	Write FP exception flags

그림 3.3: 제로 레지스터 x0을 기반으로 하는 32개의 RISC-V 의사명령어. 부록 A는 RISC-V 실제 명령어 뿐만 아니라 의사명령어도 포함한다. 64비트 카운터를 읽는 것은 명령어의 "h" 버전을 사용하여 RV32I에 있는 상위 32비트로 읽을 수 있고 일반 버전을 사용하여 하위 32비트를 읽을 수 있다.([Waterman and Asanović 2017]의 표 20.2와 20.3 기반의 그림)

<table>
<tr><th>Pseudoinstruction</th><th>Base Instruction(s)</th><th>Meaning</th></tr>
<tr><td><code>lla rd, symbol</code></td><td><code>auipc rd, symbol[31:12]</code>
<code>addi rd, rd, symbol[11:0]</code></td><td>Load local address</td></tr>
<tr><td><code>la rd, symbol</code></td><td>PIC: <code>auipc rd, GOT[symbol][31:12]</code>
<code>l{w|d} rd, rd, GOT[symbol][11:0]</code>
Non-PIC: Same as <code>lla rd, symbol</code></td><td>Load address</td></tr>
<tr><td><code>l{b|h|w|d} rd, symbol</code></td><td><code>auipc rd, symbol[31:12]</code>
<code>l{b|h|w|d} rd, symbol[11:0](rd)</code></td><td>Load global</td></tr>
<tr><td><code>s{b|h|w|d} rd, symbol, rt</code></td><td><code>auipc rt, symbol[31:12]</code>
<code>s{b|h|w|d} rd, symbol[11:0](rt)</code></td><td>Store global</td></tr>
<tr><td><code>fl{w|d} rd, symbol, rt</code></td><td><code>auipc rt, symbol[31:12]</code>
<code>fl{w|d} rd, symbol[11:0](rt)</code></td><td>Floating-point load global</td></tr>
<tr><td><code>fs{w|d} rd, symbol, rt</code></td><td><code>auipc rt, symbol[31:12]</code>
<code>fs{w|d} rd, symbol[11:0](rt)</code></td><td>Floating-point store global</td></tr>
<tr><td><code>li rd, immediate</code></td><td>Myriad sequences</td><td>Load immediate</td></tr>
<tr><td><code>mv rd, rs</code></td><td><code>addi rd, rs, 0</code></td><td>Copy register</td></tr>
<tr><td><code>not rd, rs</code></td><td><code>xori rd, rs, -1</code></td><td>One’s complement</td></tr>
<tr><td><code>sext.w rd, rs</code></td><td><code>addiw rd, rs, 0</code></td><td>Sign extend word</td></tr>
<tr><td><code>seqz rd, rs</code></td><td><code>sltiu rd, rs, 1</code></td><td>Set if = zero</td></tr>
<tr><td><code>fmv.s rd, rs</code></td><td><code>fsgnj.s rd, rs, rs</code></td><td>Copy single-precision register</td></tr>
<tr><td><code>fabs.s rd, rs</code></td><td><code>fsgnjx.s rd, rs, rs</code></td><td>Single-precision absolute value</td></tr>
<tr><td><code>fneg.s rd, rs</code></td><td><code>fsgnjn.s rd, rs, rs</code></td><td>Single-precision negate</td></tr>
<tr><td><code>fmv.d rd, rs</code></td><td><code>fsgnj.d rd, rs, rs</code></td><td>Copy double-precision register</td></tr>
<tr><td><code>fabs.d rd, rs</code></td><td><code>fsgnjx.d rd, rs, rs</code></td><td>Double-precision absolute value</td></tr>
<tr><td><code>fneg.d rd, rs</code></td><td><code>fsgnjn.d rd, rs, rs</code></td><td>Double-precision negate</td></tr>
<tr><td><code>bgt rs, rt, offset</code></td><td><code>blt rt, rs, offset</code></td><td>Branch if $>$</td></tr>
<tr><td><code>ble rs, rt, offset</code></td><td><code>bge rt, rs, offset</code></td><td>Branch if $\leq$</td></tr>
<tr><td><code>bgtu rs, rt, offset</code></td><td><code>bltu rt, rs, offset</code></td><td>Branch if $>$, unsigned</td></tr>
<tr><td><code>bleu rs, rt, offset</code></td><td><code>bgeu rt, rs, offset</code></td><td>Branch if $\leq$, unsigned</td></tr>
<tr><td><code>jal offset</code></td><td><code>jal x1, offset</code></td><td>Jump and link</td></tr>
<tr><td><code>jalr rs</code></td><td><code>jalr x1, rs, 0</code></td><td>Jump and link register</td></tr>
<tr><td><code>call offset</code></td><td><code>auipc x1, offset[31:12]</code>
<code>jalr x1, x1, offset[11:0]</code></td><td>Call far-away subroutine</td></tr>
<tr><td><code>fence</code></td><td><code>fence iorw, iorw</code></td><td>Fence on all memory and I/O</td></tr>
<tr><td><code>fscsr rd, rs</code></td><td><code>csrrw rd, fcsr, rs</code></td><td>Swap FP control/status register</td></tr>
<tr><td><code>fsrm rd, rs</code></td><td><code>csrrw rd, frm, rs</code></td><td>Swap FP rounding mode</td></tr>
<tr><td><code>fsflags rd, rs</code></td><td><code>csrrw rd, fflags, rs</code></td><td>Swap FP exception flags</td></tr>
</table>

그림 3.4: 제로 레지스터인 x0과 독립적인 28개의 RISC-V 의사명령어. `la`**에 대하여 GOT는 Global Offset Table을 나타내고, 동적 링크 라이브러리에서 심볼의 런타임 주소를 가지고 있다. 부록 A는 RISC-V 실제 명령어 뿐만 아니라 의사명령어도 포함한다([Waterman and Asanović 2017]의 표 20.2와 20.3 기반의 그림).**

```
#include <stdio.h>
int main()
{
   printf("Hello, %s\n", "world");
   return 0;
}
```

그림 3.5: C 언어로 된 Hello World 프로그램 (`hello.c`)**.**

```
  .text                       # Directive: enter text section
  .align 2                    # Directive: align code to 2^2 bytes
  .globl main                 # Directive: declare global symbol main
main:                         # label for start of main
  addi sp,sp,-16              # allocate stack frame
  sw   ra,12(sp)              # save return address
  lui  a0,%hi(string1)        # compute address of
  addi a0,a0,%lo(string1)     #   string1
  lui  a1,%hi(string2)        # compute address of
  addi a1,a1,%lo(string2)     #   string2
  call printf                 # call function printf
  lw   ra,12(sp)              # restore return address
  addi sp,sp,16               # deallocate stack frame
  li   a0,0                   # load return value 0
  ret                         # return
  .section .rodata            # Directive: enter read-only data section
  .balign 4                   # Directive: align data section to 4 bytes
string1:                      # label for first string
  .string "Hello, %s!\n"      # Directive: null-terminated string
string2:                      # label for second string
  .string "world"             # Directive: null-terminated string
```

그림 3.6: RISC-V 어셈블리어로 된 Hello World 프로그램 (`hello.s`).

```
00000000 <main>:
 0: ff010113 addi  sp,sp,-16
 4: 00112623 sw    ra,12(sp)
 8: 00000537 lui   a0,0x0
 c: 00050513 mv    a0,a0
10: 000005b7 lui   a1,0x0
14: 00058593 mv    a1,a1
18: 00000097 auipc ra,0x0
1c: 000080e7 jalr  ra
20: 00c12083 lw    ra,12(sp)
24: 01010113 addi  sp,sp,16
28: 00000513 li    a0,0
2c: 00008067 ret
```

그림 3.7: RISC-V 기계어로 된 Hello World 프로그램(`hello.o`). 나중에 링커에 의해 패치되는 6개 명령어(8에서 1c 위치)는 주소 필드에 0을 가지고 있다. 목적 파일에 포함된 심볼 테이블은 링커가 편집해야 하는 모든 명령어의 레이블과 주소를 기록한다.

```
000101b0 <main>:
   101b0: ff010113 addi sp,sp,-16
   101b4: 00112623 sw   ra,12(sp)
   101b8: 00021537 lui  a0,0x21
   101bc: a1050513 addi a0,a0,-1520 # 20a10 <string1>
   101c0: 000215b7 lui  a1,0x21
   101c4: a1c58593 addi a1,a1,-1508 # 20a1c <string2>
   101c8: 288000ef jal  ra,10450 <printf>
   101cc: 00c12083 lw   ra,12(sp)
   101d0: 01010113 addi sp,sp,16
   101d4: 00000513 li   a0,0
   101d8: 00008067 ret
```

그림 3.8: 링킹 후의 RISC-V 기계어 프로그램인 Hello World 프로그램. 유닉스 시스템에서 그 파일은 `a.out`이 될 것이다.

그림 3.5는 C 언어로 작성된 고전적인 “Hello world” 프로그램을 보여주고 있다. 컴파일러는 그림 3.2에 있는 호출 규약과 그림 3.3과 3.4에 있는 의사명령어를 사용하여 그림 3.6에 있는 어셈블리어 출력을 생성한다.

마침표로 시작하는 명령어는 *어셈블러 지시어*이다. 지시어들은 변환될 코드가 아니라 어셈블러에 대한 명령이다. 지시어들은 어셈블러에게 코드와 데이터를 어디에 배치시킬지 프로그램에서 사용하는 텍스트와 데이터 상수를 어디에 명시할지 등을 지시한다.

그림 3.9는 RISC-V의 어셈블러 지시어를 보여준다. 그림 3.6에서 지시어는 다음과 같다.

- `.text`—텍스트 섹션으로 시작
- `.align 2`—다음부터 오는 코드를 2^2 바이트로 정렬
- `.globl main`—전역 심볼 “main” 선언
- `.section .rodata`—읽기 전용 데이터 섹션 시작
- `.balign 4`—데이터 섹션을 4 바이트로 정렬
- `.string “Hello, %s!\n”`—NULL로 끝나는 문자열 생성
- `.string “world”`—NULL로 끝나는 문자열 생성

어셈블러는 ELF(Executable and Linkable Format) 표준 포맷을 사용하여 그림 3.7과 같이 목적 파일을 생성한다[TIS Committee 1995].

3.4 링커

링커는 한 파일이 변할 때마다 모든 소스 코드를 컴파일하기 보다는 개별 파일을 별도로 컴파일하고 어셈블하도록 한다. 링커는 라이브러리처럼 이미 만들어져 있는 기계어 모듈과

지시어	설명
`.text`	이후의 아이템은 text 섹션에 저장된다(기계어).
`.data`	이후의 아이템은 data 섹션에 저장된다(전역 변수).
`.bss`	이후의 아이템은 bss 섹션에 저장된다(0으로 초기화 된 전역변수).
`.section .foo`	이후의 아이템은 섹션 이름 `.foo`에 저장된다.
`.align n`	다음 데이터는 2^n-byte 경계에 정렬한다. 예를 들어, `.align 2`는 워드 경계에 다음 값을 정렬한다.
`.balign n`	다음 데이터는 n-byte 경계에 정렬한다. 예를 들어, `.balign 4`는 워드 경계에 다음 값을 정렬한다.
`.globl sym`	레이블 sym은 전역으로 선언되고 다른 파일에서 참조할 수 있다.
`.string "str"`	문자열 str을 메모리에 저장하고 null로 끝나도록 한다.
`.byte b1,..., bn`	연속된 메모리 바이트에 n개 8-bit 수를 저장한다.
`.half w1,...,wn`	연속된 메모리 하프워드에 n개의 16-bit 수를 저장한다.
`.word w1,...,wn`	연속된 메모리 워드에 n개의 32-bit 수를 저장한다.
`.dword w1,...,wn`	연속된 메모리 더블워드에 n개의 64-bit 수를 저장한다.
`.float f1,..., fn`	연속된 메모리 워드에 n개의 단일 정밀도 부동 소수점을 저장한다.
`.double d1,..., dn`	연속된 메모리 더블워드에 n개의 이중 정밀도 부동 소수점을 저장한다.
`.option rvc`	연속된 명령어를 압축한다. (Chapter 7 참조).
`.option norvc`	이후의 명령어를 압축하지 않는다.
`.option relax`	이후의 명령어에 대해 링커 완화를 한다.
`.option norelax`	이후의 명령어에 대해 링커 완화를 하지 않는다.
`.option pic`	이후의 명령어는 위치 독립적 코드이다.
`.option nopic`	이후의 명령어는 위치 독립적 코드가 아니다.
`.option push`	스택에 모든 `.options`의 현재 설정을 푸쉬하고 이후의 `.option pop`은 그 값을 복구한다.
`.option pop`	스택에서 옵션을 팝한다. 마지막으로 `.option push`한 시점의 설정으로 모든 `.option`을 복구한다.

그림 3.9: 일반 RISC-V 어셈블러 지시어

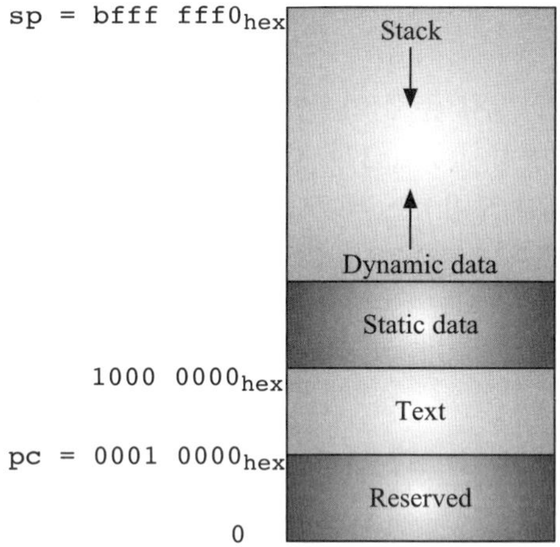

그림 3.10: 프로그램과 데이터를 위한 RV32I 메모리 할당. 그림의 윗부분이 높은 주소이고 아래가 낮은 주소이다. RISC-V 소프트웨어 규약에서 스택 포인터(`sp`**)는 bfff ff0**$_{hex}$**에서 시작하고 정적(Static) 데이터가 있는 아래 방향으로 성장한다.** `Text`**(프로그램 코드)는 0001 0000**$_{hex}$**에서 시작하고 정적으로 링크된 라이브러리를 포함한다. Static 데이터는 텍스트 지역 위로 곧바로 시작한다. 이 예제에서 주소는 1000 000**$_{hex}$ **라고 가정한다.** `malloc`**을 이용해 C에서 할당되는 동적 데이터는 Static 데이터 바로 위에 있다. 힙**`(heap)` **이라고 부르는 이 영역은 스택이 있는 윗방향으로 자라난다. 동적으로 연결된 라이브러리도 포함된다.**

새로운 목적 코드를 링크한다. 링커라는 이름은 목적 파일에 있는 점프와 링크 명령어들의 링크를 모두 수정하는 작업들 중의 하나에서 유래하였다. 사실 링커는 링크 에디터의 약자로 그림 3.1에 있는 이 단계의 역사적인 이름이었다. 유닉스 시스템에서 링커의 입력은 `.o` 확장자(예. `foo.o` 또는 `libc.o`)를 갖는 파일이고, 출력은 `a.out` 파일이다. MS-DOS의 경우에 입력은 `.OBJ` 또는 `.LIB` 확장자를 갖는 파일이고 출력은 `.EXE` 파일이다.

그림 3.10은 전형적인 RISC-V 프로그램에서 코드와 데이터를 위해 할당된 메모리 영역 주소를 보이고 있다. 링커는 이 그림에서 주소를 일치시키기 위해 모든 목적 파일에 있는 명령어들의 프로그램과 데이터 주소를 조정해야 한다. 만약 입력 파일이 *위치 독립적 코드(PIC, Position Independent Code)*라고 한다면 링커가 해야 할 일은 줄어든다. PIC는 파일 내에 있는 모든 명령어에 대한 분기와 데이터에 대한 참조가 코드의 어디에 배치되어도 정확하다는 것을 의미한다. 2장에서 언급했듯이 RV32I의 PC-상대 분기(PC-relative branch)를 이용하면 PIC를 훨씬 더 쉽게 달성할 수 있게 된다.

각 목적 파일은 명령어들과 함께 심볼 테이블을 가지고 있다. 링크 과정의 일부로서 프로그램에 있는 모든 레이블에 주소를 배정해야 하는데, 심볼 테이블에 모든 레이블을 저장하고 있다.

Programmability

이 리스트에는 코드 뿐만 아니라 데이터에 대한 레이블도 들어있다. 그림 3.6은 설정될 두 개의 데이터 레이블 (`string1`과 `string2`)과 배정될 두 개의 코드 레이블(`main`과 `printf`)을 보여주고 있다. 32비트 주소는 하나의 32비트 명령어에 넣기에는 부족하므로 링커는 RV32I 코드에서 레이블 당 두 개의 명령어로 조정해야 한다. 그림 3.6에서 데이터 주소를 위해 `lui`와 `addi`를, 코드 주소를 위해 `auipc`와 `jalr`를 사용한 것을 알 수 있다. 그림 3.8은 그림 3.7에 있는 목적 파일이 최종 링크된 `a.out` 버전을 보여주고 있다.

RISC-V 컴파일러는 F나 D 확장 존재 여부에 따라 몇몇 ABI를 지원한다. RV32에서 ABI는 ilp32, ilp32f, ilp32d로 명명된다. ilp32는 C 언어 자료형 int, long, pointer가 모두 32비트인 것을 의미하고 추가적인 접미사는 부동 소수점 매개변수가 어떻게 전달되는지를 나타낸다. ilp32는 부동 소수점 매개변수가 정수 레지스터로 전달된다. ilp32f는 단정도 부동 소수점이 부동 소수점 레지스터로 전달된다. ilp32d는 배정도 부동 소수점 또한 부동 소수점 레지스터로 전달된다.

부동 소수점 레지스터를 이용해 부동 소수점 매개변수를 전달하기 위해서는 적절한 부동 소수점 ISA 확장 F 또는 D(5장 참조)가 필요하다. 그래서 RV32I(GCC flag '-march=rv32i')를 위한 코드를 컴파일하기 위해 ilp32 ABI(GCC flag '-mabi=ilp32')를 사용해야 한다. 반면에 부동 소수점 명령어를 갖고 있는 것이 부동 소수점을 사용하기 위해 호출 규약이 필요하다는 것을 의미하지는 않는다. 예를 들어 RV32IFD는 ilp32, ilp32f, ilp32d의 모든 세 ABI와 호환된다.

링커는 프로그램의 ABI가 라이브러리의 모든 ABI와 일치하는지 체크한다. 컴파일러는 ISA 확장과 ABI의 많은 조합을 지원하더라도 몇 종류의 라이브러리만 설치되어 있을 수 있다. 설치되어 있는 호환 라이브러리 없이 프로그램을 링크하려고 시도하는 것이 위험 요인이다. 링커는 이런 경우에 도움이 되는 진단 메시지를 생성하지 않을 것이다. 링커는 단순히 호환되지 않는 라이브러리와 링크하려고 시도하고 나서 비호환성에 대해서만 사용자에게 알린다. 이런 문제는 일반적으로 한 컴퓨터에서 다른 컴퓨터를 위해 컴파일(*교차 컴파일*)할 때만 발생한다.

■ 고난도: 링커 완화(*relaxation*)

jump and link 명령어는 20비트 PC-상대 주소 필드를 가지고 있어서 단일 명령어로 멀리 점프할 수 있다. 컴파일러는 외부 함수를 호출할 때 두 개의 명령어를 생성하는 반면에 종종 하나의 명령어만으로도 가능하다. 이런 최적화는 시간과 공간을 모두 절약할 수 있기 때문에 링커는 가능할 때마다 두 개의 명령어를 하나로 대체하기 위한 패스를 만들게 된다. 패스는 하나의 명령어로 적합하도록 호출과 함수 사이의 거리를 줄일 수도 있기 때문에 링커는 더 이상의 변화가 없을 때까지 최적화를 진행한다. 방정식을 풀기 위한 완화법을 지칭하는 말로부터 이런 과정을 *링커 완화*라고 부른다. 프로시저 호출에 추가로, RISC-V 링커는 데이터가 `gp`의 ±2 KiB내에 놓였을 때 전역 포인터를 사용하기 위해 데이터 주소를 완화하여 `lui` 또는 `auipc`를 제거한다. 유사하게 데이터가 `tp`의 ±2 KiB내에 있을 때 쓰레드-로컬 저장소 주소를 완화한다.

3.5 정적 vs. 동적 링킹

이전 절에서는 모든 필요한 라이브러리 코드가 링크되고 실행하기 전에 함께 메모리에 적재되는 *정적 링킹*에 대하여 설명하였다. 그런 라이브러리는 상대적으로 클 수 있어서 많이 사용되는 라이브러리의 경우 여러 프로그램에 링크되어 메모리 낭비가 발생하게 된다. 게다가 그런 라이브러리는 링크할 때 바인딩되었으므로 버그가 수정되어 나중에 업데이트가 되어도 오래되고 버그가 있는 버전을 사용할 수 밖에 없다.

위의 두 가지 문제점을 피하기 위해 대부분의 시스템은 *동적 링킹*을 사용한다. 사용하고자 하는 외부 함수는 첫번째 호출이 이뤄진 후에야 프로그램에 적재되고 링크되며, 만약 호출되지 않는다면 절대로 적재되고 링크되지 않는다. 처음 이후의 모든 호출은 빠른 링크를 사용하므로 동적 오버헤드는 단 한 번만 발생한다. 프로그램이 시작할 때 필요로 하는 라이브러리 함수의 현재 버전을 링크하므로 항상 신규 버전을 얻을 수 있다. 게다가 만약 여러 프로그램이 동일한 동적 링크 라이브러리를 사용한다면 라이브러리에 있는 코드는 메모리에 단 한 번만 적재하면 된다.

아키텍트는 대부분의 실제 프로그램이 동적 링크되어 있지만 정적 링크된 벤치마크를 사용하여 프로세서 성능을 측정한다. 변명을 하자면 성능에 관심이 있는 사용자는 정적으로 링크해야만 한다는 것이지만 정당성이 부족하다. 벤치마크가 아니라 실제 프로그램의 성능을 가속하는 것이 더 이치에 맞다.

컴파일러가 생성하는 코드는 정적 링크와 유사하다. 실제 함수로 점프하는 대신에 짧은 (3개 명령어) 스텁(stub) 함수로 점프한다. 스텁 함수는 메모리에 있는 테이블로부터 실제 함수의 주소를 적재하고 그곳으로 점프한다. 그러나 첫 번째 호출에서 그 테이블은 실제 함수의 주소는 없는 대신에 동적 링크 루틴의 주소를 포함하고 있다. 호출된 경우 동적 링커는 실제 함수를 찾기 위해 심볼 테이블을 사용하고, 그것을 메모리에 복사하고, 실제 함수를 가리키도록 테이블을 업데이트한다. 각각의 후속 호출은 스텁 함수의 오버헤드로 세 명령어만 추가된다.

3.6 로더

그림 3.8과 같은 프로그램은 컴퓨터의 저장장치에 유지되는 실행 파일이다. 그 프로그램이 실행될 때 로더의 역할은 프로그램을 메모리에 적재하고 시작 주소로 점프하는 것이다. 오늘날 "로더"는 운영체제이고 달리 말하면 `a.out`을 적재하는 것은 운영체제의 많은 작업 중 하나이다.

로딩은 동적 링크된 프로그램의 경우 약간 까다롭다. 단순히 프로그램을 시작하는 것 대신에 운영체제는 동적 링커를 시작한다. 링커는 다시 원하는 프로그램을 시작하고, 모든 첫번째 외부 호출을 다루고, 메모리에 함수를 복사하고, 각 호출 후 프로그램을 수정하여 정확한 함수를 가리키도록 한다.

3.7 결론

Keep it simple, stupid.

—Kelly Johnson, aeronautical engineer who coined the "KISS Principle," 1960

어셈블러는 하드웨어에 대한 추가 비용 없이 읽기와 쓰기 더 편한 RISC-V 코드를 만들기 위해 60개의 의사명령어로 단순한 RISC-V ISA를 확장한다. 단순하게 RISC-V 레지스터 중 하나를 0으로 고정시키는 것으로 이렇게 많은 도움이 되는 연산이 가능해진다. Load Upper Immediate(`lui`)와 Add Upper Immediate to PC(`auipc`) 명령어를 사용하여 컴파일러와 링커가 외부 데이터와 함수를 위한 주소에 쉽게 대응하도록 하고, PC-상대 분기를 이용하면 링커는 위치 독립적 코드를 쉽게 사용할 수 있다. 많은 레지스터가 있어서 스필(spill)하고 복구할 레지스터의 개수를 줄여서 빠른 함수 호출과 복귀를 하는 호출 규약이 가능해진다.

Programmability

Cost

Performance

Elegance

RISC-V는 비용을 절감하고, 성능을 향상시키고, 프로그래밍을 쉽게 하는 간단하지만 영향력있는 메커니즘의 훌륭한 컬렉션을 제공한다.

3.8 추가 학습

D. A. Patterson and J. L. Hennessy. *Computer Organization and Design RISC-V Edition: The Hardware Software Interface*. Morgan Kaufmann, 2017.

TIS Committee. Tool interface standard (TIS) executable and linking format (ELF) specification version 1.2. *TIS Committee*, 1995.

A. Waterman and K. Asanović, editors. *The RISC-V Instruction Set Manual, Volume I: User-Level ISA, Version 2.2*. May 2017. URL `https://riscv.org/specifications/`.

4 RV32M: 곱셈과 나눗셈

William of Occam (1287-1347)은 영국의 신학자로 현재 "Occam's razor"라고하는 과학적 방법에서 단순함을 선호한다고 홍보했다.

Entities should not be multiplied beyond necessity.

—William of Occam, *ca.*1320

4.1 소개

RV32M은 RV32I에 정수 곱셈과 나눗셈 명령어들을 추가한다. 그림 4.1은 RV32M 확장 명령어 집합을 시각적으로 표현하고 있고 그림 4.2에는 opcode를 나열하고 있다.

나누기는 복잡하지 않다.

$$\text{몫} = (\text{피제수} - \text{나머지}) \div \text{제수}$$

또는

$$\text{피제수} = \text{몫} \times \text{제수} + \text{나머지}$$

$$\text{나머지} = \text{피제수} - (\text{몫} \times \text{제수})$$

RV32M은 부호있는 정수 나눗셈(`div`)과 부호없는 정수 나눗셈(`divu`) 명령어를 둘 다 가지고 있고, 몫은 목적지 레지스터에 저장된다. 가끔 프로그래머들이 몫보다는 나머지를

RV32M

multiply

multiply **h**igh { _ / **u**nsigned / **s**igned **u**nsigned }

{ **div**ide / **rem**ainder } { _ / **u**nsigned }

그림 4.1: RV32M 명령어 다이어그램.

31 ... 25	24 ... 20	19 ... 15	14 ... 12	11 ... 7	6 ... 0	
0000001	rs2	rs1	000	rd	0110011	R mul
0000001	rs2	rs1	001	rd	0110011	R mulh
0000001	rs2	rs1	010	rd	0110011	R mulhsu
0000001	rs2	rs1	011	rd	0110011	R mulhu
0000001	rs2	rs1	100	rd	0110011	R div
0000001	rs2	rs1	101	rd	0110011	R divu
0000001	rs2	rs1	110	rd	0110011	R rem
0000001	rs2	rs1	111	rd	0110011	R remu

그림 4.2: RV32M opcode 맵에는 명령어 레이아웃, opcode, 포맷 타입, 이름이 있다 ([Waterman and Asanović 2017]의 표 19.2 기반의 그림).

```
# Compute unsigned division of a0 by 3 using multiplication.
   0: aaaab2b7    lui   t0,0xaaaab  # t0 = 0xaaaaaaab
   4: aab28293    addi  t0,t0,-1365 #    = ~ 2^32 / 1.5
   8: 025535b3    mulhu a1,a0,t0    # a1 = ~ (a0 / 1.5)
   c: 0015d593    srli  a1,a1,0x1   # a1 = (a0 / 3)
```

그림 4.3: 곱셈을 이용해 상수로 나눗셈을 하는 RV32M 코드. 이 알고리즘이 모든 피제수에 대하여 동작하는 것을 보이기 위해 신중한 수치 분석이 필요하고, 일부 다른 제수에 대하여 정정 단계가 더 복잡해진다. 정확성의 증명, 그리고 역수와 보정 단계를 생성하는 알고리즘은 [Granlund and Montgomery 1994]에 있다.

원할때가 있어서 RV32M은 나머지(rem)와 부호없는 나머지(remu) 명령어를 제공하여 몫 대신에 나머지를 목적지 레지스터에 쓰도록 한다.

곱셉식은 단순히 다음과 같다.

$$곱 = 피승수 \times 승수$$

곱의 크기는 승수와 피승수 크기의 합이므로 곱하기는 나누기 보다 복잡하다. 즉, 두 개의 32비트 숫자를 곱하면 64비트 결과를 생성한다. RISC-V에는 4개의 곱셈 명령어가 있어서 부호있는 또는 부호없는 64비트 곱셈 결과를 적절하게 생성할 수 있다. 32비트 정수의 곱(64비트 곱셈 결과의 하위 32비트)을 계산하기 위해서는 mul을 사용한다. 64비트 곱의 상위 32비트를 얻기 위한 경우에 두 피연산자가 모두 부호가 있다면 mulh를 사용하고, 두 피연산자가 모두 부호가 없다면 mulhu를 사용하고, 부호가 서로 다르다면 mulhsu를 사용한다. RV32M은 한 명령어에서 64비트 곱을 두 개의 32비트 레지스터에 저장하는 것은 하드웨어를 복잡해지게 하므로 두 개의 곱셈 명령어를 사용하여 구현한다.

srl은 2^i로 부호없는 나눗셈을 할 수 있다. 예를 들어, 만약 a2 = 16 (2^4) 이라면 srli t2,

sll은 2^i로 부호있는 그리고 부호없는 곱셈을 할 수 있다. 예를 들어, 만약 a2 = 16 (2^4) 라면 slli t2, a1, 4는 mul t2, a1, a2와 같은 값을 생성한다.

많은 마이크로프로세서에서 정수 나눗셈은 상대적으로 느린 연산이다. 위에서 언급한 바와 같이 오른쪽 시프트는 2의 거듭제곱으로 부호없는 나눗셈을 대체할 수 있다. 다른 상수에 의한 나눗셈은 적절한 역수로 곱셈을 하고 곱의 상위 반에 보정을 적용하여 최적화할 수 있는 것으로 알려져있다. 예를 들어, 그림 4.3은 3으로 부호없는 나누기를 하는 코드를 보이고 있다.

Performance

무엇이 다른가? ARM-32 long에는 곱셈 명령은 있지만 나눗셈 명령은 없다. 첫 번째 ARM 프로세서 이후로 2005년까지 거의 20년동안 의무적이지 않았다. MIPS-32는 곱셈과 나눗셈 명령어에서 특별 레지스터(HI와 LO)를 유일한 목적지 레지스터로 사용한다. 이렇게 설계하여 초기에 MIPS를 구현할때 복잡성을 줄일 수 있었지만 곱셈과 나눗셈의 결과를 사용하기 위해서는 추가적인 move 명령어를 반드시 사용해야 되고 이로인해 잠재적인 성능 저하가 되었다. HI와 LO 레지스터는 아키텍처 상태(백업해야하는 컨텍스트)를 증가시켜 태스크간 전환 속도 또한 저하된다.

거의 모든 프로세서에 대하여 곱셈은 시프트 또는 덧셈보다 느리다. 그리고 나눗셈은 곱셈보다 더욱 더 느리다.

■ 고난도: *mulh*와 *mulhu*는 곱셈에서 오버플로우를 체크할 수 있다.

만약 `mulhu`의 결과가 0이라면 부호없는 곱셈을 위한 `mul`을 사용할 때 오버플로우는 없다. 유사하게, 만약 `mulh`의 결과에서 모든 비트가 `mul` 결과의 부호 비트와 일치한다면 부호있는 곱셈을 위한 `mul`을 사용할때 오버플로우는 없다. 즉, 만약 양수라면 0과 같거나 만약 음수라면 ffff ffff$_{hex}$이다.

■ 고난도: *Divide-by-zero* 또한 체크하기 쉽다.

나누기 전에 제수(divisor)의 `beqz` 테스트를 추가한다. Divide-by-zero에 대하여 트랩을 발생하기를 원하는 프로그램이 거의 없어서 RV32에서는 발생하지 않고, 그 동작은 간단하게 소프트웨어적으로 0을 체크하는 것으로 수행할 수 있다. 물론 상수로 나누는 것은 체크할 필요가 없다.

■ 고난도: *mulhsu*는 멀티 워드 부호있는 곱셈에서 유용하다.

`mulhsu`는 승수(multiplier)의 부호가 있고 피승수(multiplicand)는 부호가 없을 때 그 곱의 상위 반이 생성된다. 승수의 최상위 워드$_{most-significantword}$(부호 비트를 포함하여)와 피승수의 다음 하위 워드$_{less-significantword}$(부호 없는)를 곱할 때 멀티 워드 부호있는 곱셈의 세부 단계에 해당한다. 이 명령어는 멀티 워드 곱셈의 성능을 대략 15%정도 향상시킨다.

4.2 결론

The cheapest, fastest, and most reliable components are those that aren't there.

—C. Gordon Bell, architect of prominent minicomputers

Cost

곱셈과 나눗셈은 임베디드 응용프로그램을 위한 가장 작은 RISC-V 프로세서에서도 필요로 하는 첫 번째 선택적 표준 확장 중 하나이다. 따라서 많은 RISC-V 프로세서는 RV32M을 포함하게 된다.

4.3 추가 학습

T. Granlund and P. L. Montgomery. Division by invariant integers using multiplication. In *ACM SIGPLAN Notices*, volume 29, pages 61–72. ACM, 1994.

A. Waterman and K. Asanović, editors. *The RISC-V Instruction Set Manual, Volume I: User-Level ISA, Version 2.2*. May 2017. URL `https://riscv.org/specifications/`.

5 RV32F와 RV32D: 단일/이중 정밀도 부동 소수점

Antoine de Saint-Exupéry (1900-1944)는 *어린왕자* 책으로 잘 알려진 프랑스 작가겸 비행사이다.

Perfection is finally attained not when there is no longer anything to add, but when there is no longer anything to take away.

—Antoine de Saint-Exupéry, *Terre des Hommes*, 1939

5.1 소개

RV32F와 RV32D는 별도의 선택적 명령어 집합 확장이지만 주로 같이 사용된다. 이번 챕터에서는 부동 소수점 명령어의 거의 대부분인 단일 및 이중 정밀도(32비트와 64비트) 버전 명령어를 간략하게 소개한다. 그림 5.1에는 RV32F와 RV32D 확장 명령어 집합이 도식적으로 표현되어 있다. 그림 5.2에는 RV32F의 opcode가 나열되어 있고, 그림 5.3에는 RV32D의 opcode가 나열되어 있다. 현대적인 대부분의 ISA와 마찬가지로 RISC-V는 IEEE 754-2008 부동 소수점 표준[IEEE Standards Committee 2008]을 준수하고 있다.

5.2 부동 소수점 레지스터

Performance

RV32F와 RV32D는 정수를 위한 x 레지스터 대신에 별도의 f 레지스터 32개를 사용한다. 레지스터를 별도의 두 집합으로 구성하는 이유는 비좁은 RISC-V 명령어 포맷에 레지스터 명시자를 추가하지 않고 레지스터를 두 집합으로 분류하여 레지스터 용량과 대역폭을 두 배로 만들어서 프로세서의 성능을 향상시킬 수 있기 때문이다. 명령어 집합에 가장 큰 영향을 미치는 것은 f 레지스터로 load하고 store하는 새로운 명령어들과 x와 f 레지스터 사이의 데이터 전송을 위한 새로운 명령어를 추가하는 것이다. 그림 5.4에서는 RISC-V ABI에서 정해져 있는 RV32D와 RV32F 레지스터와 이름이 나열되어 있다.

만약 프로세서가 RV32F와 RV32D 둘 다 가지고 있다면, 단일 정밀도 데이터는 f 레지스터의 하위 32비트만을 사용한다. RV32I에 있는 x0과는 다르게 레지스터 f0는 0으로 하드웨어적으로 연결되어 있지 않고 다른 31개의 f 레지스터와 같이 수정이 가능한 레지스터로 사용된다.

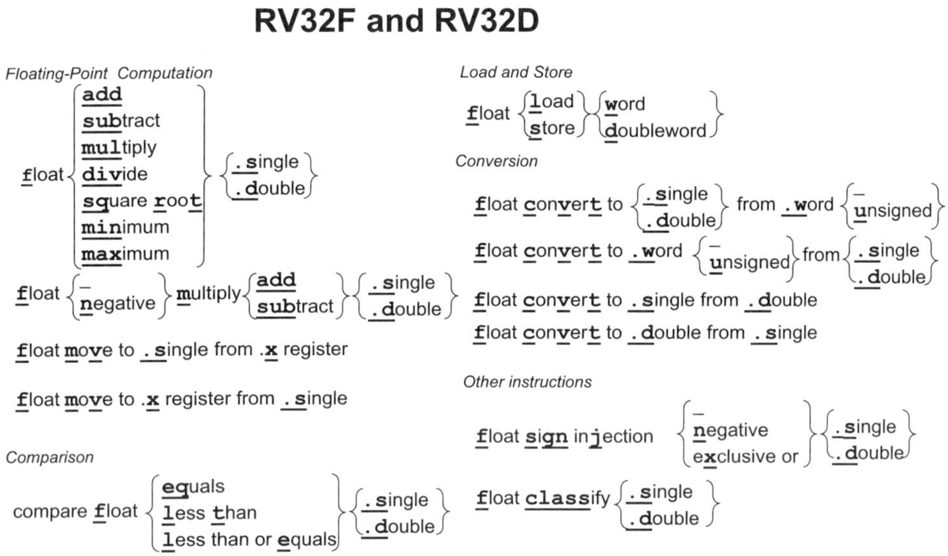

그림 5.1: RV32F/RV32D 명령어 다이어그램.

IEEE 754-2008 표준은 부동 소수점 연산을 어림(round)하기 위한 몇 가지 방법을 제공하여 에러의 범위를 결정하거나 산술 라이브러리를 작성하는데 도움을 준다. 가장 정확하고 가장 일반적 어림방법은 가장 가까운 짝수(round to nearest even)에 어림하는 것이다. 어림 모드는 부동 소수점 제어 및 설정 레지스터 `fcsr`에서 설정된다. 그림 5.5에서 `fcsr`에 대해 설명하고 있는데 어림 옵션들과 표준에서 요구하는 미처리(accrued) 예외상황 플래그가 있다.

무엇이 다른가? ARM-32와 MIPS-32는 둘 다 32개의 단일 정밀도 부동 소수점 레지스터를 가지고 있지만 이중 정밀도 레지스터는 16개만을 가지고 있다. ARM-32와 MIPS-32는 둘 다 두 개의 단일 정밀도 레지스터를 이중 정밀도 레지스터의 왼쪽과 오른쪽 32비트 반으로 매핑한다. x86-32 부동 소수점 연산은 레지스터를 사용하지 않고 스택을 사용하였다. 스택 엔트리는 정확도 향상을 위해 80비트 폭이어서, load는 32비트 또는 64비트 피연산자를 80비트로 변환하고, store는 그 반대의 작업을 한다. x86-32의 후속 버전련 8개의 전통적인 64비트 부동 소수점 레지스터와 관련된 명령어가 추가되었다. RV32FD 및 MIPS-32와는 다르게 ARM-32 및 x86-32는 부동 소수점과 정수 레지스터 사이에 직접적으로 데이터를 이동하기 위한 명령어의 필요성을 소홀히했다. 메모리에 부동 소수점 레지스터를 저장하고 그 메모리에서 다시 정수 레지스터로 load하는 것 그리고 반대로 store하는 것이 유일한 방법이다.

MIPS에 16개의 이중 정밀도 레지스터만을 가지고 있다는 것이 가장 불편한 ISA 에러였다(MIPS 아키텍트 중 한 명인 John Mashey).

31 27	26 25	24 20	19 15	14 12	11 7	6 0	
imm[11:0]			rs1	010	rd	0000111	I flw
imm[11:5]		rs2	rs1	010	imm[4:0]	0100111	S fsw
rs3	00	rs2	rs1	rm	rd	1000011	R4 fmadd.s
rs3	00	rs2	rs1	rm	rd	1000111	R4 fmsub.s
rs3	00	rs2	rs1	rm	rd	1001011	R4 fnmsub.s
rs3	00	rs2	rs1	rm	rd	1001111	R4 fnmadd.s
0000000		rs2	rs1	rm	rd	1010011	R fadd.s
0000100		rs2	rs1	rm	rd	1010011	R fsub.s
0001000		rs2	rs1	rm	rd	1010011	R fmul.s
0001100		rs2	rs1	rm	rd	1010011	R fdiv.s
0101100		00000	rs1	rm	rd	1010011	R fsqrt.s
0010000		rs2	rs1	000	rd	1010011	R fsgnj.s
0010000		rs2	rs1	001	rd	1010011	R fsgnjn.s
0010000		rs2	rs1	010	rd	1010011	R fsgnjx.s
0010100		rs2	rs1	000	rd	1010011	R fmin.s
0010100		rs2	rs1	001	rd	1010011	R fmax.s
1100000		00000	rs1	rm	rd	1010011	R fcvt.w.s
1100000		00001	rs1	rm	rd	1010011	R fcvt.wu.s
1110000		00000	rs1	000	rd	1010011	R fmv.x.w
1010000		rs2	rs1	010	rd	1010011	R feq.s
1010000		rs2	rs1	001	rd	1010011	R flt.s
1010000		rs2	rs1	000	rd	1010011	R fle.s
1110000		00000	rs1	001	rd	1010011	R fclass.s
1101000		00000	rs1	rm	rd	1010011	R fcvt.s.w
1101000		00001	rs1	rm	rd	1010011	R fcvt.s.wu
1111000		00000	rs1	000	rd	1010011	R fmv.w.x

그림 5.2: RV32F opcode 맵은 명령어 레이아웃, opcode, 포맷타입, 그리고 이름을 가지고 있다. 이 그림과 다음 그림 사이의 인코딩에서 가장 큰 차이는 RV32D에서는 12번과 25번 비트가 둘 다 1인데, 12번 비트가 처음 두 개의 명령어에서 0이고 25번 비트가 나머지 명령어에서는 0이라는 것이다([Waterman and Asanović 2017의 표 19.2 기반의 그림).

31 27	26 25	24 20	19 15	14 12	11 7	6 0	
imm[11:0]			rs1	011	rd	0000111	I fld
imm[11:5]		rs2	rs1	011	imm[4:0]	0100111	S fsd
rs3	01	rs2	rs1	rm	rd	1000011	R4 fmadd.d
rs3	01	rs2	rs1	rm	rd	1000111	R4 fmsub.d
rs3	01	rs2	rs1	rm	rd	1001011	R4 fnmsub.d
rs3	01	rs2	rs1	rm	rd	1001111	R4 fnmadd.d
0000001		rs2	rs1	rm	rd	1010011	R fadd.d
0000101		rs2	rs1	rm	rd	1010011	R fsub.d
0001001		rs2	rs1	rm	rd	1010011	R fmul.d
0001101		rs2	rs1	rm	rd	1010011	R fdiv.d
0101101		00000	rs1	rm	rd	1010011	R fsqrt.d
0010001		rs2	rs1	000	rd	1010011	R fsgnj.d
0010001		rs2	rs1	001	rd	1010011	R fsgnjn.d
0010001		rs2	rs1	010	rd	1010011	R fsgnjx.d
0010101		rs2	rs1	000	rd	1010011	R fmin.d
0010101		rs2	rs1	001	rd	1010011	R fmax.d
0100000		00001	rs1	rm	rd	1010011	R fcvt.s.d
0100001		00000	rs1	rm	rd	1010011	R fcvt.d.s
1010001		rs2	rs1	010	rd	1010011	R feq.d
1010001		rs2	rs1	001	rd	1010011	R flt.d
1010001		rs2	rs1	000	rd	1010011	R fle.d
1110001		00000	rs1	001	rd	1010011	R fclass.d
1100001		00000	rs1	rm	rd	1010011	R fcvt.w.d
1100001		00001	rs1	rm	rd	1010011	R fcvt.wu.d
1101001		00000	rs1	rm	rd	1010011	R fcvt.d.w
1101001		00001	rs1	rm	rd	1010011	R fcvt.d.wu

그림 5.3: RV32D opcode 맵은 명령어 레이아웃, opcode, 포맷 타입, 그리고 이름을 가지고 있다. 이 두 개의 그림에 있는 몇몇 명령어들은 단순히 데이터 폭만 다른 것이 아니다. 앞의 그림은 `fmv.x.w`와 `fmv.w.x`를 가지고 있는 반면에, 이 그림은 독특하게 `fcvt.s.d`와 `fcvt.d.s`를 가지고 있다([Waterman and Asanović 2017]의 표 19.2 기반의 그림).

63 … 32	31 … 0	
	f0 / ft0	FP Temporary
	f1 / ft1	FP Temporary
	f2 / ft2	FP Temporary
	f3 / ft3	FP Temporary
	f4 / ft4	FP Temporary
	f5 / ft5	FP Temporary
	f6 / ft6	FP Temporary
	f7 / ft7	FP Temporary
	f8 / fs0	FP Saved register
	f9 / fs1	FP Saved register
	f10 / fa0	FP Function argument, return value
	f11 / fa1	FP Function argument, return value
	f12 / fa2	FP Function argument
	f13 / fa3	FP Function argument
	f14 / fa4	FP Function argument
	f15 / fa5	FP Function argument
	f16 / fa6	FP Function argument
	f17 / fa7	FP Function argument
	f18 / fs2	FP Saved register
	f19 / fs3	FP Saved register
	f20 / fs4	FP Saved register
	f21 / fs5	FP Saved register
	f22 / fs6	FP Saved register
	f23 / fs7	FP Saved register
	f24 / fs8	FP Saved register
	f25 / fs9	FP Saved register
	f26 / fs10	FP Saved register
	f27 / fs11	FP Saved register
	f28 / ft8	FP Temporary
	f29 / ft9	FP Temporary
	f30 / ft10	FP Temporary
	f31 / ft11	FP Temporary
32	32	

그림 5.4: RV32F와 RV32D의 부동 소수점 레지스터. 단일 정밀도 레지스터들은 32개의 이중 정밀도 레지스터의 오른쪽 반을 사용한다. 3장에서 FP 매개변수 레지스터 (fa0-fa7), FP 보존 레지스터 (fs0-fs11), 그리고 FP 임시 레지스터(ft0-ft11)를 기반으로 부동 소수점을 위한 RISC-V 호출 규약을 설명한다([Waterman and Asanović 2017]의 표 20.1 기반의 그림).

31 8	7 5	4	3	2	1	0
Reserved	Rounding Mode (`frm`)	Accrued Exceptions (`fflags`)				
		NV	DZ	OF	UF	NX
24	3	1	1	1	1	1

그림 5.5: 부동 소수점 제어 및 상태 레지스터. 이 레지스터는 어림(rouding) 모드와 실행 플래그를 보유한다. 어림 모드는 가장 가까운 짝수로 어림(rte, 000 `frm`), 0 방향으로 어림(rtz, 001), $-\infty$쪽으로 버림(rdn, 010), $+\infty$ 쪽으로 올림(rup, 011), 가장 가까운 최대 값으로 어림(rmm, ,100)이 있다. 이런 5개의 미처리(accrued) 예외 플래그는 소프트웨어에서 마지막으로 그 필드를 리셋된 이후의 부동 소수점 산술 명령어에서 발생하는 예외 조건을 가리킨다. NV는 부적절한 연산, DZ는 0에 의한 나눗셈(Divide by Zero), OF는 오버플로우, UF는 언더플로우, NX는 부정확성을 가리킨다([Waterman and Asanović 2017]의 그림 8.2 기반의 그림).

■ **고난도:** ***RV32FD*는 어림 모드가 명령어 단위로 설정될 수 있다.**

*정적 어림*이 호출되는 것은 한 명령어에 대한 어림 모드를 변경할 필요가 있을 때에만 성능에 도움이 된다. 기본 설정은 `fcsr`에 동적 어림 모드를 사용하도록 하는 것이다. 정적 어림은 명령어의 마지막 매개변수에 선택적으로 설정한다. `fadd.s ft0, ft1, ft2, rtz`는 0으로 어림된다. 그림 5.5의 캡션에 어림 모드의 이름이 나열되어 있다.

5.3 부동 소수점 load, store, 산술

RISC-V는 RV32F와 RV32D를 위해 두 개의 load 명령어(`flw`, `fld`)와 두 개의 store 명령어(`fsw`, `fsd`)를 가지고 있다. 이 명령어들은 `lw`와 `sw`와 동일한 주소지정 모드와 명령어 포맷을 가지고 있다.

정수 연산과 달리 부동 소수점 곱셈을 한 곱의 크기는 피연산자의 크기와 동일하다. 또한 RV32F와 RV32D에는 부동 소수점 나머지 명령어가 없다.

Performance

표준 산술 연산(`fadd.s`, `fadd.d`, `fsub.s`, `fsub.d`, `fmul.s`, `fmul.d`, `fdiv.s`, `fdiv.d`)에 추가로 RV32F와 RV32D는 제곱(`fsqrt.s`, `fsqrt.d`)을 포함하고 있다. 또한 최소값과 최대값(`fmin.s`, `fmin.d`, `fmax.s`, `fmax.d`)를 가지고 있어 분기 명령어를 사용하지 않고 두 개의 근원지 피연산자에서 더 작은 값 또는 더 큰 값을 쓸수 있다.

행렬 곱셈과 같은 많은 부동 소수점 알고리즘은 곱셈을 수행하고 즉시 덧셈 또는 뺄셈을 수행한다. 따라서 RISC-V는 두 개의 피연산자를 곱하고 나서 곱을 저장하기 전에 세 번째 피연산자와 더하거나(`fmadd.s`, `fmadd.d`) 또는 빼는(`fmsub.s`, `fmsub.d`) 명령어를 제공한다. 또한 세 번째 피연산자를 더하거나 빼기 전에 곱의 부호를 반대로 만드는 버전(`fnmadd.s`, `fnmadd.d`, `fnmsub.s`, `fnmsub.d`)도 있다. 이러한 *연결된* 곱셈-덧셈 명령어들은 높은 정확도를 위해 IEEE 754-2008 표준이 필요하다. 곱한 후에 한 번 그리고 더한 후에 다시 한 번하여 두번 어림하기 보다는 더한 후에 단지 한 번만 어림한다. 중간 어림을 건너뛰는 것은 곱과 합해지는 값이 부호는 반대이고 유사한 값을 가지고 있을 때 큰 차이를 만들게 되어 가수(mantıssa) 비트의 대부분이 뺄셈에서 없어지는 원인이 된다. 이런 명령어들에 네 개의 레지스터를 명시하기 위해 R4라고 불리는 새로운 명령어 포맷이 필요하다. 그림 5.2와 5.3에는 R 포맷의 변형인 R4 포맷을 설명하고 있다.

To	From			
	32b signed integer (w)	32b unsigned integer (wu)	32b floating point (s)	64b floating point (d)
32b signed integer (w)	–	–	fcvt.w.s	fcvt.w.d
32b unsigned integer (wu)	–	–	fcvt.wu.s	fcvt.wu.d
32b floating point (s)	fcvt.s.w	fcvt.s.wu	–	fcvt.s.d
64b floating point (d)	fcvt.d.w	fcvt.d.wu	fcvt.d.s	–

그림 5.6: RV32F와 RV32D 변환 명령어. 열(column)은 근원지 데이터 타입을 나열하고 행(row)은 변환된 목적지 데이터 타입을 나타낸다.

부동 소수점 분기 명령어 대신에 RV32F와 RV32D는 두 개의 부동 소수점 레지스터의 비교에 기반해서 정수 레지스터에 1 또는 0을 설정하는 비교 명령어 `feq.s`, `feq.d`, `flt.s`, `flt.d`, `fle.s`, `fle.d`를 제공한다. 이 명령어들은 정수 제어 명령어가 부동 소수점 조건에 기반해서 점프하도록 한다. 예를 들어 이 코드는 만약 `f1 < f2` 라면 `Exit`로 분기한다.

```
flt x5, f1, f2   # x5 = 1 if f1 < f2; otherwise x5 = 0
bne x5, x0, Exit # if x5 != 0, jump to Exit
```

5.4 부동 소수점 이동과 변환

RV32F와 RV32D는 32비트 부호있는 정수, 32비트 부호없는 정수, 32비트 부동 소수점, 그리고 64비트 부동 소수점 사이의 변환이 유용하도록 모든 조합을 수행하는 명령어들을 가지고 있다. 그림 5.6에는 근원지 데이터 타입과 변환된 목적지 데이터 타입으로 10개의 명령어를 설명하고 있다.

RV32F는 `f` 레지스터에서 `x`로 데이터를 옮기는 `fmv.x.w` 명령어와 그 반대인 `fmv.w.x` 명령어도 제공한다.

5.5 추가적인 부동 소수점 명령어

RV32F와 RV32D는 유용한 의사명령어와 라이브러리에 유용한 특별한 명령어를 제공한다.(이런 명령어를 만들게 된 이유는 IEEE 754 부동 소수점 표준에는 부호를 복사하고 조작하기 위한 방법과 부동 소수점 데이터를 분류하기 위한 방법이 있어야 하기 때문이다.)

처음은 *부호주입(sign-injection)* 명령어로 첫 번째 근원지 레지스터로부터 부호를 제외한 모든 것을 복사한다. 부호 비트의 값은 명령어에 의존한다.

1. 부동 소수점 부호 주입(`fsgnj.s`, `fsgnj.d`): 결과의 부호 비트는 rs2 부호비트다.
2. 부동 소수점 부호 주입 음수(`fsgnjn.s`, `fsgnjn.d`): 결과의 부호 비트는 rs2 부호 비트의 반대다.

3. 부동 소수점 부호 주입 exclusive-or(`fsgnjx.s`, `fsgnjx.d`): 부호 비트는 rs1과 rs2 부호 비트의 XOR다.

수학 라이브러리에서 부호 조작하는 부호주입 명령어는 잘 알려진 세 개의 부동 소수점 의사명령어로 제공된다(39페이지의 그림 3.4 참조).

Programmability

1. 부동 소수점 레지스터 복사:
   `fmv.s rd,rs`는 `fsgnj.s rd,rs,rs`이고,
   `fmv.d rd,rs`는 `fsgnj.d rd,rs,rs`이다.
2. 부호 반전:
   `fneg.s rd,rs`는 `fsgnjn.s rd,rs,rs`로 맵되고,
   `fneg.d rd,rs`는 `fsgnjn.d rd,rs,rs` 맵된다.
3. 절대값 ($0 \oplus 0 = 0$ 와 $1 \oplus 1 = 0$ 이므로):
   `fabs.s rd,rs`는 `fsgnjx.s rd,rs,rs`가 되고,
   `fabs.d rd,rs`는 `fsgnjx.d rd,rs,rs`가 된다.

두 번째 특별한 부동 소수점 명령어는 분류(`fclass.s`, `fclass.d`)다. 분류 명령어들은 수학 라이브러리에도 엄청난 도움이 된다. 그 명령어들은 근원지 피연산자를 10개의 부동 소수점 특성(아래 표 참조) 중에서 어떤 것인지 알아보기 위해 테스트하고, 그 답을 목적지 정수 레지스터의 하위 10비트에 쓴다. 10개 비트 중에 단지 하나만 1로 설정되어 있고 나머지는 0으로 설정된다.

x[rd] 비트	의미
0	f[*rs1*] 는 $-\infty$ 이다.
1	f[*rs1*] 는 음수 normal 숫자이다.
2	f[*rs1*] 는 음수 subnormal 숫자이다.
3	f[*rs1*] 는 -0 이다.
4	f[*rs1*] 는 $+0$ 이다.
5	f[*rs1*] 는 양수 subnormal 숫자이다.
6	f[*rs1*] 는 양수 normal 숫자이다.
7	f[*rs1*] 는 $+\infty$ 이다.
8	f[*rs1*] 는 signaling NaN 이다.
9	f[*rs1*] 는 quiet NaN 이다.

5.6 DAXPY를 사용하여 RV32FD, ARM-32, MIPS-32, x86-32 비교

이제 부동 소수점 벤치마크(그림 5.7)로서 DAXPY를 사용하여 직접적인 비교를 하려고 한다. 프로그램은 이중 정밀도에서 `X`와 `Y`는 벡터이고 `a`는 스칼라인 $Y = a \times X + Y$를

```
void daxpy(size_t n, double a, const double x[], double y[])
{
  for (size_t i = 0; i < n; i++) {
    y[i] = a*x[i] + y[i];
  }
}
```

그림 5.7: C로 된 부동 소수점 집중적인 DAXPY 프로그램.

ISA	ARM-32	ARM Thumb-2	MIPS-32	microMIPS	x86-32	RV32FD	RV32FD+RV32C
Instructions	10	10	12	12	16	11	11
Per Loop	6	6	7	7	6	7	7
Bytes	40	28	48	32	50	44	28

그림 5.8: 4개 ISA를 위한 DAXPY의 명령어 개수와 코드 크기. 반복문 당 명령어 개수와 전체 명령어 개수를 나열하고 있다. 7장에서는 ARM Thumb-2, microMIPS, RV32C를 설명한다.

DAXPY 이름은 수식 자체에서 왔다(Double-precision A times X Plus Y). 단일 정밀도 버전은 SAXPY라고 부른다.

Simplicity

Performance

계산한다. 그림 5.8에는 네 개의 ISA를 위한 DAXPY 프로그램의 명령어 개수와 바이트 수가 요약되어 있다. 그 코드는 그림 5.7에서 5.12에 있다.

2장에서 삽입 정렬에 대한 경우와 같이 단순성에 대하여 강조했었지만, RISC-V 버전은 같거나 적은 명령어를 가지고 있고, 아키텍처의 코드 크기는 거의 유사하다. 본 예제에서 RISC-V의 compare-and-execute 분기는 ARM-32와 x86-32의 멋있는 주소지정 모드와 푸쉬 및 팝 명령어가 하는 만큼의 많은 명령어를 아낄 수 있다.

5.7 결론

Less is More.

—Robert Browning, 1855. The Minimalist school of (building) architecture adopted this poem as an axiom in the 1980s.

IEEE 754-2008 부동 소수점 표준[IEEE Standards Committee 2008]은 부동 소수점 데이터 타입, 계산의 정확도, 그리고 요구되는 연산을 정의한다. 표준의 성공으로 인해 부동 소수점 프로그램을 이식하는 어려움을 크게 줄일 수 있었고, 부동 소수점 ISA는 다른 장에서 설명하는 모듈보다 아마 더 일률적이라는 것을 의미한다.

■ **고난도:** ***16*비트, *128*비트, 십진 부동 소수점 연산**

개정된 IEEE 부동 소수점 표준(IEEE 754-2008)은 *binary32*와 *binary64*라고 부르는 단일과 이중 정밀도 이상의 몇 개 새로운 포맷을 설명한다. *binary128*로 이름지어진 사중 정밀도의 추가는 별로 놀랍지 않다. RISC-V는 RV32Q(11장 참조)라고 부르려고 계획 중인 잠정적인 확장을 가지고 있다. 추가적으로 표준에서는 프로그래머가 이 숫자들을 메모리나 스토리지에 저장할 수 있으나, 이러한 크기로 계산할 수 있을 것으로 기대하면 안되는 것을 가리키는 이진 데이터 교환을 위한 두 개의 크기(반 정밀도(*binary16*)와 팔중 정밀도(*binary256*))도 제공한다. 표준의 의도에도 불구하고 GPU들은 메모리에 반 정밀도 데이터를 저장할 뿐만 아니라 계산도 한다. RISC-V에서의 계획은 벡터 명령어(8장의 RV32V)에 반 정밀도를 추가하는 것이다. 단, 벡터 반 정밀도를 지원하는 프로세서는 반 정밀도 스칼라 명령어도 추가할 것이라는 단서를 달아야 한다. 개정된 표준에서 놀라운 추가는 십진 부동 소수점이며 RISC-V는 RV32L을 별도로 설정했다. 자명한 십진 포맷 세 가지는 *decimal32*, *decimal64*, 그리고 *decimal128*이라고 불린다.

5.8 추가 학습

IEEE Standards Committee. 754-2008 IEEE standard for floating-point arithmetic. *IEEE Computer Society Std*, 2008.

A. Waterman and K. Asanović, editors. *The RISC-V Instruction Set Manual, Volume I: User-Level ISA, Version 2.2*. May 2017. URL `https://riscv.org/specifications/`.

```
# RV32FD (7 insns in loop; 11 insns/44 bytes total; 28 bytes RVC)
# a0 is n, a1 is pointer to x[0], a2 is pointer to y[0], fa0 is a
  0: 02050463 beqz    a0,28          # if n == 0, jump to Exit
  4: 00351513 slli    a0,a0,0x3      # a0 = n*8
  8: 00a60533 add     a0,a2,a0       # a0 = address of x[n] (last element)
Loop:
  c: 0005b787 fld     fa5,0(a1)      # fa5 = x[]
 10: 00063707 fld     fa4,0(a2)      # fa4 = y[]
 14: 00860613 addi    a2,a2,8        # a2++ (increment pointer to y)
 18: 00858593 addi    a1,a1,8        # a1++ (increment pointer to x)
 1c: 72a7f7c3 fmadd.d fa5,fa5,fa0,fa4 # fa5 = a*x[i] + y[i]
 20: fef63c27 fsd     fa5,-8(a2)     # y[i] = a*x[i] + y[i]
 24: fea614e3 bne     a2,a0,c        # if i != n, jump to Loop
Exit:
 28: 00008067         ret            # return
```

그림 5.9: 그림 5.7에 있는 DAXPY를 위한 RV32D 코드. 16진수로 된 주소가 왼쪽에, 16진수로 된 기계어가 다음에, 그리고 어셈블리어 명령어와 주석이 있다. compare-and-branch 명령어로 인해 ARM-32와 x86-32 코드에서의 비교 명령어 두 개를 사용하지 않아도 된다.

```
# ARM-32 (6 insns in loop; 10 insns/40 bytes total; 28 bytes Thumb-2)
# r0 is n, d0 is a, r1 is pointer to x[0], r2 is pointer to y[0]
  0: e3500000 cmp       r0, #0             # compare n to 0
  4: 0a000006 beq       24 <daxpy+0x24>    # if n == 0, jump to Exit
  8: e0820180 add       r0, r2, r0, lsl #3 # r0 = address of x[n] (last element)
Loop:
  c: ecb16b02 vldmia    r1!,{d6}           # d6 = x[i], increment pointer to x
 10: ed927b00 vldr      d7,[r2]            # d7 = y[i]
 14: ee067b00 vmla.f64 d7, d6, d0          # d7 = a*x[i] + y[i]
 18: eca27b02 vstmia    r2!, {d7}          # y[i] = a*x[i] + y[i], incr. ptr to y
 1c: e1520000 cmp       r2, r0             # i vs. n
 20: 1affffff9 bne      c <daxpy+0xc>      # if i != n, jump to Loop
Exit:
 24: e12fff1e bx        lr                 # return
```

그림 5.10: 그림 5.7에 있는 DAXPY를 위한 ARM-32 코드. ARM-32의 자동 증가 주소지정 모드는 RISC-V와 비교해 두 개의 명령어를 아낄 수 있다. 삽입 정렬과 달리 ARM-32에서 DAXPY를 위한 푸쉬와 팝 레지스터는 필요하지 않다.

```
# MIPS-32 (7 insns in loop; 12 insns/48 bytes total; 32 bytes microMIPS)
# a0 is n, a1 is pointer to x[0], a2 is pointer to y[0], f12 is a
  0: 10800009 beqz    a0,28 <daxpy+0x28>  # if n == 0, jump to Exit
  4: 000420c0 sll     a0,a0,0x3           # a0 = n*8 (filled branch delay slot)
  8: 00c42021 addu    a0,a2,a0            # a0 = address of x[n] (last element)
Loop:
  c: 24c60008 addiu   a2,a2,8             # a2++ (increment pointer to y)
 10: d4a00000 ldc1    $f0,0(a1)           # f0 = x[i]
 14: 24a50008 addiu   a1,a1,8             # a1++ (increment pointer to x)
 18: d4c2fff8 ldc1    $f2,-8(a2)          # f2 = y[i]
 1c: 4c406021 madd.d $f0,$f2,$f12,$f0     # f0 = a*x[i] + y[i]
 20: 14c4fffa bne     a2,a0,c <daxpy+0xc> # if i != n, jump to Loop
 24: f4c0fff8 sdc1    $f0,-8(a2)          # y[i] = a*x[i] + y[i] (filled delay slot)
Exit:
 28: 03e00008 jr      ra                  # return
 2c: 00000000 nop                         # (unfilled branch delay slot)
```

그림 5.11: 그림 5.7에 있는 DAXPY를 위한 MIPS-32 코드. 세 개의 분기 지연 슬롯 중 두 개는 유용한 명령어들로 채워졌다. 두 레지스터 사이의 동일성을 체크하는 능력은 ARM-32와 x86-32에서 발견되는 비교 명령어 두 개를 줄일 수 있었다. 정수 적재와는 다르게 부동 소수점 적재는 지연 슬롯이 없다.

```
# x86-32 (6 insns in loop; 16 insns/50 bytes total)
# eax is i, n is in memory at esp+0x8, a is in memory at esp+0xc
# pointer to x[0] is in memory at esp+0x14
# pointer to y[0] is in memory at esp+0x18
  0: 53                 push        ebx                     # save ebx
  1: 8b 4c 24 08        mov         ecx,[esp+0x8]           # ecx has copy of n
  5: c5 fb 10 4c 24 0c vmovsd       xmm1,[esp+0xc]          # xmm1 has a copy of a
  b: 8b 5c 24 14        mov         ebx,[esp+0x14]          # ebx points to x[0]
  f: 8b 54 24 18        mov         edx,[esp+0x18]          # edx points to y[0]
 13: 85 c9              test        ecx,ecx                 # compare n to 0
 15: 74 19              je          30 <daxpy+0x30>         # if n==0, jump to Exit
 17: 31 c0              xor         eax,eax                 # i = 0 (since x^x==0)
Loop:
 19: c5 fb 10 04 c3     vmovsd      xmm0,[ebx+eax*8]        # xmm0 = x[i]
 1e: c4 e2 f1 a9 04 c2 vfmadd213sd xmm0,xmm1,[edx+eax*8] # xmm0 = a*x[i] + y[i]
 24: c5 fb 11 04 c2     vmovsd      xmm0,xmm1,[edx+eax*8] # y[i] = a*x[i] + y[i]
 29: 83 c0 01           add         eax,0x1                 # i++
 2c: 39 c1              cmp         ecx,eax                 # compare i vs n
 2e: 75 e9              jne         19 <daxpy+0x19>         # if i!=n, jump to Loop
Exit:
 30: 5b                 pop         ebx                     # restore ebx
 31: c3                 ret                                 # return
```

그림 5.12: 그림 5.7에 있는 DAXPY를 위한 x86-32 코드. 본 예제에서는 다른 ISA를 위한 코드에서 4개의 변수가 레지스터에 있는데 x86-32에는 메모리에 할당되어 있는 것으로 보아 x86-32의 레지스터가 부족하다는 것이 명백하다. 또한 레지스터와 0을 비교(`test ecx,ecx`) 또는 레지스터에 0을 설정(`xor eax,eax`)하기 위한 x86-32 관용구를 보여준다.

6 RV32A: 아토믹 명령어

Albert Einstein (1879-1955)은 20세기의 가장 유명한 과학자이다. 그는 상대성 이론을 창안하였고 2차 세계 대전에서 원자 폭탄 개발을 옹호하였다.

Everything should be made as simple as possible, but no simpler.

—Albert Einstein, 1933

6.1 소개

여러분들이 멀티프로세싱을 위한 ISA 지원에 대하여 이미 이해하고 있다고 가정하고 RV32A 명령어들과 그것들이 무엇을 하는지 설명하려고 한다. 만약 여러분들이 충분한 배경지식을 가지고 있지 않다고 느끼고 있어 다시 공부할 필요가 있다고 생각한다면 위키피디아(https://en.wikipedia.org/wiki/Synchronization_(computer_science)) 또는 관련된 RISC-V 구조 책 [Patterson and Hennessy 2017]에서 "동기화(컴퓨터 과학)"를 공부하면 된다.

RV32A는 동기화를 위한 두 종류의 아토믹 연산을 가지고 있다.

- 아토믹 메모리 연산(Atomic memory operation, AMO), 그리고
- 예약적재/조건저장(Load reserved / store conditional, LR/SC)

그림 6.1은 RV32A 확장 명령어 집합의 시각적 표현이고 그림 6.2는 옵코드와 명령어 포맷을 나열하고 있다.

AMO와 LR/SC는 자연스럽게 정렬된 메모리 주소를 필요로 한다. 왜냐하면 하드웨어가 캐쉬 라인 경계를 넘어 아토믹 성질을 보장하는 것은 부담이 되기 때문이다.

AMO 명령어들은 메모리에 있는 피연산자에 연산을 아토믹으로 수행하고 원래 메모리 값에 목적지 레지스터를 저장한다. 아토믹이라는 것은 메모리를 읽고 쓰는 사이에 인터럽트할 수 없고, 다른 프로세서가 AMO 명령어의 메모리 읽기와 쓰기 사이에 메모리 값을 변경할 수 없다는 것을 의미한다.

예약적재/조건저장(LR/SC)은 두 명령어들 사이에 아토믹 연산을 제공한다. 예약적재는 메모리에서 한 워드를 읽고, 목적지 레지스터에 그것을 저장하고, 메모리에 있는 그 워드에 예약을 기록한다. 조건저장은 *메모리 주소에 적재 예약이 있는 경우* 소스 레지스터의 주소에 한 워드를 저장한다. 저장이 성공하면 목적지 레지스터에 0을 쓰고, 그렇지 않으면 0이 아닌 에러 코드를 쓴다.

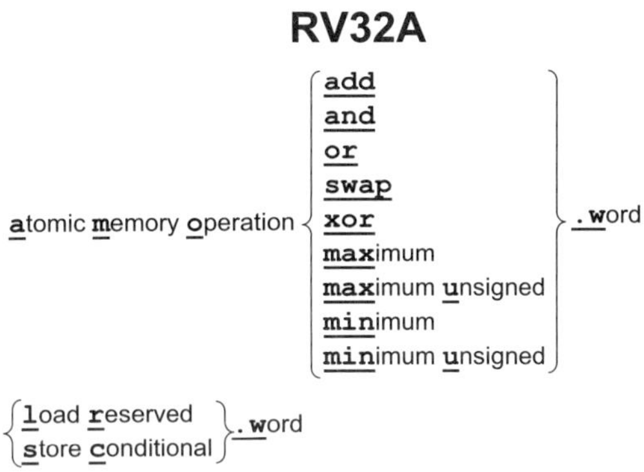

그림 6.1: RV32A 명령어 다이어그램.

31 25			24 20	19 15	14 12	11 7	6 0	
00010	aq	rl	00000	rs1	010	rd	0101111	R lr.w
00011	aq	rl	rs2	rs1	010	rd	0101111	R sc.w
00001	aq	rl	rs2	rs1	010	rd	0101111	R amoswap.w
00000	aq	rl	rs2	rs1	010	rd	0101111	R amoadd.w
00100	aq	rl	rs2	rs1	010	rd	0101111	R amoxor.w
01100	aq	rl	rs2	rs1	010	rd	0101111	R amoand.w
01000	aq	rl	rs2	rs1	010	rd	0101111	R amoor.w
10000	aq	rl	rs2	rs1	010	rd	0101111	R amomin.w
10100	aq	rl	rs2	rs1	010	rd	0101111	R amomax.w
11000	aq	rl	rs2	rs1	010	rd	0101111	R amominu.w
11100	aq	rl	rs2	rs1	010	rd	0101111	R amomaxu.w

그림 6.2: RV32A 옵코드 맵은 명령어 레이아웃, 옵코드, 포맷 타입, 그리고 이름을 가지고 있다. ([citeRISCVuserspec]의 표 19.2 기반의 그림)

명확한 질문은 "왜 RV32A는 아토믹 연산을 수행하는 두 가지 방식을 가지고 있는가?" 이다. 대답은 두 개의 매우 분명한 사용 예가 있다는 것이다.

프로그래밍 언어 개발자는 하위 구조의 경우 아토믹 compare-and-swap 연산을 수행할 수 있다고 가정한다. 이 연산은 한 레지스터 값과 다른 레지스터가 가리키는 주소의 메모리 값과 비교하여, 만약 그것들이 같다면 세 번째 레지스터 값과 메모리에 있는 값을 스왑한다. 다른 단일 워드 동기화 연산이 compare-and-swap으로 부터 합성될 수 있다는 점에서 보편적인 동기화 프리미티브이기 때문에 그런 가정을 한다[Herlihy 1991].

Simplicity

ISA에 그런 명령어를 추가하자는 강력한 주장인 반면에 하나의 명령어에 세 개의 근원지 레지스터를 요구한다. 안타깝게도 두 개에서 세 개의 근원지 피연산자로 가는 것은 메모리 시스템 인터페이스, 정수 데이터패스와 제어, 그리고 명령어 포맷을 복잡하게 한다.(RV32FD의 multiply-add 명령어에 있는 세 개의 근원지 피연산자들은 정수 데이터패스가 아니라 부동 소수점 데이터패스에 영향을 미친다.) 다행히도 예약적재와 조건저장은 두 개의 근원지 레지스터를 가지고 있어서 compare and swap을 구현할 수 있다(그림 6.3의 윗 그림을 참조).

Performance

AMO 명령어들이 가지고 있는 또 다른 근거는 큰 멀티프로세서 시스템에 대해 예약적재 및 조건저장보다 더 잘 확장된다는 것이다. AMO 명령어들은 또한 효율적으로 축소 연산(reduction operation)을 구현하는데 사용될 수 있다. AMO는 단일 아토믹 버스 트랜잭션에서 읽기와 쓰기를 수행하기 때문에 I/O 장치와 통신할 때도 유용하다. 이러한 아토믹 성질은 디바이스 드라이버를 단순화하고 I/O 성능을 향상시킬 수 있다. 그림 6.3의 아래는 아토믹 스왑을 이용해 위험영역(critical section)을 작성하는 법을 보이고 있다.

■ 고난도: 메모리 일관성 모델

RISC-V는 관대한 메모리 일관성 모델(relaxed memory consistency model)을 가지고 있어서 다른 쓰레드들은 메모리 접근 순서가 없어 보일지도 모른다. 그림 6.2에서 모든 RV32A 명령어들은 *acquire bit*(`aq`)와 *release bit*(`rl`)을 가지고 있는 것을 보이고 있다. `aq` 비트를 갖고 있는 아토믹 연산은 다른 쓰레드들이 *후속* 메모리 접근과 함께 그 AMO를 순서대로 보게될 것을 보장한다. 만약 `rl` 비트가 설정되어 있다면 다른 쓰레드들은 *이전* 메모리 접근과 함께 아토믹 연산을 순서대로 보게 될 것이다. 더 자세히 알고 싶다면 [Adve and Gharachorloo 1996]가 이 주제에 가장 훌륭한 튜토리얼이다.

무엇이 다른가? 원래 MIPS-32는 동기화를 위한 메카니즘이 없었고, 아키텍트들이 이후의 MIPS ISA에 예약적재/조건저장 명령어를 추가하였다.

6.2 결론

RV32A는 선택적이고, RV32A가 없다면 RISC-V 프로세서는 더 단순하다. 그러나 아인슈타인이 말한 바와 같이 모든 것들이 가능한 한 단순해야 하지만 더 단순해서는 안된다. 많은 상황이 RV32A를 요구한다.

```
# Compare-and-swap (CAS) memory word M[a0] using lr/sc.
# Expected old value in a1; desired new value in a2.
   0: 100526af    lr.w  a3,(a0)     # Load old value
   4: 06b69e63    bne   a3,a1,80    # Old value equals a1?
   8: 18c526af    sc.w  a3,a2,(a0)  # Swap in new value if so
   c: fe069ae3    bnez  a3,0        # Retry if store failed
        ... code following successful CAS goes here ...
  80:                               # Unsuccessful CAS.
```

```
# Critical section guarded by test-and-set spinlock using an AMO.
   0: 00100293    li            t0,1         # Initialize lock value
   4: 0c55232f    amoswap.w.aq t1,t0,(a0)  # Attempt to acquire lock
   8: fe031ee3    bnez          t1,4         # Retry if unsuccessful
        ... critical section goes here ...
  20: 0a05202f    amoswap.w.rl x0,x0,(a0)  # Release lock.
```

그림 6.3: 동기화의 두 예제. 첫 번째는 compare-and-swap 구현을 위해 LR/SC `lr.w,sc.w`**를 사용하고, 두 번째는 뮤텍스(mutex)를 구현하기 위해 아토믹 스왑** `amoswap.w`**를 사용한다.**

6.3 추가 학습

S. V. Adve and K. Gharachorloo. Shared memory consistency models: A tutorial. *Computer*, 29(12):66–76, 1996.

M. Herlihy. Wait-free synchronization. *ACM Transactions on Programming Languages and Systems*, 1991.

D. A. Patterson and J. L. Hennessy. *Computer Organization and Design RISC-V Edition: The Hardware Software Interface*. Morgan Kaufmann, 2017.

7 RV32C: 압축 명령어

Small is Beautiful.

—E. F. Schumacher, 1973

E. F. Schumacher (1911-1977)은 휴먼 스케일, 탈중앙화, 그리고 적절한 기술을 옹호하는 경제학 책을 집필했다. 수많은 언어로 번역되었고, 2차 세계 대전 이후 가장 영향력 있는 100권의 책 중 하나로 선정되었다.

Code Size

Simplicity

7.1 소개

이전 ISA는 코드 크기를 줄이기 위해 명령어의 갯수나 명령어 포맷을 확장하는 방향을 선택했다. 피연산자를 세 개 대신에 두 개로 줄이고 작은 수치 필드 등을 갖는 짧은 명령어를 새롭게 추가하였다. ARM과 MIPS는 코드를 줄이기 위해 ARM Thumb과 Thumb-2 그리고 MIPS16과 microMIPS로 전체 ISA를 두 배가 되도록 새로 만들었다. 이런 새로운 ISA로 인해 프로세서와 컴파일러는 추가적으로 수정해야 하고 어셈블리어 프로그래머들은 새로운 ISA를 학습해야하는 부담을 지게 되었다.

RV32C는 새로운 접근법을 따른다. *모든* 짧은 명령어는 *하나의* 단일 표준 32 비트 RISC-V 명령어로 맵 *되어야 한다*. 게다가, 단지 어셈블러와 링커만이 16비트 명령어를 알고 있고, 넓은 명령어를 좁은 명령어로 바꾸는 것은 어셈블러와 링커에 달려 있다. 컴파일러 작성자와 어셈블리어 프로그래머는 대부분의 경우 더 작은 프로그램이 생성된다는 것만 알면되고 RV32C 명령어와 포맷에 대해서는 알아야할 필요가 없다. 그림 7.1은 RV32C 확장 명령어 집합의 시각적 표현이다.

RISC-V 아키텍트는 명령어를 16비트로 맞추기 위해 관찰된 세 가지 내용에 기반하여 일정 범위의 프로그램에서 훌륭한 코드 압축을 얻기 위한 RVC 확장 명령어들을 선택했다. 첫 째는 10개의 레지스터(`a0–a5`, `s0–s1`, `sp`, `ra`)가 나머지 레지스터보다 매우 자주 사용된다. 둘 째로 많은 명령어들은 그들의 근원지 피연산자 중의 하나에 결과를 덮어쓴다. 셋째는 수치 피연산자는 작은 값이 사용되는 경향이 있고, 몇몇 명령어는 특정한 수치를 선호한다. 그래서 많은 RV32C 명령어들은 자주 쓰이는 레지스터만을 사용할 수 있고, 몇몇 명령어들은 암묵적으로 근원지 피연산자를 덮어쓰고, 피연산자 크기의 배수인 부호 없는 오프셋만을 사용하는 적재 및 저장과 함께 거의 모든 수치의 크기는 줄어든다.

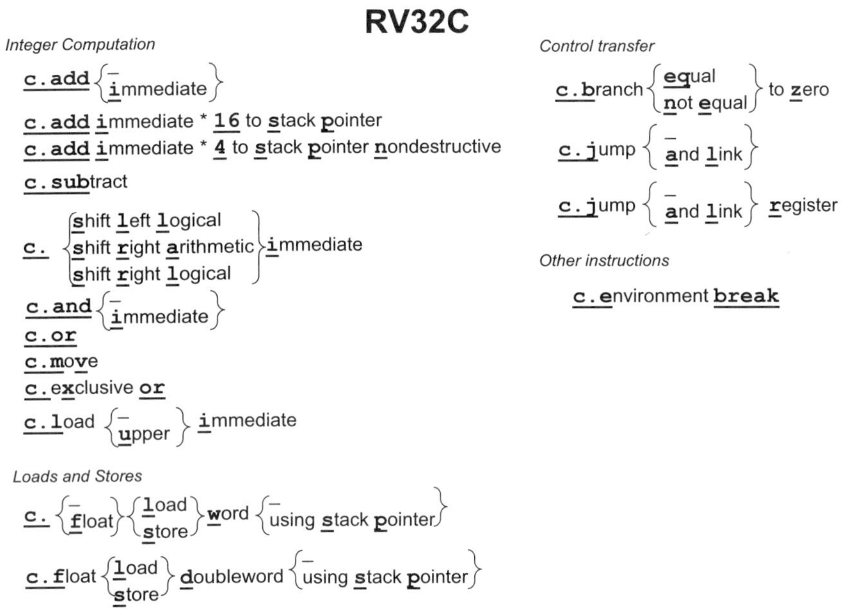

그림 7.1: RV32C 명령어 다이어그램. 쉬프트 명령어의 수치 필드와 `c.addi4spn`**는 다른 명령어들을 위해 0으로 확장되고 부호 확장되었다.**

그림 7.3와 7.4는 삽입 정렬과 DAXPY를 위한 RV32C 코드를 나열하고 있다. 우리는 명시적으로 압축의 영향을 증명하기 위해 RV32C 명령어를 보이고 있으나, 정상적으로는 이런 명령어들은 어셈블리어 프로그램에서는 보이지 않는다. 주석은 RV32C 명령어와 동일한 32비트 명령어를 부수적으로 보이고 있다. 부록 A는 각각의 16비트 RV32C 명령어와 대응하는 32비트 RISC-V 명령어를 포함하고 있다.

예를 들어 그림 7.3에 있는 삽입 정렬에서 어셈블러는 4번지에서 다음의 32비트 RV32I 명령어

```
addi a4,x0,1  # i = 1
```

를 16비트 RV32C 명령어 `c.li a4,1     # (expands to addi a4,x0,1) i = 1` 로 대체한다.

RV32C 수치 적재 명령어는 레지스터 하나와 작은 수치 값만을 명시해야 하므로 더 작다. `c.li` 머신 코드는 그림 7.3에서 16진수 4개로 실제 2바이트 길이이다.

다른 예제는 그림 7.3의 10번지에서, 어셈블러는

```
add a2,x0,a3  # a2 is pointer to a[j]
```

를 16비트 RV32C 명령어

```
c.mv a2,a3    # (expands to add a2,x0,a3) a2 is pointer to a[j]
```

로 대체하였다.

RV32C move 명령어는 두 개의 레지스터만을 명시하므로 16비트 길이이다.

Benchmark	ISA	ARM Thumb-2	microMIPS	x86-32	RV32I+RVC
Insertion Sort	Instructions	18	24	20	19
	Bytes	46	56	45	52
DAXPY	Instructions	10	12	16	11
	Bytes	28	32	50	28

그림 7.2: 압축 ISA에서 삽입 정렬과 DAXPY의 명령어들과 코드 크기.

Cost

프로세서 설계자는 RV32C 명령어를 무시할 수 없지만, 트릭으로 값싸게 구현할 수 있다. 해석기(decoder)를 이용하여 모든 16비트 명령어를 실행하기 전에 동일한 32비트 버전으로 번역하는 방법을 사용한다. 그림 7.6에서 7.8은 해석기가 변환해야 하는 RV32C 명령어 포맷과 옵코드를 나열하고 있다. RISC-V 확장이 없는 가장 작은 32비트 프로세서가 8,000게이트 일때 단지 400게이트에 해당한다. 그런 작은 설계에서 5% 정도에 해당한다면, 캐쉬를 갖고 있는 100,000게이트 단위의 보통의 프로세서 내에서 해석기가 차지하는 비중은 아주 작은 정도이다.

무엇이 다른가? RV32C에는 바이트 또는 하프워드 명령어는 없다. 그 이유는 다른 명령어들이 코드 크기에 더 큰 영향을 미치기 때문이다. 10페이지에 있는 그림 1.5에서 RV32C 대비 Thumb-2의 크기가 작은 이유는 프로시저의 진입과 종료에서 다중적재와 다중저장을 사용해 코드 크기를 절약하기 때문이다. RV32C는 RV32G 명령어들과의 1 대 1 매핑을 유지하기 위해 그런 명령어들을 배제하였고, 하이엔드 프로세서에서는 구현의 복잡도를 줄이기 위해 그런 명령어들을 배제한다. Thumb-2는 ARM-32와 별도의 ISA이고 프로세서는 두 ISA를 스위치해서 사용할 수 있으므로 하드웨어는 ARM-32 및 Thumb-2 각각을 위한 두 개의 명령어 해석기를 가지고 있어야만 한다. RV32GC는 단일 ISA이어서 RISC-V 프로세서는 단지 하나의 해석기만 필요하다.

■ **고난도:** ***왜 아키텍트는 RV32C를 건너뛰려 했을까?***

명령어 해석은 클럭 사이클 당 몇 개의 명령어를 읽으려고 시도하는 수퍼스칼라 프로세서에게는 병목현상이 될 수 있다. 다른 예제로 *매크로퓨전(macrofusion)*은 명령어 해석기가 실행을 위한 더욱 강력한 명령어를 만들기 위해 RISC-V 명령어들과 함께 결합한다(1장 참조). 16비트 RV32C와 32비트 RV32I 명령어들이 혼합되면 복잡한 해석을 해야하므로 고성능으로 구현할 때 한 클럭 사이클 내에서 완료하기 더욱 어렵게 된다.

7.2 RV32GC, Thumb-2, microMIPS, x86-32 비교

그림 7.2는 4개의 ISA에 대한 삽입 정렬과 DAXPY의 크기를 요약하고 있다.

삽입 정렬에서 19개의 원래 RV32I 명령어들 중 12개는 RV32C가 되어 코드는 $19 \times 4 =$ 76 바이트에서 $12 \times 2 + 7 \times 4 = 52$ 바이트로 줄어 $24/76 = 32\%$를 절약한다. DAXPY는 $11 \times 4 = 44$ 바이트에서 $8 \times 2 + 3 \times 4 = 28$ 바이트가 되어 $16/44 = 36\%$가 절약된다.

이 두 가지 작은 사례로 알 수 있는 결과는 1장에 있는 10페이지의 그림 1.5와 놀라울 정도로 일치하여, 훨씬 더 큰 규모의 프로그램에 대하여 RV32G 코드는 RV32GC 코드보다 대략 37% 더 크다는 것을 보여준다. 이 정도로 줄이기 위해서는 프로그램에 있는 반 이상의 명령어들이 RV32C 명령어가 되어야 한다.

■ **고난도: *RV32C*는 정말로 독특한가?**

RV32I 명령어들은 RV32IC와 구분할 수 없다. Thumb-2는 16비트 명령어와 모두는 아니지만 대부분의 ARMv7 명령어를 가지는 별도의 ISA이다. 예를 들어 *Compare and Branch on Zero*는 ARMv7이 아니라 Thumb-2에 포함되고, *Reverse Subtract with Carry*는 Thumb-2가 아니라 ARMv7에 속해 있다. microMIPS32는 MIPS32의 수퍼셋이 아니다. 예를 들어 microMIPS는 분기 변위(displacement)에 2를 곱하지만 MIPS32는 4를 곱한다. RISC-V는 *항상* 2를 곱한다.

7.3 결론

I would have written a shorter letter, but I did not have the time.

—Blaise Pascal, 1656. 그는 최초의 기계식 계산기 중 하나를 만든 수학자로 튜링상 수상자인 Niklaus Wirth가 자신의 이름을 따서 프로그래밍 언어의 이름을 짓게 했다.

RV32C는 오늘날 가장 작은 코드 크기 중 하나를 RISC-V에 제공한다. 여러분들은 하드웨어적으로 지원되는 의사명령어들로 생각할 수 있다. 그러나 어셈블러는 유명한 연산들로 실제 명령어 집합을 확장하는 대신 RISC-V 코드를 사용하고 읽기 쉽게 만들기 위해 3장에서와 같이 어셈블리어 프로그래머와 컴파일러 개발자에게 RV32C를 숨기고 있다. 두 접근 방법들은 프로그래머 생산성에 도움이 된다.

Code Size

우리는 RV32C를 RISC-V의 가성비 향상을 위한 단순하고 강력한 메커니즘의 가장 훌륭한 예로 생각한다.

Elegance

7.4 추가 학습

A. Waterman and K. Asanović, editors. *The RISC-V Instruction Set Manual, Volume I: User-Level ISA, Version 2.2*. May 2017. URL `https://riscv.org/specifications/`.

```
# RV32C (19 instructions, 52 bytes)
# a1 is n, a3 points to a[0], a4 is i, a5 is j, a6 is x
  0: 00450693 addi   a3,a0,4   # a3 is pointer to a[i]
  4: 4705     c.li   a4,1      # (expands to addi a4,x0,1) i = 1
Outer Loop:
  6: 00b76363 bltu   a4,a1,c   # if i < n, jump to Continue Outer loop
  a: 8082     c.ret            # (expands to jalr x0,ra,0) return from function
Continue Outer Loop:
  c: 0006a803 lw     a6,0(a3)  # x = a[i]
 10: 8636     c.mv   a2,a3     # (expands to add a2,x0,a3) a2 is pointer to a[j]
 12: 87ba     c.mv   a5,a4     # (expands to add a5,x0,a4) j = i
InnerLoop:
 14: ffc62883 lw     a7,-4(a2) # a7 = a[j-1]
 18: 01185763 ble    a7,a6,26  # if a[j-1] <= a[i], jump to Exit InnerLoop
 1c: 01162023 sw     a7,0(a2)  # a[j] = a[j-1]
 20: 17fd     c.addi a5,-1     # (expands to addi a5,a5,-1) j--
 22: 1671     c.addi a2,-4     # (expands to addi a2,a2,-4)decr a2 to point to a[j]
 24: fbe5     c.bnez a5,14     # (expands to bne a5,x0,14)if j!=0,jump to InnerLoop
Exit InnerLoop:
 26: 078a     c.slli a5,0x2    # (expands to slli a5,a5,0x2) multiply a5 by 4
 28: 97aa     c.add  a5,a0     # (expands to add a5,a5,a0)a5 = byte address of a[j]
 2a: 0107a023 sw     a6,0(a5)  # a[j] = x
 2e: 0705     c.addi a4,1      # (expands to addi a4,a4,1) i++
 30: 0691     c.addi a3,4      # (expands to addi a3,a3,4) incr a3 to point to a[i]
 32: bfd1     c.j    6         # (expands to jal x0,6) jump to Outer Loop
```

그림 7.3: 삽입 정렬을 위한 RV32C 코드. 12개의 16비트 명령어는 코드 크기를 32% 작게 만든다. 각 명령어의 폭은 두 번째 열에 있는 16진수 문자의 개수로 증명한다. RV32C 명령어들(`c.`로 시작하는)은 본 예제에서 명시적으로 보이지만 정상적인 어셈블리어 프로그래머와 컴파일러는 볼 수 없다.

```
# RV32DC (11 instructions, 28 bytes)
# a0 is n, a1 is pointer to x[0], a2 is pointer to y[0], fa0 is a
  0: cd09      c.beqz a0,1a        # (expands to beq a0,x0,1a) if n==0, jump to Exit
  2: 050e      c.slli a0,a0,0x3    # (expands to slli a0,a0,0x3) a0 = n*8
  4: 9532      c.add a0,a2         # (expands to add a0,a0,a2) a0 = address of x[n]
Loop:
  6: 2218      c.fld fa4,0(a2)     # (expands to fld fa4,0(a2) ) fa5 = x[]
  8: 219c      c.fld fa5,0(a1)     # (expands to fld fa5,0(a1) ) fa4 = y[]
  a: 0621      c.addi a2,8         # (expands to addi a2,a2,8) a2++ (incr. ptr to y)
  c: 05a1      c.addi a1,8         # (expands to addi a1,a1,8) a1++ (incr. ptr to x)
  e: 72a7f7c3 fmadd.d fa5,fa5,fa0,fa4 # fa5 = a*x[i] + y[i]
 12: fef63c27 fsd fa5,-8(a2)       # y[i] = a*x[i] + y[i]
 16: fea618e3 bne a2,a0,6          # if i != n, jump to Loop
Exit:
 1a: 8082      ret                 # (expands to jalr x0,ra,0) return from function
```

그림 7.4: DAXPY를 위한 RV32DC 코드. 8개의 16비트 명령어는 36%의 코드를 줄인다. 각 명령어의 폭은 두 번째 컬럼에 있는 16진수 문자의 개수로 증명한다. RV32C 명령어들(`c.`로 시작하는)은 본 예제에서 명시적으로 보이지만, 정상적으로 어셈블리어 프로그래머와 컴파일러에게는 보이지 않는다.

<table>
<tr><th>15 14 13</th><th>12</th><th>11 10</th><th>9 8 7</th><th>6 5</th><th>4 3 2</th><th>1 0</th><th></th></tr>
<tr><td>000</td><td>nzimm[5]</td><td colspan="2">0</td><td colspan="2">nzimm[4:0]</td><td>01</td><td>CI c.nop</td></tr>
<tr><td>000</td><td>nzimm[5]</td><td colspan="2">rs1/rd≠0</td><td colspan="2">nzimm[4:0]</td><td>01</td><td>CI c.addi</td></tr>
<tr><td>001</td><td colspan="5">imm[11|4|9:8|10|6|7|3:1|5]</td><td>01</td><td>CJ c.jal</td></tr>
<tr><td>010</td><td>imm[5]</td><td colspan="2">rd≠0</td><td colspan="2">imm[4:0]</td><td>01</td><td>CI c.li</td></tr>
<tr><td>011</td><td>nzimm[9]</td><td colspan="2">2</td><td colspan="2">nzimm[4|6|8:7|5]</td><td>01</td><td>CI c.addi16sp</td></tr>
<tr><td>011</td><td>nzimm[17]</td><td colspan="2">rd≠{0, 2}</td><td colspan="2">nzimm[16:12]</td><td>01</td><td>CI c.lui</td></tr>
<tr><td>100</td><td>nzuimm[5]</td><td>00</td><td>rs1′/rd′</td><td colspan="2">nzuimm[4:0]</td><td>01</td><td>CI c.srli</td></tr>
<tr><td>100</td><td>nzuimm[5]</td><td>01</td><td>rs1′/rd′</td><td colspan="2">nzuimm[4:0]</td><td>01</td><td>CI c.srai</td></tr>
<tr><td>100</td><td>imm[5]</td><td>10</td><td>rs1′/rd′</td><td colspan="2">imm[4:0]</td><td>01</td><td>CI c.andi</td></tr>
<tr><td>100</td><td>0</td><td>11</td><td>rs1′/rd′</td><td>00</td><td>rs2′</td><td>01</td><td>CR c.sub</td></tr>
<tr><td>100</td><td>0</td><td>11</td><td>rs1′/rd′</td><td>01</td><td>rs2′</td><td>01</td><td>CR c.xor</td></tr>
<tr><td>100</td><td>0</td><td>11</td><td>rs1′/rd′</td><td>10</td><td>rs2′</td><td>01</td><td>CR c.or</td></tr>
<tr><td>100</td><td>0</td><td>11</td><td>rs1′/rd′</td><td>11</td><td>rs2′</td><td>01</td><td>CR c.and</td></tr>
<tr><td>101</td><td colspan="5">imm[11|4|9:8|10|6|7|3:1|5]</td><td>01</td><td>CJ c.j</td></tr>
<tr><td>110</td><td colspan="2">imm[8|4:3]</td><td>rs1′</td><td colspan="2">imm[7:6|2:1|5]</td><td>01</td><td>CB c.beqz</td></tr>
<tr><td>111</td><td colspan="2">imm[8|4:3]</td><td>rs1′</td><td colspan="2">imm[7:6|2:1|5]</td><td>01</td><td>CB c.bnez</td></tr>
</table>

그림 7.5: RV32C 옵코드 맵(bits[1 : 0] = 01)은 레이아웃, 옵코드, 포맷, 이름을 나열한다. `rd'`, `rs1'`, `rs2'`는 10개의 유명한 레지스터 `a0–a5`, `s0–s1`, `sp`, `ra`와 관련된다(Waterman and Asanović 2017]의 표 12.5 기반의 그림).

15 14 13	12 11 10	9 8 7	6 5	4 3 2	1 0	
000	0			0	00	CIW *Illegal instruction*
000	nzuimm[5:4|9:6|2|3]			rd′	00	CIW c.addi4spn
001	uimm[5:3]	rs1′	uimm[7:6]	rd′	00	CL c.fld
010	uimm[5:3]	rs1′	uimm[2|6]	rd′	00	CL c.lw
011	uimm[5:3]	rs1′	uimm[2|6]	rd′	00	CL c.flw
101	uimm[5:3]	rs1′	uimm[7:6]	rs2′	00	CL c.fsd
110	uimm[5:3]	rs1′	uimm[2|6]	rs2′	00	CL c.sw
111	uimm[5:3]	rs1′	uimm[2|6]	rs2′	00	CL c.fsw

그림 7.6: RV32C 옵코드 맵(bits[1 : 0] = 00)은 레이아웃, 옵코드, 포맷, 이름을 나열한다. `rd'`, `rs1'`, `rs2'`는 10개의 유명한 레지스터 `a0–a5`, `s0–s1`, `sp`, `ra`와 관련된다(Waterman and Asanović 2017]의 표 12.4 기반의 그림).

15 14 13	12	11 10 9 8 7	6 5 4 3 2	1 0	
000	nzuimm[5]	rs1/rd≠0	nzuimm[4:0]	10	CI c.slli
000	0	rs1/rd≠0	0	10	CI c.slli64
001	uimm[5]	rd	uimm[4:3|8:6]	10	CSS c.fldsp
010	uimm[5]	rd≠0	uimm[4:2|7:6]	10	CSS c.lwsp
011	uimm[5]	rd	uimm[4:2|7:6]	10	CSS c.flwsp
100	0	rs1≠0	0	10	CJ c.jr
100	0	rd≠0	rs2≠0	10	CR c.mv
100	1	0	0	10	CI c.ebreak
100	1	rs1≠0	0	10	CJ c.jalr
100	1	rs1/rd≠0	rs2≠0	10	CR c.add
101	uimm[5:3|8:6]		rs2	10	CSS c.fsdsp
110	uimm[5:2|7:6]		rs2	10	CSS c.swsp
111	uimm[5:2|7:6]		rs2	10	CSS c.fswsp

그림 7.7: RV32C 옵코드 맵(bits[1 : 0] = 10)은 레이아웃, 옵코드, 포맷, 이름을 나열한다 (Waterman and Asanović 2017]의 표 12.6 기반의 그림).

Format	Meaning	15 14 13	12	11 10	9 8 7	6 5	4 3 2	1 0
CR	Register	funct4		rd/rs1		rs2		op
CI	Immediate	funct3	imm	rd/rs1		imm		op
CSS	Stack-relative Store	funct3	imm			rs2		op
CIW	Wide Immediate	funct3	imm				rd′	op
CL	Load	funct3	imm		rs1′	imm	rd′	op
CS	Store	funct3	imm		rs1′	imm	rs2′	op
CB	Branch	funct3	offset		rs1′	offset		op
CJ	Jump	funct3	jump target					op

그림 7.8: 압축 16 비트 RVC 명령어 포맷. `rd'`, `rs1'`, `rs2'`는 10개의 유명한 레지스터 `a0–a5`, `s0–s1`, `sp`, `ra`와 관련된다(Waterman and Asanović 2017]의 표 12.1 기반의 그림).

8 RV32V: 벡터

Seymour Cray (1925-1996)는 1976년에 벡터 구조를 사용하여 처음으로 상업적으로 성공한 수퍼컴퓨터인 Cray-1의 아키텍트였다. Cray-1은 벡터 명령어들을 사용하지 않고서도 세계에서 가장 빠른 컴퓨터였던 보석이었다.

Performance

Isolation of Arch from Impl

Programmability

I'm all for simplicity. If it's very complicated I can't understand it.

—Seymour Cray

8.1 소개

이 장에서는 애플리케이션이 동시에 계산할 수 있을 정도로 많은 데이터에 대한 *데이터 단계 병렬성(data-level parallelism)*에 초점을 맞추고 있다. 배열이 대표적인 예제이다. 과학 응용 프로그램에서 기본 바탕이 되고 멀티미디어 프로그램에서도 사용한다. 과학 응용 프로그램은 단일과 이중 정밀도 부동 소수점 데이터를 사용하고 멀티미디어 프로그램은 8비트와 16비트 정수 데이터를 종종 사용한다.

데이터 단계 병렬성에서 가장 잘 알려진 구조는 *SIMD(Single Instruction Multiple Data)*이다. SIMD는 64비트 레지스터를 여러 8, 16, 32비트 조각으로 파티션하여 병렬적으로 계산하는 것으로 많이 알려지게 되었다. 옵코드에는 데이터 폭과 연산을 제공한다. 데이터 전송은 단순히 단일(폭) SIMD 레지스터의 적재와 저장이다.

기존 64비트 레지스터를 파티션하는 첫 번째 단계는 직설적이기 때문에 알기 쉽다. SIMD를 빠르게 만들기 위해 아키텍트는 후속 작업으로 더 많은 파티션을 동시에 계산하기 위해 레지스터의 폭을 넓혔다. SIMD ISA는 설계 상으로 증분 방식에 속하고, 옵코드는 데이터 폭을 명시하고 있므로 SIMD 레지스터를 확장한다는 것은 SIMD 명령어 집합을 확장한다는 것을 의미한다. SIMD 레지스터의 폭과 SIMD 명령어 개수를 두 배로 하기 위한 각 후속 단계로 가면 ISA는 점점 더 복잡해지는 길로 들어서게 되고, 이는 프로세서 설계자, 컴파일러 작성자, 그리고 어셈블리어 프로그래머가 부담하게 된다.

우리의 의견으로는 데이터 단계 병렬성을 이용하기 위한 더 오래되고 더욱 우아한 대안은 *벡터* 구조이다. 본 장에서는 RISC-V에 SIMD 대신 벡터를 사용하기 위한 근거를 제시한다.

벡터 컴퓨터는 메인 메모리에서 객체를 모아서 길고 연속적인 벡터 레지스터에 집어넣는다. 파이프라인으로 된 실행 유닛은 이런 벡터 레지스터에서 매우 효율적으로 계산한다.

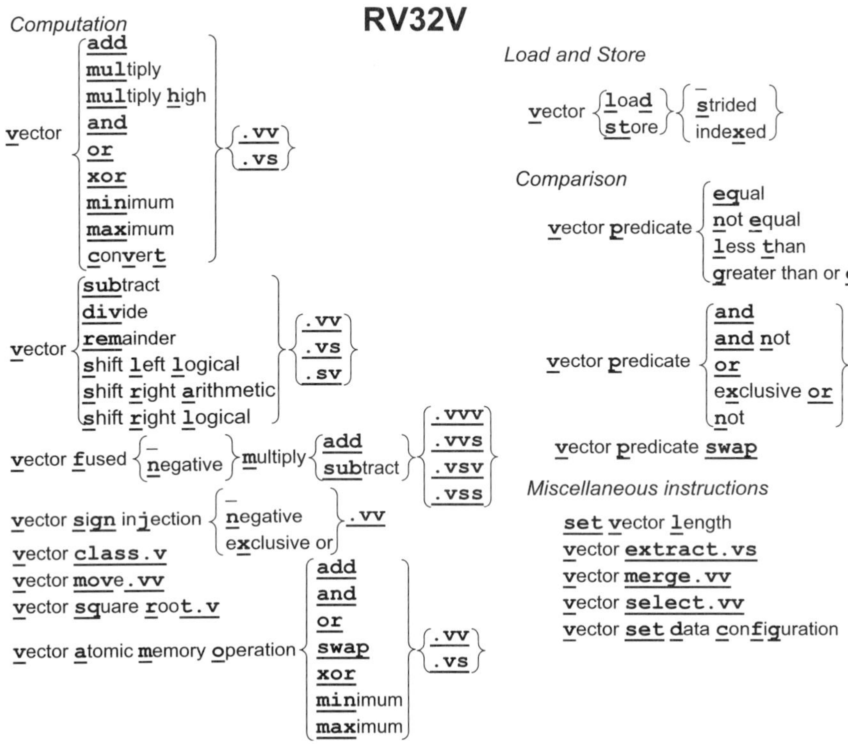

그림 8.1: RV32V 명령어 다이어그램. 동적 타입이므로 이 명령어 다이어그램은 9장에 있는 RV64V에 대해서도 변화 없이 동작한다.

그런 후에 벡터 구조는 계산 결과를 벡터 레지스터에서 메인 메모리로 다시 분산시킨다. 벡터 레지스터의 크기는 SIMD처럼 옵코드에 있는 것이 아니라 벡터 구조의 구현에 의해서 결정된다. 이로부터 알 수 있듯이, *명령어 인코딩에서 벡터 길이와 클럭 사이클 당 최대 연산을 분리하는 것이 벡터 구조의 핵심이다.* 벡터 마이크로아키텍트는 프로그래머에 영향을 미치지 않고 데이터 병렬 하드웨어를 유동적으로 설계할 수 있고, 프로그래머는 코드를 재작성하지 않고 더 긴 벡터의 장점을 이용할 수 있다. 추가로 벡터 구조는 SIMD 구조보다 더 작은 많은 명령어를 가지고 있다. 더욱이 벡터 구조는 SIMD와는 달리 잘 완성된 컴파일러 기술을 가지고 있다.

벡터 구조는 SIMD 구조보다 드물어서 벡터 ISA에 대해 아는 독자는 드물다. 따라서 본 장은 이전 장들보다 더욱 튜토리얼 같아 보일 것이다. 만약 여러분이 벡터 구조에 대해서 더 깊이 알고 싶다면 [Hennessy and Patterson 2011]의 4장과 부록 G를 읽어보라. 그리고 RV32V는 ISA를 단순화하는 기발한 특성을 가지고 있어서 여러분들이 이미 벡터 구조에 대해 익숙하더라도 추가적으로 많은 설명이 필요하다.

인텔 멀티미디어 확장 (MMX)은 1997년에 SIMD를 유명하게 만들었다. 1999년에 Streaming SIMD Extensions(SSE)와 2010년에 Advanced Vector Extensions(AVX)를 통해 포괄적으로 확장했다. MMX 명성은 테크니컬러(technicolor)의 청결한 정장을 입은 반도체 라인의 디스코 댄싱 노동자들을 보여주는 인텔 광고 캠페인으로 많이 알려지게 되었다.

Simplicity

8.2 벡터 계산 명령어

그림 8.1은 RV32V 확장 명령어 집합의 시각적 표현이다. RV32V 인코딩은 마무리되지 않아서 본 편에서는 명령어 레이아웃 다이어그램을 포함하지는 않는다.

이전 장에 있는 모든 정수와 부동 소수점 계산 명령어는 가상적으로 벡터 버전을 가지고 있다. 그림 8.1에 있는 명령어들은 RV32I, RV32M, RV32F, RV32D에 있는 연산에서 물려받았다. 각 벡터 명령어는 근원지 피연산자에 따라 몇 가지 종류를 가지고 있다. 근원지 피연산자가 모두 벡터 레지스터(`.vv` 접미사), 하나의 벡터 레지스터와 스칼라 정수 레지스터(`.vx` 접미사), 하나의 벡터 레지스터와 하나의 스칼라 정수 수치(`.vi` 접미사), 또는 하나의 벡터 레지스터와 하나의 스칼라 부동 소수점 레지스터(`.vf` 접미사)인 경우가 있다. DAXPY 프로그램(5장의 59페이지에 있는 그림 5.7) $Y = a \times X + Y$를 계산하는 예를 들어보면, X와 Y는 벡터이고 a는 스칼라이므로 `vfmacc.vf` 명령어를 사용한다. 벡터-스칼라 레지스터 연산을 위해 *rs1* 필드는 접근할 스칼라 레지스터를 명시하고, 벡터-스칼라 수치 연산을 위해서 5비트 수치를 인코드한다. 수치가 쉬프트의 양과 요소의 위치를 인코드할 때는 제로확장이 되고 그 이외의 수치는 대개 부호확장이 된다. 모든 경우에서 *rs2*는 근원지 벡터 레지스터이고 *rd*는 목적지 벡터 레지스터이다.

뺄셈과 나눗셈 같은 몇몇 비대칭 연산들은 첫 번째 피연산자는 스칼라이고 두 번째 피연산자는 벡터인 명령어 변형을 가지고 있다. 이런 명령어들은 반대(reverse) 연산을 가리키는 `vr` 접두사를 가지고 있다. 예를 들어 `vrsub.vx`는 정수 레지스터 *rs1*에 있는 스칼라에서 벡터 레지스터 *rs2*에 대응하는 요소를 뺄셈하여 벡터 레지스터 *rd*에 각 요소를 저장한다.

그림 8.1에 있는 대부분 명령어들에서 연산하는 요소의 폭에 대해 표현하지 않은 것을 독자 여러분들이 눈치챘을지도 모른다. 다음 절에서 왜인지 설명한다.

8.3 벡터 레지스터와 동적 타입

RV32V에는 `v`로 시작하는 32개 벡터 레지스터가 추가된다. 하나의 벡터 레지스터 비트 수는 머신마다 다르고 *VLEN*이라 부른다. 벡터 레지스터 폭은 벡터 명령어 당 얼마나 많은 명령어가 수행될 수 있는지 최대 값을 정하므로, 프로세서 설계자는 얼마나 많은 메모리가 벡터 레지스터에 연결될 수 있는 지와 컴퓨터에 대한 성능 목표에 기반하여 VLEN을 결정한다. 예를 들어 만약 프로세서가 벡터 레지스터를 위해 1024바이트를 할당한다면, 총 32개의 벡터 레지스터가 4개의 64비트 요소, 8개의 32비트 요소, 16개의 16비트 요소, 또는 32개의 8비트 요소를 갖기에 충분하다.

벡터 ISA에서 벡터 레지스터 폭을 유동적으로 유지하기 위해서 벡터 프로세서는 *maximum vector length* (VLMAX)를 계산한다. VLMAX는 벡터 레지스터 폭이 다른 프로세서에서도 프로그램이 적절하게 실행되게 하기 위해 사용된다. 벡터 길이 레지스터(`vl`)는 특정한 연산을 위해 하나의 벡터에 요소 개수를 정하여 배열의 차원이 VLMAX의 배수가

31	30 ... 5	4 ... 2	1 ... 0
Illegal Type (`vill`)	*Reserved*	Std. Elt. Width (`vsew`)	Length Mult. (`vlmul`)
1	26	3	2

그림 8.2: RV32V 벡터 타입 레지스터, `vtype`. 가장 오른쪽 두 비트는 vector length multiplier: LMUL = $2^{\texttt{vlmul}}$ 를 인코드한다. 다음 세 비트는 표준 요소 폭 SEW = $8 \times 2^{\texttt{vsew}}$ 비트를 인코드 한다. 가장 왼쪽 필드 `vill`은 `vtype`이 부적절한 값으로 설정 되었는지 아닌지 가리킨다. 만약 `vill`이 1이라면 벡터 명령어를 실행하려던 시도를 예외 상황으로 발생한다.

아닌 경우에 프로그램을 실행할 수 있도록 도움을 준다 다음 절에서는 VLMAX와 `vl`에 대해서 자세히 설명한다.

RV32V는 벡터 요소의 폭을 명령어 옵코드에 인코딩하지 않고 동적으로 선택하는 새로운 접근 방법을 취한다. 벡터 계산 전에 프로그램은 어떻게 벡터 레지스터가 요소로 나눠지는지 가리키는 *표준 요소 폭(Standard element width, SEW)*을 설정한다. 벡터 레지스터의 타입을 동적으로 정하는 방식은 벡터 명령어의 개수를 대폭 줄이고, 이는 RV32V 머신이 세 종류 크기의 정수를 지원하기 때문에 중요하다. 8.9절에서 보다시피 수많은 SIMD 명령어와 비교해보면, 동적 타입 벡터 구조는 어셈블리어 프로그래머의 부담과 컴파일러 코드 생성기의 어려움을 줄일 수 있다.

Programmability

프로그래머가 벡터 요소의 폭을 동적으로 선택할 수 있는 것 외에, RV32V는 벡터 레지스터의 개수를 그 길이에 맞게 설정하는 것을 지원한다. *Vector length multiplier*(LMUL)은 1, 2, 4, 또는 8로 설정될 수 있다. LMUL이 증가할수록 벡터 레지스터가 많이 필요하지 않은 계산에서 제한된 벡터 레지스터 저장소를 더욱 효율적으로 사용할 수 있게 된다. LMUL이 1일 때 모든 32개의 벡터 레지스터는 사용가능하고 각각은 VLEN 비트 길이이다. LMUL이 8일때는 모든 8번째 벡터 레지스터(`v0`, `v8`, `v16`, `v24`)만 사용가능하고 각각은 이제 8×VLEN 비트 길이가 된다. 더 긴 벡터는 상당한 성능 향상이 될 수 있고, 특히 높은 메모리 지연시간을 가지는 시스템에서 성능 향상이 있다.

`vtype` 레지스터는 SEW와 LMUL 설정을 가지고 있다. 그림 8.2는 `vtype`의 레이아웃을 보이고 있다. 벡터 길이 `vl`을 설정하는 `vsetvl`과 `vsetvli` 명령어는 `vtype`도 설정한다.

8.4 벡터 적재와 저장

벡터 적재와 저장을 하는 가장 쉬운 경우는 메모리에 순서대로 저장되어 있는 1차원 배열을 다루는 것이다. 벡터 적재 명령어 `vle.v`는 정수 레지스터 *rs1*에 있는 주소에서 시작하는 연속적인 주소에서부터 메모리에 있는 데이터를 벡터 레지스터에 채운다. 표준 요소 폭 SEW는 데이터 요소의 크기를 결정하고 벡터 길이 레지스터 `vl`은 적재를 위한 요소의 개수를 설정한다. 벡터 저장 `vse.v`는 `vle.v`의 반대 연산이다.

예를 들어 만약 `a0`에 1024를 가지고 있고 SEW는 32비트로 설정되어 있다면, `vle.v`

`v8, (a0)`은 주소 1024, 1028, 1032, ..., 1024 + 4×(`vl`-1)에서 32비트 요소를 `v8`에 적재할 것이다.

다차원 배열에 대하여 몇몇 접근은 순차적이지 않을 것이다. 만약 행 중심으로 저장되어 있는 2차원 배열에서 순차적으로 열에 접근하기 위해서는 행의 크기만큼 떨어져있는 데이터 요소에 접근해야 한다. 벡터 구조는 이런 접근을 *스트라이드(strided)* 데이터 전송 `vlse.v`와 `vsse.v`로 지원한다. `vlse.v`와 `vsse.v`에 요소 크기를 스트라이드로 설정하여 `vle.v`와 `vse.v`와 같은 효과를 얻을 수 있지만, `vle.v`와 `vse.v`에서는 모든 접근이 순차적인 것을 보장하므로 높은 메모리 대역폭으로 전달하기 쉽다. 다른 이유는 `vle.v`와 `vse.v`를 제공하여 단위 스트라이드인 일반적인 경우에 대하여 코드 크기와 명령어 개수를 줄이는 것이다. `vlse.v`와 `vsse.v`는 시작 주소를 전달하는 *rs1*과 바이트로 된 스트라이드를 명시하는 *rs2*로 된 두 개의 근원지 레지스터를 명시한다.

abc Programmability

예를 들어 `a0`에 시작 주소 1024가 있고 `a1`에 한 행의 크기인 64바이트가 있다고 가정한다. `vlse.v v8, (a0), a1`은 주소 1024, 1088, 1152, ..., 1024 + 64×(`vl`-1) 순서로 메모리에 보낸다. 메모리에서 반환되는 데이터는 목적지 벡터 레지스터의 요소에 순차적으로 씌여진다.

abc Programmability

지금까지 프로그램은 밀집(dense) 배열로 작업을 한다고 가정해왔다. 희박(sparse) 배열을 지원하기 위해 벡터 구조는 *인덱스* 데이터 전송 `vlxe.v`와 `vsxe.v`를 제공한다. 이 명령어들에서 하나의 근원지 레지스터는 벡터 레지스터를 가리키고 다른 근원지 레지스터는 스칼라 레지스터를 가리킨다. 스칼라 레지스터 *rs1*은 희박 배열의 시작 주소를 가지고 있고, 벡터 레지스터 *rs2*의 각 요소에는 희박 배열에서 0이 아닌 요소의 바이트로 된 인덱스를 포함하고 있다.

인덱스 적재는 또한 *gather*라고 불리고, 인덱스 저장은 종종 *scatter*라고 불린다.

`a0`에 시작 주소 1024가 있고 벡터 레지스터 `v1`은 처음 4개의 요소에 바이트로 된 인덱스 16, 48, 80, 160을 가지고 있다고 가정하자. `vlxe.v v0, a0, v1`은 1040(1024 + 16), 1072(1024 + 48), 1104(1024 + 80), 1184(1024 + 160) 순서의 주소를 메모리에 보낼 것이다. 메모리에서 읽은 데이터는 목적지 벡터 레지스터의 요소에 순차적으로 적재된다.

우리는 희박 배열을 인덱스 적재와 저장이 필요한 이유로 들었지만, 인덱스 표를 통해 간접적으로 데이터에 접근하는 다른 알고리즘은 많이 있다.

지금까지 우리는 *요소 크기로 된* 적재와 저장만을 보았다. `vle.v`에서 "e"가 의미하는 것이 요소 크기(element-sized)이다. 이 명령어는 각 요소에 접근하기 위해 필요한 메모리의 양을 결정하는 SEW(standard element width)를 사용한다. RV32V는 *고정 크기* 적재와 저장도 가지고 있어, 각 요소에 접근하기 위해 필요한 메모리의 양을 옵코드에 명시한다. 예를 들어 `vlb.v`는 메모리로부터 연속된 `vl` 바이트를 읽어서, 목적지 벡터 레지스터에 쓰기 전에 SEW로 각 바이트를 부호확장한다. `vlbu.v`는 부호확장 대신에 제로확장을 한다. `vsb.v`는 근원지 벡터 레지스터에 있는 각 요소의 최하위 바이트를 메모리에 연속적으로 저장한다. 고정 크기 적재와 저장에 대하여 요소 크기는 SEW 크기를 넘어설 수 없고 그렇지 않으면 부적절한 명령어 예외 상황이 발생한다.

8.5 벡터 실행 중 병렬성

단순한 벡터 프로세서는 한 번에 하나의 벡터 요소를 실행하는 반면에, 요소 연산은 정의에 대하여 독립적이어서 프로세서는 이론상으로 동시에 모든 연산을 계산할 수 있다. RV32G의 가장 넓은 데이터는 64비트이고 오늘날 벡터 프로세서는 일반적으로 클럭 사이클 당 2, 4, 또는 8개의 64비트 요소를 실행한다. 하드웨어는 벡터 길이가 클럭 사이클 당 실행 된 요소 수의 배수가 아닐 때 가장자리(fringe) 경우를 처리한다.

SIMD와 같이 요소 폭이 작아지면 작은 데이터 연산의 수는 증가한다. 따라서 클럭 사이클 당 4개의 64비트 연산을 계산하는 벡터 프로세서는 정상적으로 클럭 사이클 당 8개의 32비트, 16개의 16비트, 32개의 8비트 연산을 개시할 수 있다.

Performance

SIMD에서는 ISA 아키텍트가 클럭 사이클 당 데이터 병렬 연산의 최대 개수*와* 레지스터 당 요소의 개수를 결정한다. SIMD 레지스터 폭이 두 배로 증가할 때마다 SIMD 명령어 수는 두 배로 증가하고 SIMD 컴파일러를 변경해야 하는 반면에, RV32V 프로세서 디자이너는 ISA 또는 컴파일러를 변경할 필요 없이 앞의 두 항목을 고를 수 있다. 이런 숨겨진 유연성으로 인해 가장 단순한 벡터 프로세서에서부터 가장 공격적인 벡터 프로세서까지 동일한 RV32V 프로그램으로 변경없이 효율적으로 실행될 수 있다.

Programmability

Performance

8.6 벡터 연산의 조건부 실행

몇몇 벡터 계산은 `if` 문장을 포함한다. 벡터 구조는 조건부 분기에 의존하지 않고 벡터 연산의 몇몇 요소에 대해 연산을 억제하는 마스크를 가지고 있다. 그림 8.1에 있는 마스크 명령어는 두 벡터 또는 한 벡터와 스칼라 사이의 조건 테스트를 수행하고, 만약 그 조건을 만족하면 1, 그렇지 않으면 0을 벡터 마스크의 각 요소에 쓴다. 이후의 벡터 명령어는 마스크를 사용할 수 있고, 비트 *i*가 1이면 요소 *i*는 벡터 연산으로 변경될 수 있다는 것을 의미하고 0이면 요소 *i*가 변경되지 않는다는 것을 의미한다.

더 많은 마스크 레지스터를 가지고 있으면 프로그래밍은 단순화되지만 그것들 중 하나만 가지고 있다면 32비트에 벡터 명령어를 인코드할 수 있어서 명령어 인코딩이 간결해진다.

RV32V에서 명령어는 마스크되지 않을(즉, 무조건적으로 실행되는)수도 있고 첫 번째 벡터 레지스터(v0)로 마스크 될 수 있다. 명령어가 마스크될 때, `v0`에 있는 각 요소의 최하위 비트(lsb)는 그 요소 연산이 액티브인지 아닌지 가리킨다. 명령어 `vmand`, `vmnand`, `vmandnot`, `vmxor`, `vmor`, `vmnor`, `vmornot`, `vmxnor`는 중첩된 조건문을 효율적으로 처리하도록 벡터 레지스터의 최하위 비트에 논리 명령어를 수행한다.

만약 대부분 연산이 벡터 명령어에 의해 수행된다면 프로그램은 벡터화 가능하다라고 한다. 수집(gather), 분산(scatter), 및 마스크(mask) 명령어는 벡터화 가능한 프로그램의 수를 증가시킨다.

에를 들어, 벡터 레지스터 `v3`의 모든 짝수 요소가 음의 정수이고 모든 홀수 요소가 양의 정수라고 가정하자.

```
vslt.vx  v0,v3,x0       # set elts of v0 to 1 when elts of v3 < 0
vadd.vv  v4,v1,v2,v0.t  # change elts of v4 to v1+v2 under v0 mask
```

이 코드의 결과는 `v0`의 모든 짝수 요소에 1을 설정하고, 모든 홀수 요소에 0을 설정한다. 그리고 `v1`과 `v2`에서 대응하는 요소의 합으로 `v4`의 모든 짝수 요소를 대체한다. `v4`의 홀수 요소는 변화가 없다. v0.t 문법은 vadd.vv 명령어가 v0으로 마스크되는 것을 가리킨다.

8.7 다양한 벡터 명령어

이전에 언급한 바와 같이, vsetvl과 vsetvli 명령어는 SEW와 LMUL을 포함하고 있는 벡터 길이 vl과 vtype을 둘 다 설정한다. vsetvl에서 새로운 vtype은 정수 레지스터 *rs2*로 전달되고, vsetvli에서는 12비트 수치로 전달된다. 새로운 vtype 설정은 새로운 VLMAX를 결정한다. vsetvl과 vsetvli 명령어는 둘 다 정수 레지스터 *rs1*으로 요구되는 벡터 길이를 전달받는다. *rs1*과 VLMAX로 새로운 벡터 길이 vl을 결정하게 된다. 머신은 새로운 vl을 선택하는데 약간의 유연성을 가지고 있지만 *rs1* 또는 VLMAX보다 더 크지 않은 값을 선택할 것이다. 대부분 구현할 때는 단순하게 *rs1*과 VLMAX보다 더 작게 vl을 설정한다. 새로운 vl을 정수 레지스터 *rd*에도 쓴다.

vsetvl 방식은 소프트웨어가 컴파일 시간에 VLMAX를 알지 못하고 배열의 크기가 VLMAX에 나눠지는지에 관계없이 VLMAX 크기의 청크로 된 배열을 처리하도록 한다. 모든 반복 단계에서 만약 처리해야하는 n개 요소가 남아있다면 소프트웨어는 n개 요소 벡터를 요청하는 vsetvl 명령어를 실행한다. 머신은 n개 요소 벡터 또는 n보다 작은 다른 vl을 제공할 것이다. 그러고 나서 소프트웨어는 반복문을 구성하는 벡터 명령어를 실행한다. 마지막으로 소프트웨어는 n에서 vl을 빼고 n이 0이 될 때까지 반복문을 실행한다. 이 시점에서 전체 배열은 처리된다. 배열을 머신 크기의 조각으로 나누고 그것들을 반복하는 이런 방식을 *strip-mining*이라고 한다. 다음 절에서 이 중요한 기법에 대한 예제를 설명할 것이다.

또한 RV32V는 벡터 레지스터내에서 요소를 다루는 세 개의 명령어를 가지고 있다.

Vector register gather(vrgather)는 두 번째 근원지 인덱스 벡터에 명시된 요소 위치에 있는 근원지 데이터 벡터 요소를 수집해 새로운 결과 벡터를 생성한다.

```
# vindices holds values from 0..VLMAX-1 that select elements from vsrc
vrgather.vv vdest, vsrc, vindices
```

따라서 만약 v2의 첫 네 개 요소가 8, 0, 4, 2를 가지고 있다면, vrgather.vv v0,v1,v2는 v0의 0번째 요소는 v1의 8번째 요소로 대체하고, v0의 1번째 요소는 v1의 0번째 요소로 대체대고, v0의 2번째 요소는 v1의 4번째 요소로 대체되고, v0의 3번째 요소는 v1의 2번째 요소로 대체된다. 만약 인덱스가 VLMAX-1을 능가한다면, 대응하는 목적지 요소는 0이 된다.

Vector merge(vmerge)는 vrgather와 닮았지만, 마스크 레지스터(v0)를 통해 어떤 근원지 레지스터를 사용할 것인지 선택한다. vrgather 명령어는 마스크 레지스터에 따라 두 개의 근원지 레지스터중 하나로부터 요소를 모아서 새로운 결과 벡터를 생성한다. 만약 마스크 비트가 0이라면 vs2에 있는 요소가 새로운 요소가 되고 1이라면 vs1에 있는 요소가 새로운 요소가 된다.

```
# a0 is n, a1 is pointer to x[0], a2 is pointer to y[0], fa0 is a
loop:
  0:  vsetvli    t0, a0, e64,m8  # vl = t0 = min(VLMAX, n); SEW=64b; LMUL=8
  4:  vle.v      v0, (a1)        # load vector x
  8:  slli       t1, t0, 3       # t1 = vl * 8 (in bytes)
  c:  vle.v      v8, (a2)        # load vector y
 10:  add        a1, a1, t1      # increment pointer to x by vl*8
 14:  vfmacc.vf  v8, fa0, v0     # v8 += fa0 * v0  (y = a * x + y)
 18:  sub        a0, a0, t0      # n -= vl
 1c:  vse.v      v8, (a2)        # store vector y
 20:  add        a2, a2, t1      # increment pointer to y by vl*8
 24:  bnez       a0, loop        # repeat if n != 0
 28:  ret                        # return
```

그림 8.3: 그림 5.7에 있는 DAXPY를 위한 RV32V 코드. 기계어는 RV32V 옵코드가 완성되지 않았기 때문에 빠져있다.

```
# v0 element i determines whether new element i for vdest
# comes from vs2 (if v0[i][0] == 0) or vs1 (if v0[i][0] == 1)
vmerge.vv vdest, vs2, vs1, v0.t
```

따라서 만약 `v0`의 처음 네 개의 요소가 1, 0, 0, 1을 가지고 있고, `v2`의 처음 네 개의 요소가 1, 2, 3, 4을 가지고 있고, `v3`의 처음 네 개 요소가 10, 20, 30, 40을 가지고 있다면, `vmerge,vp0 v3,v2,v1`의 결과로 `v3`의 처음 네 개의 요소는 10, 2, 3, 40이 될 것이다.

Vector slide-down(`vslidedown`) 명령어는 한 벡터의 중간부터 시작하는 요소를 두 번째 벡터 레지스터의 시작에 배치한다.

```
# start is scalar reg holding element starting number of vsrc
vslidedown.vx vdest, vsrc, start
```

예를 들어 만약 벡터 길이 `vl`이 64이고 `a0`가 16이라면 `vslidedown.vx v0,v1,a0`는 `v1`의 마지막 48개 요소를 `v0`의 시작부터 48개 요소에 복사할 것이다.

`vslidedown` 명령어는 이진 연관 연산자(binary associative operator)를 위해 반복적 반감법(recursive-halving approach)에 따라 축소시키는 데에 도움을 준다. 예를 들어 벡터 레지스터의 모든 요소의 곱을 계산하기 위해 벡터의 마지막 반을 다른 벡터 레지스터의 처음 반으로 복사하여 벡터 길이를 반으로 줄이는 벡터 추출을 사용한다. 다음에 두 벡터 레지스터를 함께 곱하고 벡터 길이가 1이 될 때까지 반복적 반감법을 반복한다. 0번째 요소에 있는 결과가 벡터 레지스터의 모든 요소의 곱이 될 것이다.

Performance

8.8 벡터 예제: RV32V의 DAXPY

그림 8.3은 RV32V 어셈블리어로 된 DAXPY(5장에 있는 59페이지의 그림 5.7)를 보이고 있으며, 한 번에 한 단계씩 설명한다. RV32V DAXPY 코드에 대한 프롤로그는 없고 메

인 순환문부터 곧바로 설명한다. 첫 번째 단계는 `vl`과 `vtype`을 설정하는 것이고 `vtype`에 대해 먼저 설명하겠다. `vtype`은 표준 요소 폭(SEW)과 최대 벡터 길이 곱셈기(LMUL)로 구성되어 있다. DAXPY는 이중 정밀도 부동 소수점 숫자에서 동작하므로 SEW를 64비트로 설정을 한다. DAXPY는 `x`와 `y` 배열의 일부분을 유지하기 위해 두 개의 벡터 레지스터만이 필요하므로, 더 긴 벡터를 사용 가능하도록 LMUL에 최대값 8을 설정하여 매 8번째 벡터 레지스터로 제한할 것이다. `x`배열은 `v0`에 있고 `y` 배열은 `v8`에 있다.

RISC-V에서 V는 벡터 또한 대표한다. RISC-V 아키텍트는 벡터 구조를 이용한 다양한 긍정적인 경험을 가지고 있었고 마이크로프로세서에서 SIMD가 지배적으로 사용되는 것에 대해 당황해 했었다. 따라서 V의 의미는 다섯 번째 버클리 RISC 프로젝트 *이자* ISA가 벡터에 중점을 두고 있다는 것을 의미한다.

`vl` 없는 벡터 구조는 순환문의 마지막 요소를 다루기 위한 추가적인 코드가 필요하고, n이 초기에 0인지도 체크할 필요가 있다.

RV32V 프로세서에서 512바이트 메모리가 벡터 레지스터에 연결되어 있다고 가정하자(다음 절에서 비교하는 두 SIMD ISA와 일치하는 크기 선택). 32개의 벡터 레지스터가 있으므로 각각은 16바이트이다. 그러나 LMUL은 8이므로 나머지 4개의 벡터 레지스터는 각각 128바이트 또는 16개의 이중 정밀도 요소이다. 그래서 VLMAX는 이 순환문에 대하여 16이다.

`vtype`을 설정하는 것에 추가로, `vsetvli` 명령어는 순환문의 초기에서 다음 벡터 명령어의 벡터 길이를 설정한다. `vsetvli` 명령어는 VLMAX와 `n` 중 더 작은 값을 새로운 `vl`로 결정하고, 새로운 `vl`을 `t0`에 복사한다. 만약 애플리케이션 벡터가 길다면 대부분의 반복에서 `vl`은 VLMAX와 같을 것이다. 마지막 반복에 대해서는 만약 `n`이 VLMAX로 나누어 떨어지지 않는다면, `vl`은 VLMAX보다 더 작을 것이다. 이것은 머신이 `x`와 `y`의 크기 이상을 읽거나 쓰는 것을 방지한다.

`4`번지에서 `vle.v` 명령어는 스칼라 레지스터 `a1`에 있는 `x`의 주소부터 읽는 벡터 적재이다. 이 명령어는 메모리에 있는 `x`에서 `vl`개 요소를 `v0`으로 전달한다. 다음에 있는 쉬프트 명령어(`slli`)는 다음 반복에 사용할 수 있도록 `x`와 `y` 포인터를 증가시키기 위해 벡터 길이와 바이트로 된 데이터의 폭(8)을 곱하는 연산을 의미한다.

`c`번지에 있는 `vle.v` 명령어는 메모리에 있는 `y`의 주소부터 `vl`개를 읽어 `v8`로 적재한다. 다음 명령어(`add`)는 `x`에 대한 포인터를 증가한다.

`14`번지에 있는 명령어가 잭팟이다. `vfmacc.vf`는 `x`(`v0`)의 `vl`개 요소와 스칼라 `a`(`fa0`)를 곱하고, 각 곱을 `y`(`v8`)의 `vl`개 요소와 더하고, `vl`개 합을 `y`(`v8`)에 다시 저장한다.

이제 남은 일은 메모리에 결과를 저장하고 일부 순환문 오버헤드를 저장하는 것이다. `18`번지에 있는 명령어(`sub`)는 이번 반복에서 완료되는 연산의 개수를 기록하기 위해 `n`(`a0`)을 `vl`만큼 감소시킨다. 다음 명령어(`vse.v`)는 메모리 `y` 번지부터 `vl`만큼의 결과를 저장한다. `20`번지에 있는 명령어(`add`)는 `y`에 대한 포인터를 증가시키고, 다음 명령어는 만약 `n`(`a0`)이 0이 아니면 순환문을 반복한다. 만약 `n`이 0이면, 마지막 명령어 `ret`는 호출 위치로 복귀한다.

Performance

벡터 구조의 강력함은 이런 10개 명령어로 된 순환문의 각 반복에서(`n`이 적어도 16이라는 가정에서) $3 \times 16 = 48$ 메모리 접근과 $2 \times 16 = 32$ 부동 소수점 연산이 발생한다는 것이다. 평균적으로 명령어 당 5번의 메모리 접근과 3개의 부동 소수점 연산이 있다. 다음 절에서 보게 되는 바와 같이, 같은 레지스터 파일 크기를 가지는 SIMD 구조에서는 2.4×에서 5.6× 더 나쁘다.

8.9 RV32V, MIPS-32 MSA SIMD, x86-32 AVX SIMD 비교

이제 SIMD와 벡터간에 어떻게 DAXPY를 실행하는지 비교 해보도록 하겠다. 약간 다르게 생각해 본다면 짧은 벡터 레지스터를 가지고 있고, 벡터 길이 레지스터는 없고, 제한된 데이터 전송 패턴을 가지는 제한된 벡터 구조로서 SIMD를 생각할 수 있다.

MIPS SIMD. 89페이지에 있는 그림 8.5는 DAXPY의 MIPS SIMD Architecture(MSA) 버전을 보이고 있다. 각 MSA SIMD 명령어는 MSA 레지스터가 128비트 폭이므로 두 개의 부동 소수점 숫자를 연산할 수 있다.

ARM-32는 NEON이라 불리는 SIMD 확장을 가지고 있지만, 이중 정밀도 부동 소수점 명령어를 지원하지 않아서 DAXPY에 도움이 되지 않는다.

벡터 길이 레지스터가 없으므로 RV32V와는 달리 MSA는 n 값의 문제를 체크하기 위해 추가적인 북키핑 명령어가 필요하다. MSA는 피연산자의 한 쌍에 연산을 해야하므로 단일 부동 소수점 곱셈-덧셈을 계산하기 위해서 n이 홀수일 경우에는 여분의 코드가 있다. 그 코드는 그림 8.5에 있는 3c와 4c에서 찾을 수 있다. n이 0인 경우는 가능성이 낮기는 하지만 그래도 가능하여 10번지에 있는 분기문으로 주 계산 순환문을 건너뛰도록 한다.

북키핑 코드는 벡터 구조에 있는 `strip mining`의 일부로 여겨진다. 그림 8.5의 캡션에서 설명하는 것과 같이, RV32V에는 벡터 길이 레지스터 `vl`이 있어서 SIMD 북키핑 코드에 대해 고려할 필요가 없다. 전통적인 벡터 구조는 n = 0인 가장자리 경우를 다루기 위해 추가적인 코드가 필요하다. RV32V는 n = 0 일때 벡터 명령어를 nop과 같이 동작하도록 한다.

만약 순환문을 따라 분기하지 않는다면, 18번지에 있는 명령어(`splati.d`)는 SIMD 레지스터 `w2`의 양쪽 반에 `a`의 복사본을 넣는다. SIMD에 스칼라 데이터를 추가하기 위해 SIMD 레지스터의 폭 만큼 복제할 필요가 있다.

순환문 내부에서, 1c번지에 있는 `ld.d` 명령어는 `y`의 두 요소를 SIMD 레지스터 `w0`에 적재하고 `y`에 대한 포인터를 증가시킨다. 그러고 나서 `x`의 두 요소를 SIMD 레지스터 `w1`에 적재를 한다. 28번지에 있는 다음 명령어는 `x`에 대한 포인터를 증가시킨다. 2c번지에 있는 payoff multiply-add 명령어가 그 다음이다.

순환문의 마지막에 있는 분기(지연분기)는 `y`에 대한 포인터가 `y`의 마지막 짝수 요소를 넘어서서 증가했는지 알아보기 위해 테스트한다. 그렇지 않다면 순환문은 반복된다. 34번지의 지연 슬롯에 있는 SIMD 저장은 `y`의 두 요소에 결과를 적는다.

주 순환문이 종료된 후에, 코드는 n이 홀수인지 알아보기 위해 체크한다. 만약 그렇다면, 5장에 있는 스칼라 명령어를 사용하여 마지막 multiply-add를 수행한다. 최종 명령어는 호출 지점으로 복귀하는 것이다.

MIPS MSA DAXPY 코드의 심장부에 있는 7개의 명령어로 된 순환문은 6개의 이중 정밀도 메모리 접근과 4개의 부동 소수점 연산이다. 평균적으로 명령어 당 대략 1번 메모리 접근과 0.6 부동 소수점 연산이다.

x86 SIMD. 인텔은 90페이지의 그림 8.6에 있는 코드에서 알 수 있듯이 SIMD 확장을 여러 세대에 걸쳐 진행해왔다. 128비트 SIMD로의 SSE 확장에서는 xmm 레지스터와 이 레지스터들을 사용할 수 있는 명령어들을 만들었고, AVX의 일부인 256비트 SIMD로의 확장은 ymm 레지스터와 명령어들을 생성했다.

0에서 25번지에 있는 명령어의 첫 번째 그룹은 메모리로부터 변수들을 적재하고, 256비트 ymm 레지스터에 `a`의 네 개의 복사본을 만들고, 메인 순환문에 진입하기 전에 `n`이 적어도 4인지 보장하기 위해 테스트한다. 두 개의 SSE 명령어와 하나의 AVX 명령어를 사용한다(그림 8.6의 캡션에서 더 자세하게 설명).

ISA	MIPS-32 MSA	x86-32 AVX2	RV32FDV
Instructions (static)	22	29	11
Bytes (static)	88	92	44
Instructions per Main Loop	7	6	10
Results per Main Loop	2	4	16
Instructions (dynamic, n=1000)	3511	1517	631

그림 8.4: 벡터 ISA에 대한 DAXPY의 명령어 개수와 코드 크기. 전체 (정적) 명령어 개수, 코드 크기, 순환문 당 명령어 개수와 결과, 그리고 실행된(n = 1000) 명령어의 수를 나열한다. MSA를 갖는 microMIPS는 코드 크기가 64바이트로 줄고, RV32FDCV는 36바이트로 축소된다.

메인 순환문은 DAXPY 계산의 심장부이다. 27번지에 있는 AVX 명령어 `vmovapd`는 `x`에 있는 4개 요소를 `ymm0`에 적재한다. 2c번지에 있는 AVX 명령어 `vfmadd213pd`는 `a`의 네 개 복사본(`ymm2`)과 `x`의 네 요소와 곱하고, `y`의 네 요소(ecxO+edx*8 번지에 있는 메모리에서)를 더하고, 그리고 네 개의 합을 `ymm0`에 넣는다. 32번지에 있는 다음 AVX 명령어 `vmovapd`는 4개 결과를 `y`에 저장한다. 다음 세 개의 명령어는 카운터를 증가시키고 필요하다면 순환문을 반복한다.

MIPS MSA에서의 경우와 같이 e3과 57번지 사이에 있는 "가장자리(fringe)" 코드는 `n`이 4의 배수가 아닌 경우를 다룬다. 세 개의 SSE 명령어로 구현되어 있다.

x86-32 AVX2 DAXPY 코드에 있는 메인 순환문의 6개의 명령어는 12개 이중 정밀도 메모리 접근과 8개 부동 소수점 연산을 한다. 평균적으로 명령어 당 2번 메모리 접근과 대략 1.3번 연산이다.

■ 고난도: *Illiac IV*는 *SIMD*를 위한 컴파일의 어려움을 보이기 위한 첫 시도였다.

64개 병렬 64비트 부동 소수점 유닛(FPU)으로 Illiac IV는 무어의 법칙이 발표되기도 전에 백만 논리 게이트 이상을 가지도록 계획했었다. 그 구조는 원래 초당 1000 백만 부동 소수점 연산(MFLOPS)를 기대했었지만 실제 성능은 기껏해야 15MFLOPS이였다. 비용은 원래 계획했던 256개 FPU에서 64개로 줄었는데도 1966년에 추정된 $8M에서 1972년까지 $31M로 증가했다. 1965년에 프로젝트가 시작되었지만 첫 번째 실제 프로그램을 실행하는데 Cray-1이 베일을 벗은 해인 1976년까지 걸렸다. 가장 악명 높은 수퍼 컴퓨터로 공학적 재앙 상위 10위 안에 있게 되었다[Falk 1976].

8.10 결론

If the code is vectorizable, the best architecture is vector.

—Jim Smith, keynote speech, International Symposium on Computer Architecture, 1994

그림 8.4에서는 RV32IFDV, MIPS-32 MSA, x86-32 AVX2로 된 프로그램 DAXPY에서 명령어의 수와 바이트 수를 요약하고 있다. SIMD 계산 코드는 북키핑 코드가 있어서 적은 부분을 차지한다. MIPS-32 MSA와 x86-32 AVX2를 위한 코드 중 3분의 2에서 4분의 3은 SIMD 오버헤드로, 메인 SIMD 순환문을 위해 데이터를 준비하거나 `n`이 SIMD 레지스터에 적재 가능한 부동 소수점 숫자 개수의 배수가 아닐때 가장 자리 요소를 다루는 것 중 하나이다.

Simplicity

그림 8.3에 있는 RV32V 코드는 북키핑 코드가 필요하지 않아 명령어의 수가 반으로 줄어든다. SIMD와는 달리 벡터 길이 레지스터가 있어서 `n`의 어느 값에서나 벡터 명령어가 동작하도록 한다. 여러분들은 `n`이 0일때 RV32V가 문제가 있을거라 생각할 수 있다. RV32V 벡터 명령어는 `vl` = 0일때 모든 것이 변화하지 않도록 남겨두기 때문에 문제가 없다.

Performance

그러나 SIMD와 벡터 처리 사이의 가장 상당한 차이는 정적 코드의 크기가 아니다. 벡터의 순환문은 64개인데 비해 SIMD 순환문은 2개 또는 4개 요소만을 수행하므로 SIMD 명령어는 RV32V 보다 10에서 20배 많은 명령어를 실행한다. 추가적인 명령어 읽기와 명령어 해석은 같은 작업을 수행하는데 더 많은 에너지 소모를 의미한다.

그림 8.4에 있는 결과와 5장의 32페이지에 있는 그림 5.8에서 DAXPY의 스칼라 버전을 비교했을 때, SIMD는 명령어와 바이트에 있어서 코드 크기가 대략 두 배가 되지만 메인 순환문은 같은 크기라는 것을 알 수 있다. 실행되는 명령어의 동적 개수에서 감소는 SIMD 레지스터의 폭에 따라 2 또는 4배이다. 그러나 RV32V 벡터 코드 크기는 1.2배(메인 순환문은 1.4배)로 증가하지만 동적 명령어 카운트는 43배로 작아진다.

Programmability

Isolation of Arch from Impl

동적 명령어 카운트가 큰 차이가 있지만 우리의 관점에서 보면 SIMD와 벡터 사이에 동적 명령어 카운트는 두 번째로 가장 큰 격차다. 벡터 길이 레지스터가 없으면 북키핑 코드 뿐만 아니라 명령어 수도 폭발적으로 증가한다. 증분주의 교리를 따르는 MIPS-32와 x86-32와 같은 ISA는 SIMD 폭을 두 배로 할 때마다 더 좁은 SIMD 레지스터를 위해 정의된 모든 이전의 SIMD 명령어를 다시 포함해야만 한다. 당연하게 수 백개의 MIPS-32와 x86-32 명령어는 SIMD ISA의 많은 세대에 걸쳐 생성되었고 미래에도 수 백개가 또 다시 생성될 것이다. ISA 진화에 따라 이런 마구잡이식 접근 방법으로는 어셈블리어 프로그래머에게는 엄청난 부담이 될 수 밖에 없다. `vfmadd213pd`가 무엇을 의미하고 언제 그것을 사용하는지 어떻게 기억하겠는가?

비교해 본다면 RV32V 코드는 벡터 레지스터를 위한 메모리의 크기에 영향을 받지 않는다. 벡터 메모리 크기가 확장되더라도 RV32V는 변화되지 않을 것이고 심지어는 재컴파일할 필요도 없다. 프로세서는 최대 벡터 길이 VLMAX의 값을 제공하므로, 그림 8.3

에 있는 코드는 프로세서가 벡터 메모리를 1024바이트에서 4096바이트로 높이든지 256바이트로 낮추든지 손을 댈 필요가 없다.

ISA가 필요한 하드웨어를 지시하는 —그리고 ISA 변경이 컴파일러의 변경을 의미하는— SIMD와는 달리, RV32V ISA는 프로세서 설계자가 프로그래머 또는 컴파일러에 영향을 미치지 않고 응용 프로그램을 위한 데이터 병렬성을 위한 자원을 선택하도록 한다. 구현에서 구조를 격리하는 1장의 설명을 기반으로 SIMD는 ISA 설계 원리를 어긋난다고 주장할 수 있다.

Elegance

RV32V의 모듈형 벡터 접근 방법과 ARM-32, MIPS-32, 그리고 x86-32의 증분적인 SIMD 구조 사이에서 비용-에너지-성능, 복잡성, 그리고 프로그래밍의 용이성에서 큰 차이가 RISC-V를 위한 가장 설득력있는 주장이 될지 모른다고 생각한다.

8.11 추가 학습

H. Falk. What went wrong V: Reaching for a gigaflop: The fate of the famed Illiac IV was shaped by both research brilliance and real-world disasters. *IEEE spectrum*, 13(10):65–70, 1976.

J. L. Hennessy and D. A. Patterson. *Computer architecture: a quantitative approach*. Elsevier, 2011.

```
# a0 is n, a2 is pointer to x[0], a3 is pointer to y[0], $w13 is a
00000000 <daxpy>:
  0: 2405fffe  li       a1,-2
  4: 00852824  and      a1,a0,a1          # a1 = floor(n/2)*2 (mask bit 0)
  8: 000540c0  sll      t0,a1,0x3         # t0 = byte address of a1
  c: 00e81821  addu     v1,a3,t0          # v1 = &y[a1]
 10: 10e30009  beq      a3,v1,38          # if y==&y[a1] goto Fringe (t0==0 so n is 0 | 1)
 14: 00c01025  move     v0,a2             # (delay slot) v0 = &x[0]
 18: 78786899  splati.d $w2,$w13[0]       # w2 = fill SIMD register with copies of a
Loop:
 1c: 78003823  ld.d     $w0,0(a3)          # w0 = 2 elements of y
 20: 24e70010  addiu    a3,a3,16           # increment pointer to y by 2 Fl.Pt. numbers
 24: 78001063  ld.d     $w1,0(v0)          # w1 = 2 elements of x
 28: 24420010  addiu    v0,v0,16           # increment pointer to x by 2 Fl.Pt. numbers
 2c: 7922081b  fmadd.d  $w0,$w1,$w2        # w0 = w0 + w1 * w2
 30: 1467fffa  bne      v1,a3,1c           # if (end of y != ptr to y) go to Loop
 34: 7bfe3827  st.d     $w0,-16(a3)        # (delay slot) store 2 elts of y
Fringe:
 38: 10a40005  beq      a1,a0,50           # if (n is even) goto Done
 3c: 00c83021  addu     a2,a2,t0           # (delay slot) a2 = &x[n-1]
 40: d4610000  ldc1     $f1,0(v1)          # f1 = y[n-1]
 44: d4c00000  ldc1     $f0,0(a2)          # f0 = x[n-1]
 48: 4c206b61  madd.d   $f13,$f1,$f13,$f0  # f13 = f1 + f0 * f13 (muladd if n is odd)
 4c: f46d0000  sdc1     $f13,0(v1)         # y[n-1] = f13 (store odd result)
Done:
 50: 03e00008  jr      ra                  # return
 54: 00000000  nop                         # (delay slot)
```

그림 8.5: 그림 5.7에 있는 DAXPY를 위한 MIPS-32 MSA 코드. SIMD의 북키핑 오버헤드는 그림 8.3에 있는 RV32V 코드와 비교할 때 명확하다. MIPS MSA 코드의 첫 번째 부분(0에서 18번지)은 스칼라 변수 `a`를 SIMD 레지스터에 복제하고 메인 순환문에 진입하기 전에 `n`이 적어도 2를 보장하는지 체크한다. MIPS MSA 코드의 세 번째 파트(38에서 4c 번지)는 `n`이 2의 배수가 아닐 때 가장자리 경우를 다룬다. 그런 북키핑 코드는 벡터 길이 레지스터 `vl`과 `vsetvl` 명령어가 순환문에 대하여 `n`이 홀수 또는 짝수이든 모든 값에 대하여 동작하므로 RV32V에서는 필요없다.

```
# eax is i, n is esi, a is xmm1, pointer to x[0] is ebx, pointer to y[0] is ecx
 00000000 <daxpy>:
    0: 56                  push   esi
    1: 53                  push   ebx
    2: 8b 74 24 0c         mov    esi,[esp+0xc]    # esi = n
    6: 8b 5c 24 18         mov    ebx,[esp+0x18]   # ebx = x
    a: c5 fb 10 4c 24 10   vmovsd xmm1,[esp+0x10]  # xmm1 = a
   10: 8b 4c 24 1c         mov    ecx,[esp+0x1c]   # ecx = y
   14: c5 fb 12 d1         vmovddup xmm2,xmm1      # xmm2 = {a,a}
   18: 89 f0               mov    eax,esi
   1a: 83 e0 fc            and    eax,0xfffffffc  # eax = floor(n/4)*4
   1d: c4 e3 6d 18 d2 01   vinsertf128 ymm2,ymm2,xmm2,0x1 # ymm2 = {a,a,a,a}
   23: 74 19               je     3e               # if n < 4 goto Fringe
   25: 31 d2               xor    edx,edx          # edx = 0
 Loop:
   27: c5 fd 28 04 d3      vmovapd ymm0,[ebx+edx*8] # load 4 elements of x
   2c: c4 e2 ed a8 04 d1   vfmadd213pd ymm0,ymm2,[ecx+edx*8] # 4 mul adds
   32: c5 fd 29 04 d1      vmovapd [ecx+edx*8],ymm0 # store into 4 elements of y
   37: 83 c2 04            add    edx,0x4
   3a: 39 c2               cmp    edx,eax           # compare to n
   3c: 72 e9               jb     27                # repeat loop if < n
 Fringe:
   3e: 39 c6               cmp    esi,eax           # any fringe elements?
   40: 76 17               jbe    59                # if (n mod 4) == 0 goto Done
 FringeLoop:
   42: c5 fb 10 04 c3      vmovsd xmm0,[ebx+eax*8] # load element of x
   47: c4 e2 f1 a9 04 c1   vfmadd213sd xmm0,xmm1,[ecx+eax*8] # 1 mul add
   4d: c5 fb 11 04 c1      vmovsd [ecx+eax*8],xmm0 # store into element of y
   52: 83 c0 01            add    eax,0x1           # increment Fringe count
   55: 39 c6               cmp    esi,eax           # compare Loop and Fringe counts
   57: 75 e9               jne    42 <daxpy+0x42>   # repeat FringeLoop if != 0
 Done:
   59: 5b                  pop    ebx               # function epilogue
   5a: 5e                  pop    esi
   5b: c3                  ret
```

그림 8.6: 그림 5.7에 있는 DAXPY를 위한 x86-32 AVX2 코드. a 번지에 있는 SSE 명령어 vmovsd는 a를 128 비트 xmm1 레지스터의 반에 적재한다. 14번지에 있는 SSE 명령어 vmovddup는 나중에 SIMD 계산을 위해 a를 xmm1의 두 개의 반에 복제한다. 1d번지에 있는 AVX 명령어 vinsertf128은 xmm1에 있는 a의 두 복사본에서 시작하여 ymm2에 a의 네 개의 복사본을 만든다. 42에서 4d번지에 있는 세 개의 AVX 명령어(vmovsd, vfmadd213sd, vmovsd)는 mod(n,4) $\neq$ 0일 때를 다룬다. 그것들은 함수가 정확하게 n 곱셈-덧셈 연산을 수행할 때까지 순환문을 반복하여 한 번에 한 요소에 DAXPY 계산을 수행한다. 다시 한 번 말하면, 벡터 길이 레지스터 vl과 vsetvl 명령어가 n이 어떤 값이더라도 순환문이 동작하도록 하기 때문에 RV32V에서 그런 코드는 필요없다.

9 RV64: 64비트 주소 명령어

C. Gordon Bell (1934-)은 1970년에 발표된 Digital Equipment Corporation PDP-11 (16-bit address)와 7년 후에 발표된 Digital Equipment Corporation 32-bit address VAX-11 (Virtual Address eXtension)의 가장 유명한 두 개의 미니컴퓨터 구조의 수석 아키텍트 중 한 명이었다.

There is only one mistake that can be made in computer design that is difficult to recover from—not having enough address bits for memory addressing and memory management.

—C. Gordon Bell, 1976

9.1 소개

그림 9.1에서 9.4는 RV32G 명령어에 대한 RV64G 버전의 시각적 표현을 보이고 있다. 이 그림은 RISC-V에서 64비트 ISA로 변환하기 위해 명령어 개수가 약간 증가하는 것을 보이고 있다. ISA는 일반적으로 32비트 명령어들에 단지 몇 개의 `word`, `doubleword`, 또는 `long` 버전을 추가하고, PC를 포함한 모든 레지스터를 64비트로 확장한다. 따라서 RV64I에 있는 `sub`는 RV32I에서와 같이 두 개의 32 비트 숫자가 아니라 64비트 두 숫자를 뺀다. RV64는 RV32와 유사하지만 실제로는 다른 ISA이다. RV64는 몇 개의 명령어들과 약간 다른 기본 명령어들이 추가되었다.

예를 들어 그림 9.8에 있는 RV64I를 위한 삽입 정렬은 2장에 있는 30페이지의 그림 2.8에 있는 RV32I를 위한 코드와 거의 비슷하다. 같은 명령어 개수를 가지고 있고 바이트 수도 동일하다. 유일한 차이는 워드 적재 및 저장 명령어가 더블워드 적재 및 저장 명령어로 된 것과, 주소 증가가 워드(4바이트)를 위한 4에서 더블워드(8바이트)를 위한 8로 되었다는 것이다. 그림 9.5는 그림 9.1에서 9.4에 있는 RV64GC 명령어의 옵코드를 나열하고 있다.

RV64I는 64비트 주소와 64비트 디폴트 데이터 크기를 가지고 있지만 32비트 워드를 프로그램에서 적절한 데이터 타입으로 사용한다. RV32I가 바이트와 하프워드를 지원해야 하는 것과 같이 RV64I도 워드를 지원할 필요가 있다. 더 자세하게는 레지스터가 이제 64비트 폭이므로 RV64I는 덧셈과 뺄셈의 워드 버전(`addw`, `addiw`, `subw`)을 추가해야 한다. 이 명령어들은 결과값을 32비트로 줄이고 부호 확장된 결과를 목적지 레지스터에 쓴다. 또한 RV64I는 64비트 쉬프트 결과 대신에 32비트 쉬프트 결과를 얻기 위한 쉬프트 명령어의 워드 버전(`sllw`, `slliw`, `srlw`, `srliw`, `sraw`, `sraiw`)도 추가한다. 64비트 데이터 전송을 위해 더블워드의 적재와 저장(`ld`, `sd`)을 가지고 있다. 마지막으로 RV32I에 있는

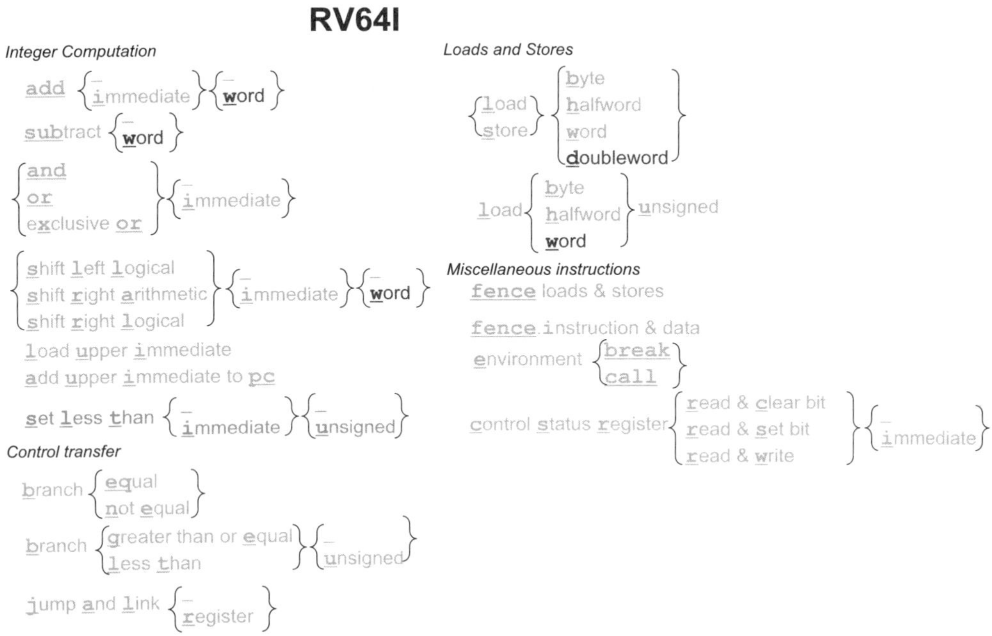

그림 9.1: RV64I 명령어 다이어그램. 밑줄 그어진 문자는 RV64I 명령어를 구성하기 위해 왼쪽에서 오른쪽으로 합해져야 한다. 희미한 부분은 64비트 레지스터에서 동작하도록 확장되기 이전의 RV32I 명령어이다. 어두운 (빨간) 부분은 RV64I를 위한 새로운 명령어들이다.

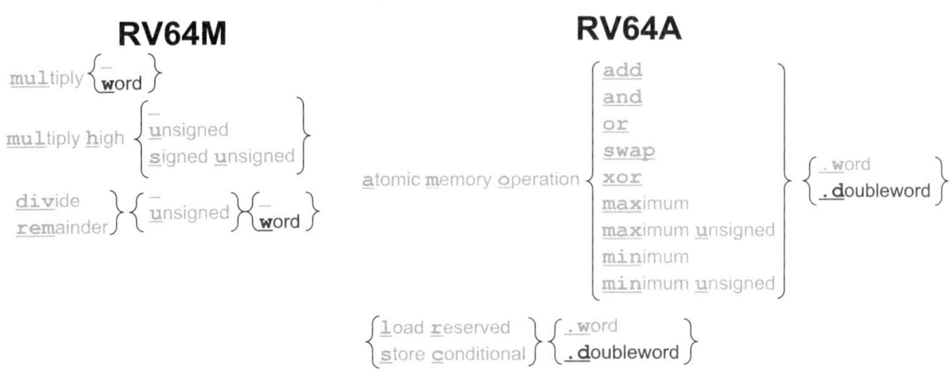

그림 9.2: RV64M과 RV64A 명령어 다이어그램.

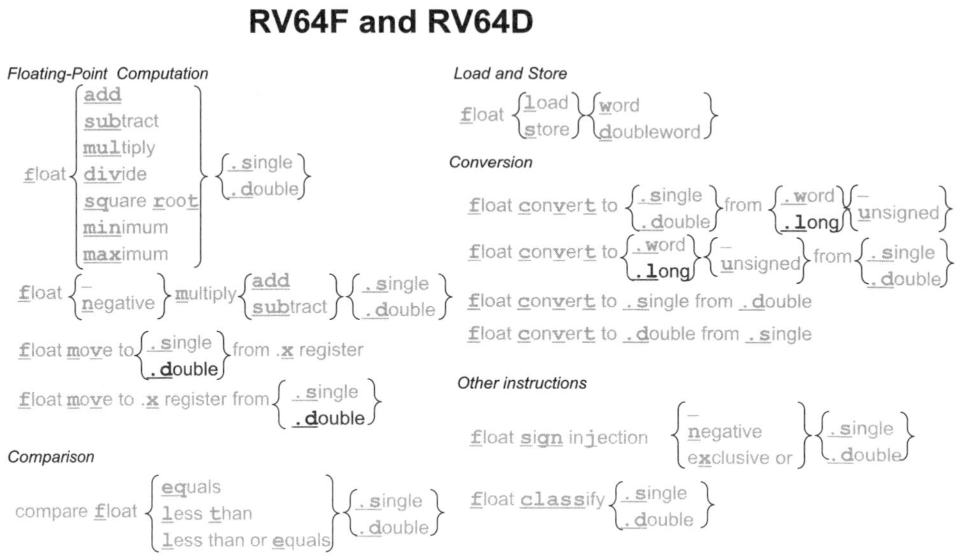

그림 9.3: RV64F와 RV64D 명령어 다이어그램.

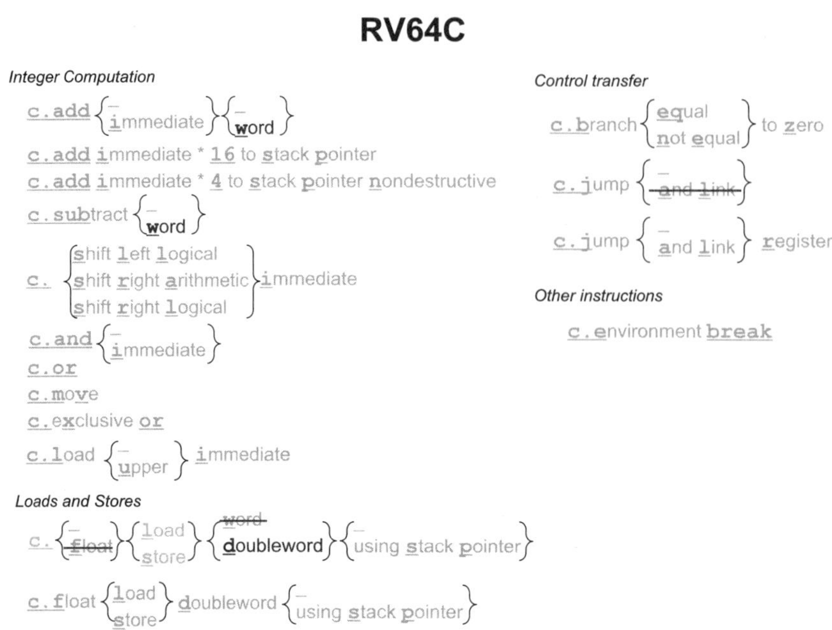

그림 9.4: RV64C 명령어 다이어그램.

31 25	24 20	19 15	14 12	11 7	6 0	
imm[11:0]		rs1	110	rd	0000011	I lwu
imm[11:0]		rs1	011	rd	0000011	I ld
imm[11:5]	rs2	rs1	011	imm[4:0]	0100011	S sd
000000	shamt	rs1	001	rd	0010011	I slli
000000	shamt	rs1	101	rd	0010011	I srli
010000	shamt	rs1	101	rd	0010011	I srai
imm[11:0]		rs1	000	rd	0011011	I addiw
0000000	shamt	rs1	001	rd	0011011	I slliw
0000000	shamt	rs1	101	rd	0011011	I srliw
0100000	shamt	rs1	101	rd	0011011	I sraiw
0000000	rs2	rs1	000	rd	0111011	R addw
0100000	rs2	rs1	000	rd	0111011	R subw
0000000	rs2	rs1	001	rd	0111011	R sllw
0000000	rs2	rs1	101	rd	0111011	R srlw
0100000	rs2	rs1	101	rd	0111011	R sraw

RV64M Standard Extension (in addition to RV32M)

0000001	rs2	rs1	000	rd	0111011	R mulw
0000001	rs2	rs1	100	rd	0111011	R divw
0000001	rs2	rs1	101	rd	0111011	R divuw
0000001	rs2	rs1	110	rd	0111011	R remw
0000001	rs2	rs1	111	rd	0111011	R remuw

RV64A Standard Extension (in addition to RV32A)

00010	aq	rl	00000	rs1	011	rd	0101111	R lr.d
00011	aq	rl	rs2	rs1	011	rd	0101111	R sc.d
00001	aq	rl	rs2	rs1	011	rd	0101111	R amoswap.d
00000	aq	rl	rs2	rs1	011	rd	0101111	R amoadd.d
00100	aq	rl	rs2	rs1	011	rd	0101111	R amoxor.d
01100	aq	rl	rs2	rs1	011	rd	0101111	R amoand.d
01000	aq	rl	rs2	rs1	011	rd	0101111	R amoor.d
10000	aq	rl	rs2	rs1	011	rd	0101111	R amomin.d
10100	aq	rl	rs2	rs1	011	rd	0101111	R amomax.d
11000	aq	rl	rs2	rs1	011	rd	0101111	R amominu.d
11100	aq	rl	rs2	rs1	011	rd	0101111	R amomaxu.d

RV64F Standard Extension (in addition to RV32F)

1100000	00010	rs1	rm	rd	1010011	R fcvt.l.s
1100000	00011	rs1	rm	rd	1010011	R fcvt.lu.s
1101000	00010	rs1	rm	rd	1010011	R fcvt.s.l
1101000	00011	rs1	rm	rd	1010011	R fcvt.s.lu

RV64D Standard Extension (in addition to RV32D)

1100001	00010	rs1	rm	rd	1010011	R fcvt.l.d
1100001	00011	rs1	rm	rd	1010011	R fcvt.lu.d
1110001	00000	rs1	000	rd	1010011	R fmv.x.d
1101001	00010	rs1	rm	rd	1010011	R fcvt.d.l
1101001	00011	rs1	rm	rd	1010011	R fcvt.d.lu
1111001	00000	rs1	000	rd	1010011	R fmv.d.x

그림 9.5: 기본 명령어의 RV64 옵코드 맵과 선택적 확장. 명령어 레이아웃, 옵코드, 포맷 타입, 이름을 나타낸다 ([?]의 표 19.2 기반의 그림).

바이트와 하프워드 적재를 위한 부호없는 버전이 있는 것과 같이 RV64I는 워드 적재의 부호없는 버전(`lwu`)을 가지고 있어야만 한다.

비슷한 이유로 RV64M에는 곱셈, 나눗셈, 그리고 나머지 연산에 대한 워드 버전(`mulw`, `divw`, `divuw`, `remw`, `remuw`)이 추가되어야 한다. 프로그래머가 워드와 더블워드 둘 다에 대하여 동기화를 할 수 있도록 RV64A에 있는 모든 11개의 명령어에 대하여 더블워드 버전을 추가한다.

RV64F와 RV64D에는 변환 명령어에 더블워드 정수(`fcvt.l.s`, `fcvt.l.d`, `fcvt.lu.s`, `fcvt.lu.d`, `fcvt.s.l`, `fcvt.s.lu`, `fcvt.d.l`, `fcvt.d.lu`)를 추가한다. 이중 정밀도 부동 소수점 데이터와 혼동을 방지 하기 위해 *long*으로 호출한다. 정수 `x` 레지스터는 이제 64비트 폭이므로, 정수 레지스터는 이중 정밀도 부동 소수점 데이터를 유지할 수 있어서 RV64D에는 두 개의 부동 소수점 이동 명령어(`fmv.x.w`와 `fmv.w.x`)를 추가한다.

Code Size

RV64와 RV32 사이의 수퍼셋 관계에서 유일한 예외는 압축 명령어다. RV64C에서는 다른 명령어들이 64비트 주소에 대한 코드를 더 축소시켰으므로 몇 개의 RV32C 명령어를 대체한다. RV64C는 compressed jump and link(`c.jal`)와 정수 및 부동 소수점 워드 적재 및 저장 명령어(`c.lw`, `c.sw`, `c.lwsp`, `c.swsp`, `c.flw`, `c.fsw`, `c.flwsp`, `c.fswsp`)를 뺐다. 그 자리에 RV64C는 더 많이 쓰이는 워드 덧셈 및 뺄셈 명령어(`c.addw`, `c.addiw`, `c.subw`)와 더블워드 적재 및 저장 명령어(`c.ld`, `c.sd`, `c.ldsp`, `c.sdsp`)를 추가한다.

■ 고난도: *RV64 ABI*는 *lp64, lp64f,* 및 *lp64d*이다.

lp64는 C 언어의 자료형 long과 포인터가 64비트임을 의미하고 int는 여전히 32비트이다. 접미사 f 및 d는 어떻게 부동 소수점 매개변수가 전달되는지 지시하고, RV32에 대해서와 동일하다(3장 참조).

■ 고난도: *RV64V*를 위한 명령어 다이어그램은 없다.

왜냐하면 동적 원소폭 선택을 사용하므로 RV32V와 정확하게 일치한다. 유일한 변화는 그림 8.2에 있는 `vtype` 레지스터의 `vill` 필드가 bit 63으로 이동한 것이다.

9.2 삽입 정렬을 사용한 다른 64비트 ISA와 비교

Gordon Bell이 이번 장의 시작에서 얘기한 바와 같이 치명적인 아키텍처 결함은 주소 비트가 부족해지는 것이다. 프로그램이 32비트 주소 공간의 한계를 넘어서자 아키텍트는 ISA의 64비트 주소 버전을 만들기 시작했다[Mashey 2009].

가장 첫 번째는 1991년에 MIPS였다. MIPS는 모든 레지스터와 프로그램 카운터를 32비트에서 64비트로 확장했고, MIPS-32 명령어에 새로운 64비트 버전을 추가했다. MIPS-64 어셈블리어 명령어는 `daddu` 또는 `dsll`과 같이 모두 문자 "d"로 시작한다(그림 9.10 참조). 프로그래머는 같은 프로그램에 MIPS-32와 MIPS-64 명령어를 섞어서 사용할 수 있다. MIPS-64는 MIPS-32에 있는 적재 지연 슬롯(read-after-write 의존성으로 파이프라인 지연)을 제거했다.

10년 후에는 x86-32의 후계자가 나올 때였다. 아키텍트가 주소 크기를 증가시키면서 x86-64는 몇 가지 추가적으로 향상시킬 수 있는 기회가 되었다.

Programmability

- 8개에서 16개(`r8–r15`)로 정수 레지스터 개수 증가
- 8개에서 16개(`xmm8–xmm15`)로 SIMD 레지스터 개수 증가
- 위치 독립적 코드(Position-independent code)를 더욱 잘 지원하기 위해 PC-상대 데이터 주소지정 방식 추가

이런 향상으로 x86-32의 투박한 부분들이 부드럽게 다듬어질 수 있었다.

2장에 있는 33페이지에서 그림 2.11에 있는 삽입 정렬의 x86-32 버전과 그림 9.11에 있는 x86-64 버전을 비교하면 장점을 알 수 있다. 새로운 ISA는 변수 몇 개를 메모리에 배치하기보다는 레지스터에 모든 변수를 유지하여 명령어 개수를 20개에서 15개로 줄였다. 코드 크기는 새로운 ISA를 사용하여 46개에서 45개로 더 적은 명령어를 사용하지만 1바이트만큼 더 커진다. 그 이유는 더욱 많은 레지스터를 사용할 수 있도록 새로운 옵코드를 만들기 위해 x86-64에서는 새로운 명령어를 구별하기 위한 접미사 바이트를 추가했기 때문이다. 평균 명령어 길이는 x86-32보다 x86-64에서 증가했다.

Performance

다시 10년 후에 ARM은 동일한 주소 문제에 직면하게 된다. x86-64가 했던 것과 같이 이전 ISA를 64비트 주소로 진화하는 대신, ARM은 새로운 ISA를 만들 기회로 사용했다. 새로운 시작으로 ARM은 현대적인 ISA를 만들기 위해 어색한 ARM-32의 많은 특징들을 변경할 수 있었다.

Programmability

인텔은 x86-64 ISA를 발명하지 않았다. 64비트 주소로 변경할 때, 인텔은 x86-32와 호환되지 않는 Itanium이라고 불리는 새로운 ISA를 발명했다. x86-32 프로세서의 경쟁자는 Itanium으로 고정되는 바람에 AMD에서는 x86-32의 64비트 버전인 AMD64를 발명했다. Itanium은 결국 실패했고 인텔은 x86-32의 64비트 주소 계승자로서 AMD64 ISA를 어쩔 수 없이 채택하였고 우리는 이를 x86-64라고 부른다 [Kerner and Padgett 2007].

- 15개에서 31개로 정수 레지스터 개수 증가
- 레지스터 집합에서 PC 제거
- 대부분 명령어를 위해 0에 하드웨어적으로 연결된 레지스터(`r31`) 제공
- ARM-32와는 달리, 모든 ARM-64 데이터 주소지정 방식은 모든 데이터 크기와 타입에 동작
- ARM-64는 ARM-32의 다중 적재와 저장 명령어 제거
- ARM-64는 ARM-32 명령어의 조건 실행 옵션을 생략

ARM-64는 여전히 다음과 같은 ARM-32의 몇 가지 약점을 공유하고 있다. 분기를 위한 조건 코드, 근원지와 목적지 레지스터 필드가 명령어 포맷에 따라 이동, 조건부 이동 명령어, 복잡한 주소지정 방식, 불일치한 성능 카운터, 그리고 유일한 32비트 길이 명령어이다. ARM-64는 Thumb-2가 32비트 주소로만 동작하므로 Thumb-2 ISA로 스위치할 수 없다.

RISC-V와 달리 ARM은 ISA 디자인에 최대화 접근 방식을 취할 것을 결정했다. 확실하게 ARM-32보다 더 나은 ISA이지만 크기도 더 크다. 예를 들어 ARM은 1000개 이상의

ISA	ARM-64	MIPS-64	x86-64	RV64I	RV64I+RV64C
Instructions	16	24	15	19	19
Bytes	64	96	46	76	52

그림 9.6: 4개의 ISA를 위한 삽입 정렬의 명령어 개수와 코드 크기. ARM Thumb-2와 microMIPS는 32비트 주소 ISA이므로 ARM-64와 MIPS-64에서 사용할 수 없다.

명령어를 가지고 있고 ARM-64 매뉴얼은 3185페이지 길이[ARM 2015]이다. 게다가 여전히 커지고 있는 중이다. 몇 년 전에 발표한 이후로 ARM-64에는 세 번의 확장이 있었다.

그림 9.9에 있는 삽입 정렬을 위한 ARM-64 코드는 ARM-32 코드 보다는 RV64I 코드 또는 x86-64 코드에 더 가까워 보인다. 예를 들어 31개의 레지스터가 있어서 스택에 레지스터를 저장하고 복구할 필요가 없다. 그리고 PC가 더 이상 레지스터들 중의 하나가 아니므로 ARM-64는 별도의 복귀 명령어를 사용한다.

표 9.6은 ISA에 대한 삽입 정렬에서 명령어 개수와 바이트 수를 요약한 표이다. 그림 9.8에서 9.11은 RV64I, ARM-64, MIPS-64, 그리고 x86-64로 컴파일된 코드를 보이고 있다. 4개 프로그램의 주석에 있는 괄호 구문은 2장에 있는 RV32I 버전과 RV64I 버전 사이의 차이점을 보이고 있다.

MIPS-64는 주로 채워있지 않은 지연 분기 슬롯에 있는 nop 명령어들 때문에 대부분 명령어가 필요하다. RV64I는 compare-and-branch 명령어가 있고 지연 분기가 없으므로 명령어가 덜 필요하다. ARM-64와 x86-64는 RV64I에서는 불필요한 두 개의 비교 명령어가 필요하지만, 스케일링 주소지정 방식이 있어서 RV64I에서는 필요한 주소 산술 연산 명령어가 필요없어서 가장 적은 명령어를 제공한다. 그러나 다음 절에서 설명하는 바와 같이 RV64I+RV64C는 훨씬 더 작은 코드 크기를 가지고 있다.

■ **고난도: *ARM-64, MIPS-64* 그리고 *x86-64*는 공식명칭이 아니다.**

공식 명칭은 ARMv8이 우리가 부르는 ARM-64이고, MIPS-IV는 MIPS-64, AMD64는 x86-64(x86-64의 역사에 대해서는 이전 페이지의 사이드바를 참조)이다.

9.3 프로그램 크기

Code Size

Performance

그림 9.7에서는 RV64, ARM-64, x86-64의 상대적 평균 코드 크기를 비교하고 있다. 이 그림과 1장에 있는 10페이지의 그림 1.5를 비교해보라. 먼저 RV32GC 코드는 RV64GC와의 크기 비교에서 단지 1% 정도 더 작으므로 거의 동일하다. RV32I와 RV64I에서도 유사하다. ARM-64 코드는 ARM-32 코드보다 8% 더 작지만 Thumb-2의 64비트 주소 버전이 없어서 모든 명령어는 32비트 길이로 남아있다. 따라서 ARM-64 코드는 ARM Thumb-2 코드보다 25% 더 크다. x86-64 명령어에서는 새로운 연산과 레지스터 집합을 확장하기 위해 접미사 옵코드를 추가했으므로 x86-64 코드는 x86-32 코드보다 7% 더 크다. ARM-64 코드는

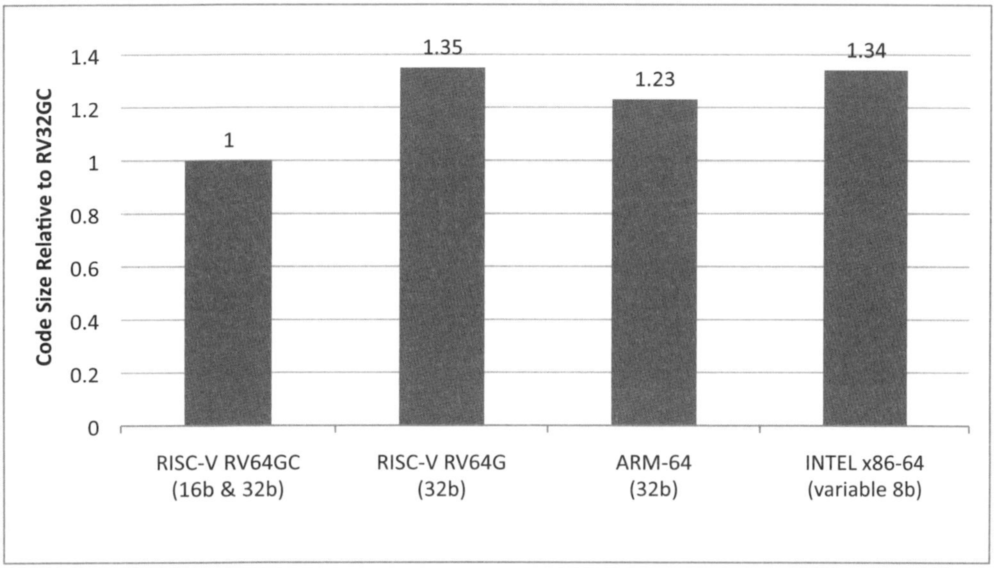

그림 9.7: RV64G, ARM-64, x86-64 vs. RV64GC의 상대적 프로그램 크기. 이 비교는 그림 9.6에 있는 것보다 훨씬 더 큰 프로그램으로 측정하였다. 이 그래프는 1장에 있는 10페이지의 그림 1.5에 있는 32비트 ISA의 그래프와 동일한 64비트 주소이다. RV32C 코드 크기는 RV64C와 거의 일치(1% 더 작은)한다. ARM-64를 위한 Thumb-2 옵션은 없으므로 다른 64비트 ISA의 코어는 RV64C 코드의 크기를 상당히 능가한다. 측정된 프로그램은 GCC 컴파일러가 사용하는 SPEC CPU2006 벤치마크[Waterman 2016]이다.

RV64GC보다 23% 더 크고 x86-64 코드는 RV64GC보다 34% 더 크므로 RV64GC의 승리이다. 그 차이는 충분히 커서 명령어 캐쉬 실패율을 낮춰서 성능을 향상시키거나 더 작은 명령어 캐쉬에서 만족할 만한 실패율을 제공하여 비용을 줄일 수 있다.

Cost

9.4 결론

One of the problems of being a pioneer is you always make mistakes, and I never, never want to be a pioneer. It's always best to come second when you can look at the mistakes the pioneers made.

—Seymour Cray, architect of the first supercomputer, 1976

주소 비트가 모자라는 것은 컴퓨터 구조의 아킬레스건이다. 많은 아키텍처가 그런 상처로 인해 마지막을 맞이했다. ARM-32와 Thumb-2는 32비트 구조로 남아있어서 큰 프로그램을 위해서는 도움이 되지 않는다. MIPS-64와 x86-64와 같은 몇몇 ISA는 변화에 살아남았지만 x86-64는 ISA 설계의 모범이 아니고 MIPS-64의 미래는 이 글을 작성하는 시점에서 명확하지 않다. ARM-64는 새로운 거대한 ISA이고, ARM-64가 얼마나 성공적일지는 시간이 말해줄 것이다.

MIPS 세 번째 소유자를 가지고 있다. 2012년에 $100M로 MIPS ISA를 구입한 Imagination Technologies는 2017년에 $65M에 Tallwood Venture Capital에 MIPS division을 팔았다.

RISC-V는 32비트와 64비트 구조를 함께 설계할 때 장점이 있지만 예전의 ISA는 순차적으로 설계해야 한다. 32비트와 64비트 사이의 변환이 RISC-V 프로그래머와 컴파일러 작성자에게 가장 쉽다는 것은 놀라운 일도 아니다. RV64I ISA는 가상적으로 모든 RV32I

명령어들이다. 실제로 레퍼런스 카드 두 페이지만으로 RV32GCV와 RV64GCV 둘 다를 나열할 수 있는 이유이기도 하다. 동시 설계에서 64비트 구조가 비좁은 32비트 옵코드 공간으로 압축할 필요가 없다는 것을 의미하는 것이 더욱 중요하다. RV64I 특히 RV64C는 선택적 명령어 확장이 가능한 공간이 많아 코드 크기에서 선두주자가 되었다.

Programmability

Room for Growth

Code Size

Elegance

우리는 RISC-V가 견고한 설계라는 추가적인 증거로 64비트 구조를 들고 있다. 만약 여러분이 개척자의 훌륭한 아이디어를 빌려올 수 있을 뿐만 아니라 그들의 실수로부터 배울 수도 있기 위해 20년 후에 시작한다면 틀림없이 더 쉽게 성취할 수 있을 것이다.

■ 고난도: *RV128*

RV128은 단순히 128비트 주소 ISA가 가능하다는 것을 보이기 위해 RISC-V 아키텍트들의 내부적인 농담으로 시작했다. 그러나 warehouse 크기 컴퓨터는 반도체 저장장치(DRAM과 플래쉬 메모리)의 2^{64}바이트 이상을 조만간 가지게 될 것이고 프로그래머는 메모리 주소로 접근하기를 원할 수 있다. 보안 향상[Woodruff et al. 2014]을 위해 128비트 주소를 사용하기 위한 제안도 있었다. RISC-V 매뉴얼은 RV128G[?]라고 부르는 전체 128비트 ISA를 명시한다. 추가적인 명령어는 그림 9.1부터 그림 9.4에서 보인 바와 같이 RV32에서 RV64로 가는데 필요한 것과 기본적으로 동일하다. 모든 레지스터들 또한 128비트로 커지고, 새로운 RV128 명령어들은 몇몇 명령어의 128비트 버전(`quadword`를 위한 이름에서 Q를 사용) 또는 나머지의 64비트 버전(`doubleword`의 이름에서 D를 사용) 중 하나로 명시한다.

9.5 추가 학습

I. ARM. ARMv8-A architecture reference manual. 2015.

M. Kerner and N. Padgett. A history of modern 64-bit computing. Technical report, CS Department, University of Washington, Feb 2007. URL `http://courses.cs.washington.edu/courses/csep590/06au/projects/history-64-bit.pdf`.

J. Mashey. The long road to 64 bits. *Communications of the ACM*, 52(1):45–53, 2009.

A. Waterman. *Design of the RISC-V Instruction Set Architecture*. PhD thesis, EECS Department, University of California, Berkeley, Jan 2016. URL `http://www2.eecs.berkeley.edu/Pubs/TechRpts/2016/EECS-2016-1.html`.

J. Woodruff, R. N. Watson, D. Chisnall, S. W. Moore, J. Anderson, B. Davis, B. Laurie, P. G. Neumann, R. Norton, and M. Roe. The CHERI capability model: Revisiting RISC in an age of risk. In *Computer Architecture (ISCA), 2014 ACM/IEEE 41st International Symposium on*, pages 457–468. IEEE, 2014.

```
# RV64I (19 instructions, 76 bytes, or 52 bytes with RV64C)
# a1 is n, a3 points to a[0], a4 is i, a5 is j, a6 is x
   0: 00850693  addi  a3,a0,8    # (8 vs 4) a3 is pointer to a[i]
   4: 00100713  li    a4,1       # i = 1
Outer Loop:
   8: 00b76463  bltu  a4,a1,10   # if i < n, jump to Continue Outer loop
Exit Outer Loop:
   c: 00008067  ret              # return from function
Continue Outer Loop:
  10: 0006b803  ld    a6,0(a3)   # (ld vs lw) x = a[i]
  14: 00068613  mv    a2,a3      # a2 is pointer to a[j]
  18: 00070793  mv    a5,a4      # j = i
Inner Loop:
  1c: ff863883  ld    a7,-8(a2)  # (ld vs lw, 8 vs 4) a7 = a[j-1]
  20: 01185a63  ble   a7,a6,34   # if a[j-1] <= a[i], jump to Exit Inner Loop
  24: 01163023  sd    a7,0(a2)   # (sd vs sw) a[j] = a[j-1]
  28: fff78793  addi  a5,a5,-1   # j--
  2c: ff860613  addi  a2,a2,-8   # (8 vs 4) decrement a2 to point to a[j]
  30: fe0796e3  bnez  a5,1c      # if j != 0, jump to Inner Loop
Exit Inner Loop:
  34: 00379793  slli  a5,a5,0x3  # (8 vs 4) multiply a5 by 8
  38: 00f507b3  add   a5,a0,a5   # a5 is now byte address of a[j]
  3c: 0107b023  sd    a6,0(a5)   # (sd vs sw) a[j] = x
  40: 00170713  addi  a4,a4,1    # i++
  44: 00868693  addi  a3,a3,8    # increment a3 to point to a[i]
  48: fc1ff06f  j     8          # jump to Outer Loop
```

그림 9.8: 그림 2.5에 있는 삽입 정렬을 위한 RV64I 코드. RV64I 어셈블리어 프로그램은 30페이지의 그림 2.8에 있는 RV32I 어셈블리어와 매우 유사하다. 주석 안에 있는 괄호에서 그 차이를 나열하고 있다. 데이터의 크기는 이제 4 대신 8바이트이어서 세 개의 명령어는 상수 4에서 8로 바뀐다. 이런 여분의 폭은 또한 두 개의 워드 적재(`lw`)를 더블워드 적재(`ld`)로 늘리고 두 개의 워드 저장(`sw`)을 더블워드 저장(`sd`)으로 늘린다.

```
# ARM-64 (16 instructions, 64 bytes)
# x0 points to a[0], x1 is n, x2 is j, x3 is i, x4 is x
  0: d2800023  mov  x3, #0x1            # i = 1
Outer Loop:
  4: eb01007f  cmp  x3, x1              # compare i vs n
  8: 54000043  b.cc 10                  # if i < n, jump to Continue Outer loop
Exit Outer Loop:
  c: d65f03c0  ret                      # return from function
Continue Outer Loop:
 10: f8637804  ldr  x4, [x0, x3, lsl #3] # (x4 ca r4) vs x = a[i]
 14: aa0303e2  mov  x2, x3              # (x2 vs r2) j = i
Inner Loop:
 18: 8b020c05  add  x5, x0, x2, lsl #3  # x5 is pointer to a[j]
 1c: f85f80a5  ldur x5, [x5, #-8]       # x5 = a[j]
 20: eb0400bf  cmp  x5, x4              # compare a[j-1] vs. x
 24: 5400008d  b.le 34                  # if a[j-1]<=a[i], jump to Exit Inner Loop

 28: f8227805  str  x5, [x0, x2, lsl #3] # a[j] = a[j-1]
 2c: f1000442  subs x2, x2, #0x1        # j--
 30: 54ffff41  b.ne 18                  # if j != 0, jump to Inner Loop
Exit Inner Loop:
 34: f8227804  str  x4, [x0, x2, lsl #3] # a[j] = x
 38: 91000463  add  x3, x3, #0x1        # i++
 3c: 17fffff2  b    4                   # jump to Outer Loop
```

그림 9.9: 그림 2.5에 있는 삽입 정렬을 위한 ARM-64 코드. ARM-64 어셈블리어 프로그램은 새로운 명령어 집합이므로 2장에 있는 33페이지의 그림 2.11에 있는 ARM-32 어셈블리어와 다르다. 레지스터는 a 대신에 x로 시작한다. 데이터 주소지정 방식은 인덱스를 바이트 주소로 스케일하기 위해 3비트까지 레지스터를 쉬프트할 수 있다. 31개 레지스터가 있어서 스택에 레지스터를 저장하거나 복구할 필요가 없다. PC는 범용 레지스터 중 하나가 아니어서 별도의 복귀 명령어를 사용한다. 사실 코드는 ARM-32 코드보다 RV64I 또는 x86-64 코드와 더 유사해 보인다.

```
# MIPS-64 (24 instructions, 96 bytes)
# a1 is n, a3 is pointer to a[0], v0 is j, v1 is i, t0 is x
  0: 64860008 daddiu a2,a0,8   # (daddiu vs addiu, 8 vs 4) a2 is pointer to a[i]
  4: 24030001 li     v1,1      # i = 1
Outer Loop:
  8: 0065102b sltu   v0,v1,a1  # set on i < n
  c: 14400003 bnez   v0,1c     # if i < n, jump to Continue Outer Loop
 10: 00c03825 move   a3,a2     # a3 is pointer to a[j] (slot filled)
 14: 03e00008 jr     ra        # return from function
 18: 00000000 nop              # branch delay slot unfilled
Continue Outer Loop:
 1c: dcc80000 ld     a4,0(a2)  # (ld vs lw) x = a[i]
 20: 00601025 move   v0,v1     # j = i
Inner Loop:
 24: dce9fff8 ld     a5,-8(a3) # (ld vs lw, 8 vs. 4, a5 vs t1) a5 = a[j-1]
 28: 0109502a slt    a6,a4,a5  # (no load delay slot) set a[i] < a[j-1]
 2c: 11400005 beqz   a6,44     # if a[j-1] <= a[i], jump to Exit Inner Loop
 30: 00000000 nop              # branch delay slot unfilled
 34: 6442ffff daddiu v0,v0,-1  # (daddiu vs addiu) j--
 38: fce90000 sd     a5,0(a3)  # (sd vs sw, a5 vs t1) a[j] = a[j-1]
 3c: 1440fff9 bnez   v0,24     # if j != 0, jump to Inner Loop (next slot filled)
 40: 64e7fff8 daddiu a3,a3,-8  # (daddiu vs addiu, 8 vs 4) decr a3 pointer to a[j]
Exit Inner Loop:
 44: 000210f8 dsll   v0,v0,0x3 # (dsll vs sll)
 48: 0082102d daddu  v0,a0,v0  # (daddu vs addu) v0 now byte address of a[j]
 4c: fc480000 sd     a4,0(v0)  # (sd vs sw) a[j] = x
 50: 64630001 daddiu v1,v1,1   # (daddiu vs addiu) i++
 54: 1000ffec b      8         # jump to Outer Loop (next delay slot filled)
 58: 64c60008 daddiu a2,a2,8   # (daddiu vs addiu, 8 vs 4) incr a2 pointer to a[i]
 5c: 00000000 nop              # Unncessary(?)
```

그림 9.10: 그림 2.5에 있는 삽입 정렬을 위한 MIPS-64 코드. MIPS-64 어셈블리어 프로그램은 2장에 있는 32 페이지의 그림 2.10에 있는 MIPS-32 어셈블리어와 몇 가지 차이가 있다. 첫째로 64비트 데이터를 위한 대부분의 연산은 그 이름에 `daddiu`, `daddu`, `dsll`과 같이 "d"를 붙인다. 그림 9.8과 같이 세 개의 명령어는 데이터의 크기가 4에서 8바이트로 커졌으므로 상수가 4에서 8로 변경되었다. RV64I와 같이 여분의 폭은 두 개의 워드 적재(`lw`)를 더블워드 적재(`ld`)로 두 개의 워드 저장(`sw`)은 더블워드 저장(`sd`)으로 늘어났다. 마지막으로 MIPS-64에는 read-after-write 의존성으로 파이프라인을 지연시키는 MIPS-32의 적재 지연 슬롯이 없다.

```
# x86-64 (15 instructions, 46 bytes)
# rax is j, rcx is x, rdx is i, rsi is n, rdi is pointer to a[0]
  0: ba 01 00 00 00 mov edx,0x1
Outer Loop:
  5: 48 39 f2       cmp rdx,rsi             # compare i vs. n
  8: 73 23          jae 2d <Exit Loop>      # if i >= n, jump to Exit Outer Loop
  a: 48 8b 0c d7    mov rcx,[rdi+rdx*8]     # x = a[i]
  e: 48 89 d0       mov rax,rdx             # j = i
Inner Loop:
 11: 4c 8b 44 c7 f8 mov r8,[rdi+rax*8-0x8]  # r8 = a[j-1]
 16: 49 39 c8       cmp r8,rcx              # compare a[j-1] vs. x
 19: 7e 09          jle 24 <Exit Loop>      # if a[j-1]<=a[i],jump to Exit InnerLoop
 1b: 4c 89 04 c7    mov [rdi+rax*8],r8      # a[j] = a[j-1]
 1f: 48 ff c8       dec rax                 # j--
 22: 75 ed          jne 11 <Inner Loop>     # if j != 0, jump to Inner Loop
Exit InnerLoop:
 24: 48 89 0c c7    mov [rdi+rax*8],rcx     # a[j] = x
 28: 48 ff c2       inc rdx                 # i++
 2b: eb d8          jmp 5 <Outer Loop>      # jump to Outer Loop
Exit Outer Loop:
 2d: c3             ret                     # return from function
```

그림 9.11: 그림 2.5에 있는 삽입 정렬을 위한 x86-64 코드. x86-64 어셈블리어 프로그램은 2장에 있는 33 페이지의 그림 2.11에 있는 x86-32 어셈블리어와 매우 다르다. 첫 번째로 RV64I와는 달리 더 넓은 레지스터는 `rax, rcx, rdx, rsi, rdi, r8`**과 같이 다른 이름을 가지고 있다. 두 번째로 x86-64는 8개 레지스터를 추가해서 메모리 대신에 레지스터에 모든 변수를 유지할 수 있기에 충분하다. 세 번째는 x86-64 명령어는 옵코드 공간에 새로운 명령어들을 넣기 위해 8비트 또는 16비트를 추가하여서 x86-32 보다 더 길다. 예를 들어 레지스터 증가 또는 감소(**`inc, dec`**)는 x86-32에서는 1바이트지만 x86-64에서는 3바이트이다. 따라서 더 적은 명령어가 많이 있지만 x86-64 삽입 정렬 코드 크기는 x86-32와 45바이트 vs. 46바이트로 거의 동일하다.**

10 RV32/64 특권 구조

Edsger W. Dijkstra (1930–2002) 는 프로그래밍 언어 개발에 근본적인 공헌을 한 공로로 1972년에 튜링 상을 받았다.

Simplicity is prerequisite for reliability.

—Edsger W. Dijkstra

10.1 소개

지금까지 범용 연산을 위해 RISC-V에서 지원하는 내용에 초점을 맞춰왔다. 앞서 설명한 모든 명령어는 응용 프로그램 코드가 일반적으로 실행되는 *사용자 모드(user mode)*에서 사용 가능하다. 본 장에서는 두 개의 새로운 *특권(privilege)* 모드를 소개한다. 첫 째는 가장 신뢰할 수 있는 코드를 실행하는 *머신 모드(machine mode)*와 두 번째는 리눅스, FreeBSD, 그리고 윈도즈와 같은 운영체제 지원을 위한 *수퍼바이저 모드(supervisor mode)*이다. 새로운 모드는 둘 다 사용자 모드보다 더 많은 특권을 갖고 있다. 이런 이유로 본 장의 제목이 특권 구조이다. 일반적으로 더 높은 특권 모드는 낮은 특권 모드의 모든 기능을 사용할 수 있고, 인터럽트를 처리하거나 I/O를 수행하는 능력과 같이 낮은 특권 모드가 사용할 수 없는 부가적인 기능이 추가된다. 프로세서는 일반적으로 가장 낮은 특권 모드에서 실행 시간의 대부분을 소모한다. 인터럽트와 예외상황 발생 시에는 높은 특권 모드로 제어권을 넘긴다.

임베디드 시스템 런타임과 운영체제는 이런 새로운 모드의 특징을 네트워크 패킷의

RV32/64 Privileged Instructions

{machine-mode / supervisor-mode} trap return

supervisor-mode fence.virtual memory address

wait for interrupt

그림 10.1: RISC-V 특권 명령어 다이어그램.

31 27 26 25	24 20	19 15	14 12	11 7	6 0	
0001000	00010	00000	000	00000	1110011	R sret
0011000	00010	00000	000	00000	1110011	R mret
0001000	00101	00000	000	00000	1110011	R wfi
0001001	rs2	rs1	000	00000	1110011	R sfence.vma

그림 10.2: RISC-V 특권 명령어 레이아웃, 옵코드, 포맷 타입, 이름. ([Waterman and Asanović 2017]의 표 6.1 기반의 그림)

도착과 같은 외부 이벤트에 응답하기 위해, 태스크 사이의 멀티태스킹과 보호를 지원하기 위해, 그리고 하드웨어 특성을 추상화하고 가상화하기 위해 사용한다. 이러한 주제의 범위를 고려하면 상세한 프로그래머 가이드는 별도의 책이 되어야 할 정도로 광범위하다. 대신에 본 장에서는 RISC-V 기능들 중 최고의 난이도를 달성하는데 목적이 있다. 임베디드 시스템 런타임과 운영체제에 관심이 없는 프로그래머는 본 장을 건너뛰거나 대충 훑어봐도 무방하다.

그림 10.1은 RISC-V 특권 명령어의 시각적 표현이고, 그림 10.2에서는 이 명령어들의 옵코드를 나열하고 있다. 여러분이 알 수 있는 바와 같이 특권 구조에는 아주 약간의 명령어가 추가되었고, 대신에 몇 개의 새로운 제어 및 상태 레지스터(CSR)를 이용해 추가 기능이 사용된다.

Simplicity

본 장은 RV32와 RV64 특권 구조를 함께 설명한다. 몇 개의 개념은 정수 레지스터의 크기에 대해서만 다르므로 설명이 간결하게 된다. 비트로 정수 레지스터의 폭을 언급하기 위해 XLEN 용어를 소개한다. XLEN은 RV32에 대해서는 32이고 RV64에 대해서는 64이다.

10.2 단순 임베디드 시스템을 위한 머신 모드

머신 모드(간단히 M-mode)는 RISC-V *hart*(hardware thread)가 실행될 수 있는 가장 높은 특권 모드이다. M-mode에서 실행하는 hart는 메모리, I/O, 그리고 시스템을 부팅하거나 설정하기 위한 낮은 수준의 시스템 특성에 모든 접근권한을 가지고 있다. 이와 같이 모든 표준 RISC-V 프로세서가 구현하는 유일한 특권 모드이다. 실제로 단순한 RISC-V 마이크로컨트롤러는 *유일하게* M-mode만을 지원한다. 그런 시스템들이 본 절에서의 관심사이다.

***Hart*는 *hardware thread*의 약자이다.** 대부분 프로그래머들에게 친근한 소프트웨어 쓰레드와 구별하기 위해 이 용어를 사용한다. 소프트웨어 쓰레드는 hart 위에서 시분할 다중화(time-multiplex)된다. 대부분 프로세서 코어는 단지 하나의 hart를 가지고 있다.

머신 모드의 가장 중요한 특성은 비정상적 런타임 이벤트인 *예외상황*을 가로채서 처리하는 능력이다. RISC-V는 예외상황을 두 개의 카테고리로 분류한다. *동기화 예외상황*은 부적절한 메모리 주소에 접근하거나 부적절한 옵코드를 가진 명령어를 실행하는 것과 같이 명령어의 실행 결과로 발생한다. *인터럽트*는 마우스 버튼 클릭과 같이 명령어 스트림과 비동기화된 외부 이벤트이다. RISC-V에서 예외상황은 *간결하다*. 예외 상황 이전의 모든 명령어는 실행이 완료되고, 그 이후의 명령어 중 어느 것도 실행을 시작한 것으로 나타나지 않는다. 그림 10.3에는 표준 예외 상황 원인을 나열하고 있다.

Isolation of Arch from Impl

Interrupt / $\overline{\text{Exception}}$ mcause[XLEN-1]	Exception Code mcause[XLEN-2:0]	Description
1	1	Supervisor software interrupt
1	3	Machine software interrupt
1	5	Supervisor timer interrupt
1	7	Machine timer interrupt
1	9	Supervisor external interrupt
1	11	Machine external interrupt
0	0	Instruction address misaligned
0	1	Instruction access fault
0	2	Illegal instruction
0	3	Breakpoint
0	4	Load address misaligned
0	5	Load access fault
0	6	Store address misaligned
0	7	Store access fault
0	8	Environment call from U-mode
0	9	Environment call from S-mode
0	11	Environment call from M-mode
0	12	Instruction page fault
0	13	Load page fault
0	15	Store page fault

그림 10.3: RISC-V 예외상황과 인터럽트 원인. `mcause`**의 최상위 비트는 인터럽트에 대해서 1로 설정되고 동기화 예외상황에 대해서는 0이 설정된다. 최하위 비트를 통해 인터럽트 또는 예외상황을 구분한다. 수퍼바이저 인터럽트와 페이지 폴트 예외상황은 수퍼바이저 모드가 구현되었을 때만 가능하다(10.5절 참조). ([Waterman and Asanović 2017]의 표 3.6 기반의 그림)**

다섯 종류의 동기화 예외상황이 M-mode를 실행하는 동안 발생할 수 있다.

- *접근 오류 예외상황(Access fault exceptions)은 물리 메모리 주소가 접근 타입을 지원하지 않을 때 발생한다(예를 들어 ROM에 저장하려고 시도하는 경우).*
- *브레이크포인트 예외상황(Breakpoint exceptions)은 `ebreak`를 실행하거나 주소 또는 데이터가 디버거 트리거와 일치할 때 발생한다.*
- *환경 호출 예외상황(Environment call exceptions)은 `ecall` 명령어 실행으로 발생한다.*
- *부적절한 명령어 예외상황(Illegal instruction exceptions)은 부적절한 옵코드로 해석되어 발생한다.*
- *비정렬 주소 예외상황(Misaligned address exceptions)은 유효 주소가 접근 크기로 나누어지지 않을 때(예를 들어 `0x12`의 주소를 가지는 `amoadd.w`) 발생한다.*

만약 여러분이 비정렬 적재와 저장을 허가한다는 2장의 언급을 떠올린다면, 왜 비정렬 적재와 저장 주소 예외상황이 그림 10.3에 나열되어 있는지 궁금할 것이다. 거기에는 두 가지 이유가 있다. 첫 째로 6장에 있는 원자적 메모리 연산은 자연적으로 정렬된 주소를 요구한다. 둘 째로 일부 구현자는 비정렬된 규칙적 적재와 저장이 구현하기 여려운 특성이고 자주 사용되지 않기 때문에 하드웨어적으로 지원하지 않는 것을 선택한다. 이런 하드웨어가 없는 프로세서에서 비정렬 적재 및 저장을 지원하기 위해서는 예외상황 처리기에서 트랩하여 더 작은 정렬 적재 및 저장의 시퀀스를 사용하여 소프트웨어적으로 에뮬레이션하는 방법을 사용해야한다. 응용 프로그램 코드는 전혀 알지 못한다. 하드웨어가 단순해지는 반면에 비정렬 메모리 접근은 느리지만 기대한 대로 동작한다. 대안으로 고성능의 프로세서는 하드웨어로 비정렬 적재와 저장을 구현할 수 있다. 이런 구현의 유연성은 구현에서 구조를 격리하기 위한 1장의 가이드라인에 따라 일반적인 적재 및 저장 옵코드를 사용하여 비정렬 적재 및 저장을 허용하기 위한 RISC-V의 결정 덕분이다.

비정렬된 명령어 주소 예외상황은 C 확장에서 발생할 수 없다. 왜냐하면 홀수 주소로 점프하는 것은 절대로 불가하기 때문이다. 분기와 수치 JAL은 항상 짝수이고, JALR은 유효 주소의 최하위 비트를 무시한다. C 확장 없이 이런 예외상황은 2 mod 4와 같은 주소로 점프할 때 발생한다.

Isolation of Arch from Impl

인터럽트는 세 개의 표준 소스(소프트웨어, 타이머, 외부)가 있다. 소프트웨어 인터럽트는 메모리에 매핑된 레지스터에 저장하면 트리거되는 방식으로 하나의 hart가 다른 hart를 인터럽트하기 위해 일반적으로 사용된다. 다른 구조와의 메커니즘은 *인터프로세서 인터럽트*라고 한다. 타이머 인터럽트는 `mtimecmp`라는 이름으로 메모리에 매핑된 레지스터인 hart의 시간 비교기가 실시간 카운터 `mtime`과 일치하거나 넘어설 때 발생한다. 외부 인터럽트는 대부분 외부 장치가 연결된 플랫폼 단계 인터럽트 컨트롤러에 의해 발생한다. 하드웨어 플랫폼마다 매모리 맵이 다르고 인터럽트 컨트롤러의 요구 기능이 다르기 때문에 인터럽트를 발생하고 지우는 메커니즘은 플랫폼마다 다르다. 모든 RISC-V 시스템에 대하여 일정하게 유지되는 것은 예외상황이 처리되는 방식과 인터럽트를 마스크하는 방식이고, 이에 대해서는 다음 절에 설명한다.

XLEN-1	XLEN-2 23	22	21	20	19	18	17
SD	*Reserved*	TSR	TW	TVM	MXR	SUM	MPRV
1	XLEN-24	1	1	1	1	1	1

16 15	14 13	12 11	10 9	8	7	6	5	4	3	2	1	0
XS	FS	MPP	*Res.*	SPP	MPIE	*Res.*	SPIE	*Res.*	MIE	*Res.*	SIE	*Res.*
2	2	2	2	1	1	1	1	1	1	1	1	1

그림 10.4: `mstatus` CSR. 머신 모드만 있고 F와 V 확장이 없는 단순한 프로세서에 있는 유일한 필드는 글로벌 인터럽트 활성화인 MIE, 그리고 예외상황 후에 MIE의 이전 값을 유지하는 MPIE이다. XLEN은 RV32에 대하여 32이고, RV64에 대해서는 64이다. [Waterman and Asanović 2017]의 그림 3.7 기반의 그림(다른 필드의 설명은 문서의 3.1 절 참조).

XLEN-1 12	11	10	9	8	7	6	5	4	3	2	1	0
Reserved	MEIP	*Res.*	SEIP	*Res.*	MTIP	*Res.*	STIP	*Res.*	MSIP	*Res.*	SSIP	*Res.*
Reserved	MEIE	*Res.*	SEIE	*Res.*	MTIE	*Res.*	STIE	*Res.*	MSIE	*Res.*	SSIE	*Res.*
XLEN-12	1	1	1	1	1	1	1	1	1	1	1	1

그림 10.5: 머신 인터럽트 CSR. 펜딩 인터럽트(`mip`)와 인터럽트 활성화 비트(`mie`)를 가지고 있는 XLEN-bit 읽기/쓰기 레지스터이다. `mip`에 있는 더 낮은 권한의 소프트웨어 인터럽트(SSIP), 타이머 인터럽트(STIP), 그리고 외부 인터럽트(SEIP)에 대응하는 비트만이 CSR 주소를 통해 쓰기 가능하고 나머지는 읽기 전용이다.

10.3 머신 모드 예외상황 처리

8개의 제어 및 상태 레지스터(CSR)는 머신 모드 예외상황 처리에 필수적이다.

- `mstatus`(*Machine Status*)는 그림 10.4에서 보는 바와 같이 다른 상태의 과잉에 덧붙여 글로벌 인터럽트 활성화를 가지고 있다.
- `mip`(*Machine Interrupt Pending*)는 현재 기다리는 인터럽트를 나열한다(그림 10.5).
- `mie`(*Machine Interrupt Enable*)는 프로세서가 어떤 인터럽트를 받아들이고 어떤 것을 무시해야 하는지 나열한다(그림 10.5).
- `mcause`(*Machine Exception Cause*)는 어떤 예외상황이 발생했는지 가리킨다(그림 10.6).

XLEN-1	XLEN-2 0
Interrupt	Exception Code
1	XLEN-1

그림 10.6: 머신 및 수퍼바이저 원인 CSR (`mcause`과 `scause`). 트랩이 발생했을 때 트랩의 원인이 되는 이벤트를 가리키는 코드가 CSR에 써진다. 인터럽트 비트는 만약 트랩의 원인이 인터럽트라면 설정된다. 예외상황 코드 필드에는 마지막 예외상황을 알 수 있는 코드를 포함하고 있다. 그림 10.3에는 코드 값과 그 트랩의 이유에 대해 설명한다.

XLEN-1	2 1 0
BASE[XLEN-1:2]	MODE
XLEN-2	2

그림 10.7: 머신 및 수퍼바이저 트랩 벡터 베이스 주소 CSR(`mtvec`와 `stvec`). 벡터 베이스 주소(BASE)와 벡터 모드(MODE)로 구성된 트랩 벡터 설정을 가지는 XLEN-bit 읽기/쓰기 레지스터이다. BASE 필드에 있는 값은 항상 4바이트 경계로 정렬되어 있어야 한다. MODE = 0은 모든 예외상황이 PC를 BASE로 설정한다는 것을 의미한다. MODE = 1은 비동기화 인터럽트에서 PC를 $(BASE + (4 \times cause))$으로 설정한다.

XLEN-1 0
Trap Value register `[m/s]tval`
Exception PC register `[m/s]epc`
Scratch register for Trap Handlers `[m/s]scratch`
XLEN

그림 10.8: 예외상황 및 인터럽트와 연관된 CSR. 트랩 값 레지스터(`mtval` 및 `stval`)은 결함있는 주소 또는 부적절한 명령어와 같은 유용한 추가적인 트랩 정보를 가지고 있다. Exception PC(`mepc` 및 `sepc`)는 결함있는 명령어를 가리킨다. 스크래치 레지스터(`mscratch` 및 `sscratch`)는 트랩 핸들러에게 사용할 자유로운 레지스터 하나를 준다.

- `mtvec`(*Machine Trap Vector*)은 예외상황이 발생했을 때 프로세서가 점프할 주소를 가지고 있다(그림 10.7).
- `mtval`(*Machine Trap Value*)은 추가적인 트랩 정보를 가지고 있다. 주소 예외상황을 위해 결함있는 주소를, 부적절한 명령어 예외상황을 위해 그 명령어 자체를, 그리고 다른 예외상황을 위해서는 0을 가지고 있다(그림 10.8).
- `mepc`(*Machine Exception PC*)는 예외상황이 발생한 명령어를 가리킨다(그림 10.8).
- `mscratch`(*Machine Scratch*)는 트랩 핸들러가 사용할 임시 저장 공간을 위해 한 워드의 데이터를 가지고 있다(그림 10.8).

RISC-V는 벡터 인터럽트도 지원한다. 프로세서는 하나의 진입점이 아니라 인터럽트에 따른 주소로 점프한다. 그 주소는 `mcause`를 읽고 해석할 필요가 없어서 인터럽트 처리 속도를 향상시킬 수 있다. `mtvec[0]`을 1로 설정하는 것은 이런 특성을 활성화한다. 인터럽트 원인 *x*라면 PC에 대부분 `mtvec`을 설정하는 대신에 (`mtvec`-1+4*x*)를 설정한다.

M-mode에서 실행할때 글로벌 인터럽트 활성화 비트 `mstatus`.MIE가 설정되어 있어야만 인터럽트가 발생한다. 게다가 각 인터럽트는 `mie` CSR에 자신의 활성화 비트를 가지고 있다. `mie`의 비트 위치는 그림 10.3에 있는 인터럽트 코드와 대응된다. 예를 들어 `mie`[7]은 M-mode 타이머 인터럽트와 대응된다. `mip` CSR은 같은 레이아웃을 가지고 있고 어떤 인터럽트가 현재 펜딩되어 있는지 가리킨다. 세 개의 모든 CSR에 함께 넣어 보면, 만약 `mstatus`.MIE=1이고 `mie`[7]=1이고 `mip`[7]=1이면 머신 타이머 인터럽트가 발생될 수 있다.

hart에서 예외상황이 발생했을때, 하드웨어는 원자적으로 몇 번의 상태 변이를 겪는다.

- 예외상황이 발생한 명령어의 PC는 `mepc`에 보존되고, PC는 `mtvec`으로 설정된다. (동기화 예외상황에 대하여 `mepc`는 예외상황의 원인이 되는 명령어를 가리킨다. 인터럽트에 대해서는 인터럽트가 처리된 후 어디에서부터 실행해야 할지를 가리킨다.)

Encoding	Name	Abbreviation
00	User	U
01	Supervisor	S
11	Machine	M

그림 10.9: RISC-V 특권 단계와 인코딩.

- mcause는 그림 10.3에서 인코딩된 것과 같이 예외상황 원인으로 설정되고, mtval은 결함이 있는 주소 또는 예외상황에 따른 정보로 설정된다.
- 인터럽트는 mstatus CSR에 있는 MIE=0으로 설정하여 비활성되고, MIE의 이전 값은 MPIE에 보존된다.
- 이전 예외상황 특권 모드는 mstatus' MPP 필드에 보존되고, 특권 모드는 M으로 변화된다. 그림 10.9는 MPP 필드의 인코딩을 보이고 있다. (만약 프로세서가 M-mode만 구현되어 있다면 이 단계는 효율적으로 건너뛴다.)

정수 레지스터의 내용을 덮어쓰는 것을 피하기 위해 인터럽트 핸들러의 프롤로그는 대개 정수 레지스터(예: a0)를 mscratch CSR과 스왑하는 것으로 시작한다. 소프트웨어는 mscratch가 추가적인 메모리에 있는 스크래치 공간에 대한 포인터를 포함하도록 배열할 것이고, 핸들러는 핸들러 바디에서 사용할 만큼의 정수 레지스터를 저장하는 데 사용한다. 바디가 실행된 후에, 인터럽트 핸들러 에필로그는 메모리에 저장했던 레지스터를 복구하고, 다시 a0를 mscratch와 스왑하고, 두 레지스터를 예외상황 이전의 값으로 복구한다. 마지막으로 핸들러는 M-mode의 고유한 명령어인 mret를 이용해 복귀한다. mret는 PC를 mepc로 설정하고, mstatus MPIE 필드를 MIE에 복사하여 이전 인터럽트 활성화 설정을 복구하고, 특권 모드를 mstatus' MPP 필드에 있는 값으로 설정한다. 앞 단락에서 기술된 동작을 정확하게 반대로 수행한다.

그림 10.10은 이런 패턴을 따르는 기본적인 타이머 인터럽트 핸들러에 대한 RISC-V 어셈블리 코드를 보이고 있다. 코드 내용은 단순히 시간 비교기를 증가시키고 이전 태스크로 복귀한다. 반면에 더욱 현실적인 타이머 인터럽트 핸들러는 태스크 사이의 전환을 위해 스케줄러를 호출할 수 있다. 선점형이 아니어서 핸들러가 실행 동안 인터럽트는 비활성화된 채로 유지된다. 그런 경고들은 제쳐두고 한 페이지로 보여주는 RISC-V 인터럽트 핸들러의 완벽한 예제다!

Simplicity

때때로 낮은 우선순위의 예외상황을 처리하는 동안에도 높은 우선순위의 인터럽트를 받아들이는 것이 바람직하다. 안타깝게도 단지 하나의 mepc, mcause, mtval, 그리고 mstatus CSR 복사본만 있어서 두 번째 인터럽트를 처리하게 된다면 이 레지스터들의 이전 값을 덮어쓰게 되므로 소프트웨어적으로 추가적인 도움이 없이는 데이터 손실이 불가피하다. 선점형 인터럽트 핸들러는 인터럽트를 활성화하기 전에 이런 레지스터를 메모리에 있는 스택에 저장할 수 있고, 그러고 나서 종료하기 전에 인터럽트를 비활성화하고

```
# save registers
csrrw a0, mscratch, a0  # save a0; set a0 = &temp storage
sw a1, 0(a0)            # save a1
sw a2, 4(a0)            # save a2
sw a3, 8(a0)            # save a3
sw a4, 12(a0)           # save a4

# decode interrupt cause
csrr a1, mcause         # read exception cause
bgez a1, exception      # branch if not an interrupt
andi a1, a1, 0x3f       # isolate interrupt cause
li a2, 7                # a2 = timer interrupt cause
bne a1, a2, otherInt    # branch if not a timer interrupt

# handle timer interrupt by incrementing time comparator
la a1, mtimecmp         # a1 = &time comparator
lw a2, 0(a1)            # load lower 32 bits of comparator
lw a3, 4(a1)            # load upper 32 bits of comparator
addi a4, a2, 1000       # increment lower bits by 1000 cycles
sltu a2, a4, a2         # generate carry-out
add a3, a3, a2          # increment upper bits
sw a3, 4(a1)            # store upper 32 bits
sw a4, 0(a1)            # store lower 32 bits

# restore registers and return
lw a4, 12(a0)           # restore a4
lw a3, 4(a0)            # restore a3
lw a2, 4(a0)            # restore a2
lw a1, 0(a0)            # restore a1
csrrw a0, mscratch, a0  # restore a0; mscratch = &temp storage
mret                    # return from handler
```

그림 10.10: 단순한 타이머 인터럽트 핸들러를 위한 RISC-V 코드. 인터럽트는 `mstatus`.MIE를 설정하여 전역적으로 활성화되어 있다고 코드에서는 가정한다. 타이머 인터럽트는 `mie`[7]을 설정하여 활성화되어 있고, `mtvec` CSR에는 이 핸들러의 주소가 설정되어 있고, `mscratch` CSR은 레지스터들을 저장하기 위한 16 바이트의 임시 저장소를 포함하는 버퍼의 주소로 설정되어 있다. 프롤로그는 5개의 레지스터를 저장하는데, `mscratch`에 `a0`를 그리고 메모리에 `a1`–`a4`를 보존한다. 그러고 나서 `mcause`를 조사하여 예외상황 원인을 해석한다. 만약 `mcause`<0 이면 인터럽트고 `mcause`≥0 이면 동기화 예외상황이다. 만약 인터럽트라면 `mcause`의 하위 비트가 M-mode 타이머 인터럽트를 의미하는 7인지 체크한다. 만약 타이머 인터럽트라면, 시간 비교기에 1000사이클을 더하여 다음 타이머 인터럽트가 앞으로 대략 1000 타이머 사이클에 발생하게 될 것이다. 마지막으로 에필로그는 `a0`–`a4`와 `mscratch` 레지스터를 복구하고 `mret`를 사용하여 왔었던 곳으로 복귀한다.

스택으로부터 레지스터를 복구한다.

Programmability

앞서 소개한 `mret` 명령어에 추가로 M-mode는 다른 명령어 `wfi`(*Wait For Interrupt*)를 제공한다. `wfi`는 프로세서에게 해야하는 유용한 일이 없다는 것을 알려서 활성화된 인터럽트가 펜딩((`mie` & `mip`)≠0)될 때까지 저전력 모드로 진입하게 한다. RISC-V 프로세서는 이 명령어를 인터럽트가 펜딩될 때까지 클럭을 멈추는 것을 포함한 다양한 방식으로 구현한다. 어떤 것은 단순히 `nop`로 실행한다. 따라서 `wfi`는 일반적으로 반복문 내부에서 사용된다.

■ 고난도: *wfi*는 인터럽트가 전역적으로 활성화되어 있든 아니든 작동한다.

만약 인터럽트가 전역적으로 활성화(`mstatus`.MIE=1)되고 활성화된 인터럽트가 펜딩이 될 때 `wfi`가 실행된다면, 프로세서는 예외상황 핸들러로 점프한다. 반면에 만약 인터럽트가 전역적으로 비활성화되고 활성화된 인터럽트가 펜딩 되었을 때 `wfi`가 실행된다면, 프로세서는 `wfi` 다음에 오는 코드를 계속해서 실행한다. 이 코드는 다음에 무엇을 할지 결정하기 위해 `mip` CSR을 조사한다. 이런 정책은 정수 레지스터를 저장하고 복구할 필요가 없어서 예외상황 핸들러로 점프하는 것과 비교해 인터럽트 지연시간을 줄일 수 있다.

10.4 임베디드 시스템에서 사용자 모드와 프로세스 격리

머신 모드는 단순한 임베디드 시스템에서는 충분할지 모르지만 M-mode에서는 하드웨어 플랫폼을 제한 없이 접근하기 때문에 전체 코드 기반을 신뢰할 수 있는 경우에만 적합하다. 응용프로그램 코드는 사전에 알려져 있지 않거나 너무 방대해서 정확하다고 증명할 수 없으므로 모두 신뢰하는 것은 실용적이지 않다. 그래서 RISC-V는 신뢰할 수 없는 코드로부터 시스템을 보호하고 신뢰할 수 없는 프로세스 간에 서로를 보호하기 위한 메커니즘을 제공한다.

Programmability

신뢰할 수 없는 코드는 프로그램이 시스템에 대한 통제 권한을 허락하는 `mret`와 같은 특권 명령어 실행과 `mstatus`와 같은 특권 CSR 접근을 금지해야만 한다. 이런 제한은 충분히 쉽게 달성된다. 추가적인 특권 모드인 *유저 모드*(U-mode)는 M-mode 명령어 또는 CSR을 사용하려고 시도할 때 부적절한 명령어 예외상황을 발생하여 이런 특성에 대한 접근을 거부한다. 그렇지 않으면 U-mode와 M-mode는 매우 유사하게 동작한다. M-mode 소프트웨어는 `mstatus`.MPP를 U(그림 10.9에서와 같이 0으로 인코딩되어 있음)로 설정하고 나서 `mret` 명령어를 실행하여 U-mode로 진입할 수 있다. 만약 예외상황이 U-mode에서 발생하면 제어권은 M-mode로 복귀된다.

신뢰할 수 없는 코드는 자신의 메모리에만 접근하도록 제한되어야 한다. M과 U 모드를 구현한 프로세서는 U-mode가 어느 메모리 주소에 접근할 수 있는지 M-mode에서 명시하는 *Physical Memory Protection*(PMP)이라 불리는 기능을 가지고 있다. PMP는 몇 개의 주소 레지스터(대개 8개에서 16개)와 대응하는 설정 레지스터로 구성되어 있어 읽기, 쓰기, 실행하기 허가를 승인하거나 거부한다. U-mode에서 프로세서가 명령어를 읽어오거나 적재

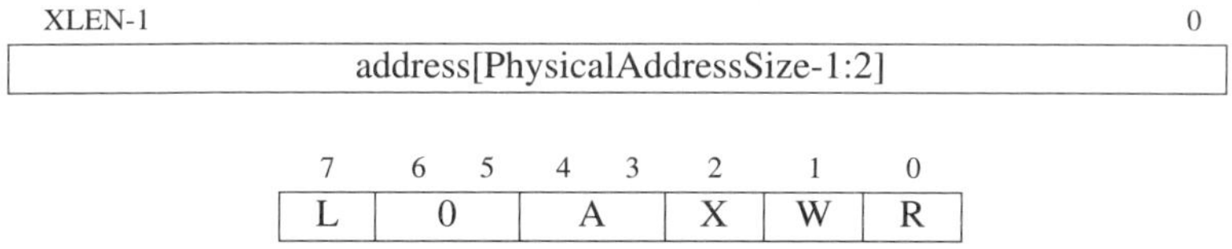

그림 10.11: PMP 주소 및 설정 레지스터 주소 레지스터는 2만큼 오른쪽으로 쉬프트되어 있고, 만약 물리 주소가 XLEN-2 비트 폭 보다 적다면 상위 비트는 0이 된다. R, W, 그리고 X 필드는 읽기, 쓰기, 그리고 실행 권한을 부여한다. A 필드는 PMP 모드를 설정하고, L 필드는 PMP와 대응하는 주소 레지스터에 잠금을 설정한다.

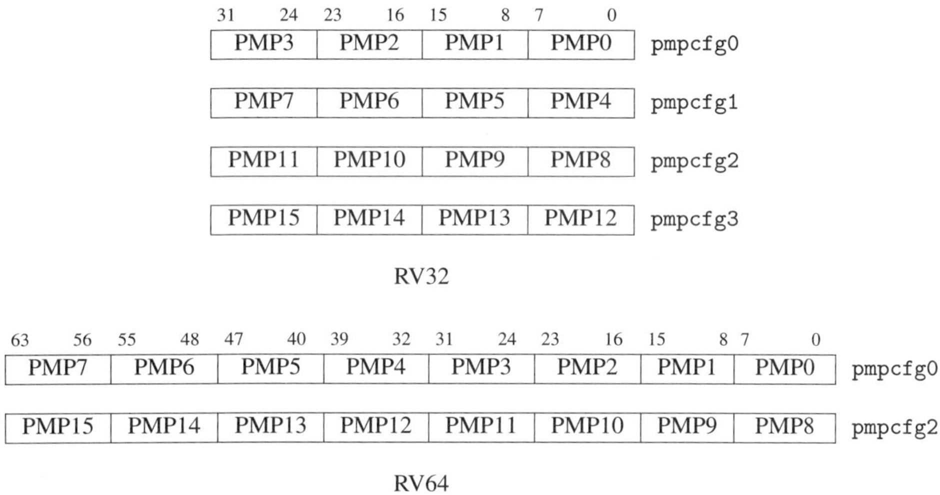

그림 10.12: `pmpcfg` **CSR에 있는 PMP 설정의 레이아웃. RV32(위)에 대하여 16개의 설정 레지스터가 4개의 CSR에 묶여 있다. RV64(아래)에 대하여 2개의 짝수로 된 CSR에 묶여 있다.**

또는 저장을 실행하려고 시도할 때, 주소는 모든 PMP 주소 레지스터와 비교가 된다. 만약 주소가 PMP 주소 *i*와 더 크거나 같다면 또는 PMP 주소 *i*+1 보다 작다면 PMP *i*+1's 설정 레지스터는 메모리 접근을 진행할지를 결정한다. 그렇지 않으면 접근 예외상황을 발생한다.

그림 10.11은 PMP 주소 및 설정 레지스터의 레이아웃을 보인다. 둘 다 `pmpaddr0`에서 `pmpaddr`*N*으로 명명된 주소 레지스터를 가지는 CSR이다(*N*+1은 구현된 PMP의 갯수). 주소 레지스터는 PMP가 4바이트 세분화(granularity)를 가지고 있으므로 2비트 오른쪽으로 쉬프트된다. 설정 레지스터는 그림 10.12에서 볼 수 있는 것과 같이 실행환경 변환(context switching)을 가속하기 위해 CSR에 빽빽하게 들어차 있다. PMP의 설정은 R, W, X 비트로 구성되어 각각 적재, 저장, 실행의 허가를 설정한다. 그리고 모드 필드 A는 0일때 PMP를 비활성화하고 1일때 활성화한다. PMP 설정은 또한 다른 모드를 지원하고 잠길 수 있으며 이 기능은 [Waterman and Asanović 2017]에서 설명한다.

XLEN-1	0
Exception Delegation register [m/s]edeleg	
Interrupt Delegation register [m/s]ideleg	
XLEN	

그림 10.13: CSR 위임. 머신과 수퍼바이저 예외상황 그리고 인터럽트 위임 CSR(`medeleg`**,** `sedeleg`**,** `mideleg`**,** `sideleg`**). 이들은 [m/s]ip 레지스터에 대응하는 예외상황 또는 인터럽트를 활성화하는 비트 위치의 인덱스로 낮은 권한의 트랩 핸들러에 위임을 활성화한다.**

XLEN-1 10	9	8	7 6	5	4	3 2	1	0
Reserved	SEIP	*Res.*	*Res.*	STIP	*Res.*	*Res.*	SSIP	*Res.*
Reserved	SEIE	*Res.*	*Res.*	STIE	*Res.*	*Res.*	SSIE	*Res.*
XLEN-10	1	1	2	1	1	2	1	1

그림 10.14: 수퍼바이저 인터럽트 CSR. 펜딩 인터럽트(`sip`**)와 인터럽트 활성화 비트(**`sie`**)를 가지고 있는 XLEN-bit 읽기/쓰기 레지스터이다.**

10.5 현대 운영체제를 위한 수퍼바이저 모드

이전 절에서 설명한 PMP 방식은 상대적인 저비용으로 메모리 보호를 제공하여 임베디드 시스템에서 매력적이지만, 범용 컴퓨팅에서 사용하는데 제한이 되는 약점을 몇 가지 가지고 있다. PMP는 고정된 개수의 메모리 지역에만 설정가능하여 복잡한 응용 프로그램에 대해서 확장되지 않는다. 그리고 이런 지역은 물리 메모리에서 연속적이어야 하므로 시스템은 메모리 파편화를 겪게 될 것이다. 마지막으로 PMP는 보조 기억장치에 페이징을 효율적으로 지원하지 않는다.

파편화는 메모리를 사용할 수 있지만 연속적으로 사용할 만큼 충분히 큰 청크가 없을 때 발생한다.

더욱 복잡한 RISC-V 프로세서에서는 페이지 기반 가상 메모리를 사용하는 거의 모든 범용 구조와 동일한 방식으로 이런 문제를 해결하려 한다. 이런 특징은 현대의 유닉스와 같은 운영체제(리눅스, FreeBSD, 윈도즈와 같은)를 지원하기 위해 설계된 선택적 특권 모드인 *수퍼바이저 모드*(S-mode)의 핵심이다. S-mode는 U-mode보다 더 특권이 높지만, M-mode 보다는 낮은 특권을 가진다. U-mode 같이 S-mode 소프트웨어는 M-mode CSR과 명령어를 사용할 수 없고 PMP 제한에 종속된다. 이 절은 S-mode 인터럽트와 예외상황에 대해 다루고, 다음 절은 S-mode 가상 메모리 시스템을 설명한다.

왜 무조건적으로 S-mode에 인터럽트를 위임하지 않는가? 하나의 이유는 가상화이다. 만약 M-mode가 S-mode를 위한 장치를 가상화하고 싶다면, 그 인터럽트는 S-mode가 아니라 M-mode로 가야만한다.

기본적으로 특권 모드와 관계없이 모든 예외상황은 M-mode 예외상황 핸들러로 제어권을 넘긴다. Unix 시스템에 있는 대부분의 예외상황은 운영체제를 호출해야만 해서 S-mode에서 실행한다. M-mode 예외상황 핸들러는 S-mode로 방향을 재설정할 수 있지만, 이런 추가적인 코드로 인해 대부분의 예외상황 처리가 느려지게 된다. 그래서 RISC-V는 *예외상황 위임(exception delegation)*을 제공하여 인터럽트와 동기화 예외상황은 M-mode 소프트웨어를 완전히 바이패스하여 선택적으로 S-mode로 위임될 수 있다.

`mideleg`(*Machine Interrupt Delegation*) CSR에서 어떤 인터럽트를 S-mode로 위임하

XLEN-1	XLEN-2 20	19	18	17
SD	*Reserved*	MXR	SUM	*Res.*
1	XLEN-21	1	1	1

16 15	14 13	12 9	8	7 6	5	4	3 2	1	0
XS[1:0]	FS[1:0]	*Res.*	SPP	*Res.*	SPIE	UPIE	*Res.*	SIE	UIE
2	2	4	1	2	1	1	2	1	1

그림 10.15: `sstatus` CSR. `sstatus`는 `mstatus`의 부분집합(그림 10.4)이므로 레이아웃이 유사하다. SIE와 SPIE는 `mstatus`에서 MIE와 MPIE와 유사하게 현재와 이전 예외상황 인터럽트 활성화를 가지고 있다. XLEN은 RV32에 대하여 32이고 RV64에 대해서는 64이다. [Waterman and Asanović 2017]의 그림 4.2 기반의 그림이다. 다른 필드의 설명에 대해서는 이 문서의 4.1절을 참조하라.

는지 제어한다(그림 10.13). `mip`와 `mie` 같이 `mideleg`에 있는 각 비트는 그림 10.3에 있는 같은 숫자의 예외상황 코드와 대응된다. 예를 들어 `mideleg`[5]는 S-mode 타이머 인터럽트에 대응한다. 만약 설정되어있다면 S-mode 타이머 인터럽트는 M-mode 예외상황 핸들러가 아니라 S-mode 예외상황 핸들러로 제어권이 넘어갈 것이다.

S-mode에서는 타이머와 소프트웨어 인터럽트를 직접적으로 제어하지 않는다. 대신에 타이머를 설정하거나 프로세서간 인터럽트를 보내기 위해 `ecall` 명령어를 사용하여 M-mode에 요청한다. 이런 소프트웨어 규약은 *Supervisor Binary Interface* 중 일부이다.

S-mode에 위임된 인터럽트는 S-mode 소프트웨어로 마스크할 수 있다. `sie`(*Supervisor Interrupt Enable*)과 `sip`(*Supervisor Interrupt Pending*) CSR은 `mie`와 `mip` CSR(그림 10.14)의 부분집합인 S-mode CSR이다. M-mode와 레이아웃은 같지만 `mideleg`에서 위임된 인터럽트에 해당하는 비트만 `sie`와 `sip`를 통해 읽고 쓸 수 있다. 위임되지 않은 인터럽트에 해당하는 비트는 항상 0이다.

M-mode는 동기화 예외상황을 `medeleg`(*Machine Exception Delegation*) CSR(그림 10.13)을 사용하여 S-mode로도 위임할 수 있다. 메커니즘은 인터럽트 위임과 유사하지만, 대신 `medeleg`에 있는 비트는 그림 10.3에 있는 동기화 예외상황 코드에 대응한다. 예를 들어 `medeleg`[15] 설정은 S-mode에 저장 페이지 폴트를 위임할 것이다.

예외상황은 위임 설정이 어떻든 간에 낮은 특권 모드로 제어권을 절대로 넘기지 않는 것에 주의하라. M-mode에서 발생하는 예외상황은 항상 M-mode에서 처리된다. S-mode에서 발생하는 예외상황은 위임 설정에 따라 M-mode 또는 S-mode에서 처리될 수 있지만 절대 U-mode에서 처리되지는 않는다.

S-mode는 몇 개의 예외상황 처리 CSR(`scause`, `stvec`, `sepec`, `stval`, `sscratch`, `sstatus`)을 가지고 있어 10.2절(그림 10.7부터 그림 10.8)에서 설명한 M-mode에 대하여 같은 기능을 수행한다. 그림 10.15에서는 `sstatus` 레지스터의 레이아웃을 보이고 있다. 수퍼바이저 예외상황 복귀 명령어 `sret`는 `mret`와 같이 동작하지만 M-mode 대신에 S-mode 예외상황 처리 CSR에서 작동한다.

예외상황을 처리하는 동작은 M-mode와 매우 유사하다. 만약 hart가 예외상황을 접수하고 S-mode에 위임한다면, 하드웨어는 M-mode CSR 대신에 S-mode CSR을 사용하여 몇 가지 유사한 상태 전이를 원자적으로 겪게 된다.

Simplicity

31–20	19–10	9–8	7	6	5	4	3	2	1	0
PPN[1]	PPN[0]	RSW	D	A	G	U	X	W	R	V
12	10	2	1	1	1	1	1	1	1	1

그림 10.16: RV32 Sv32 페이지 테이블 엔트리(PTE).

- 예외상황이 발생한 명령어의 PC는 `sepc`에 보존되고 PC는 `stvec`으로 설정된다.
- `scause`는 그림 10.3에서 인코딩된 것과 같이 예외상황 원인으로 설정되고, `stval`은 결함있는 주소 또는 어떤 다른 예외상황에 관련된 정보로 설정된다.
- 인터럽트는 `sstatus` CSR에 있는 SIE=0으로 설정하여 비활성화되고, SIE의 이전 값은 SPIE에 보존된다.
- 이전 예외상황 특권 모드는 `sstatus`' SPP 필드에 보존되고, 특권 모드는 S로 변경된다.

10.6 페이지 기반 가상 메모리

S-mode는 주소 변환과 메모리 보호를 목적으로 *페이지*라는 고정된 크기로 메모리를 나누어 관리하는 전통적인 가상 메모리 시스템을 제공한다. 페이징이 활성화 되었을 때 대부분의 주소(유효 주소 적재와 저장 그리고 PC를 포함하여)는 물리 메모리에 접근하기 위해 *물리 주소*로 변환되어야 하는 *가상 주소*이다. 가상 주소는 *페이지 테이블*로 알려진 high-radix 트리를 탐색하여 물리 주소로 변환된다. 페이지 테이블에 있는 리프 노드에서 가상 주소가 물리 주소에 매핑되어 있는지에 대해 알 수 있고, 만약 그렇다면 그 페이지에 접근하기 위해서는 어떤 특권 모드와 접근 타입이 있는지를 알 수 있다. 매핑되지 않은 페이지와 충분하지 않은 권한으로 접근하면 *페이지 폴트 예외상황*이 발생된다.

4 KiB 페이지는 IBM 360 모델 67에서 시작하여 50년 동안 사용되어 왔다. 페이징을 사용한 첫 번째 컴퓨터는 3 KiB 페이지(6바이트 워드)를 가지고 있었다. 컴퓨터 성능과 메모리 용량이 기하급수적으로 발전한 반세기 후에도 페이지 크기가 사실상 변하지 않았다는 사실은 놀라울 정도다.

RISC-V 페이징 방식은 Sv*X*로 명명되고, 여기에서 *X*는 비트로 된 가상 주소의 크기이다. RV32의 페이징 방식(Sv32)은 4 GiB 가상 주소 공간을 지원하여 4 MiB 크기의 2^{10} *메가페이지*로 나누어진다. 각 메가페이지는 4 KiB(페이징의 기본 단위)의 2^{10} *기본 페이지*로 다시 나누어진다. 따라서 Sv32의 페이지 테이블은 radix 2^{10}의 2단계 트리다. 페이지 테이블에서 각 엔트리는 4 바이트이어서 페이지 테이블은 그 자체로 4 KiB이다. 페이지 테이블이 정확하게 한 페이지의 크기와 같은 것은 우연의 일치가 아니다. 이런 설계는 운영체제 메모리 할당을 단순화한다.

그림 10.16은 Sv32 페이지 테이블 엔트리(PTE)의 레이아웃을 보이고 있고 다음의 필드를 가지고 있다. 오른쪽에서 왼쪽으로 설명한다.

- V 비트는 PTE의 나머지가 적절한지(V=1) 나타낸다. 만약 V=0 이면 PTE를 탐색하는 가상 주소 변환은 페이지 폴트를 초래한다.

- R, W, X 비트는 그 페이지에 대한 읽기, 쓰기, 실행 허가를 각각 가리킨다. 만약 모든 3개의 비트가 0이라면 이 PTE는 페이지 테이블의 다음 단계를 가리키는 포인터이다. 그렇지 않으면 트리의 리프이다.

OS는 보조 저장장치에 스왑할 페이지를 결정하기 위해 A 및 D 비트에 의존한다. 주기적으로 A 비트를 지워서 어느 페이지가 가장 덜 최근에 사용되었는지(least-recently used) 가늠하는 것은 OS에 도움을 준다. D 비트는 해당 페이지를 보조 저장장치에 다시 써야 하므로 스왑 아웃(swap out)하는데 더 비싸다는 것을 나타낸다.

- U 비트는 이 페이지가 사용자 페이지인지 의미한다. 만약 U=0 이라면 U-mode에서는 이 페이지에 접근할 수 없고 S-mode에서 가능하다. 만약 U=1 이라면 U-mode에서 이 페이지에 접근할 수 있고 S-mode에서는 접근할 수 없다.
- G 비트는 이 매핑이 모든 가상 주소 공간에 존재하는지 나타내고, 하드웨어가 주소 변환 성능을 향상시키는데 사용할 수 있는 정보이다. 일반적으로 운영체제에 속한 페이지에 대해서만 사용할 수 있다.
- A 비트는 그 페이지가 A 비트가 마지막으로 지워진 이후에 접근된 적이 있는지를 나타낸다.
- D 비트는 그 페이지가 D 비트가 마지막으로 지워진 이후에 더럽혀진(즉, 써진)적이 있는지를 나타낸다.
- RSW 필드는 운영체제 사용을 위해 남겨져있고 하드웨어는 이 필드를 무시한다.
- PPN 필드는 물리 주소의 일부인 물리 페이지 번호를 가지고 있다. 만약 이 PTE가 리프라면 PPN은 변환된 물리 주소의 일부이다. 그렇지 않다면 PPN은 페이지 테이블의 다음 단계의 주소를 제공한다. (그림 10.16은 주소 변환 알고리즘의 설명을 단순화하기 위해 PPN을 두 개의 하위필드로 나눈다.)

다른 RV64 페이징 정책은 단순하게 페이지 테이블에 더 많은 단계를 추가한다. Sv48은 Sv39와 거의 동일하지만 가상 주소 공간이 2^9배 더 크고 페이지 테이블이 한 단계 더 깊다.

RV64는 다중 페이징 정책을 지원하지만 가장 유명한 Sv39만을 설명한다. Sv39는 Sv32와 같이 4 KiB 기본 페이지를 사용한다. 페이지 테이블 엔트리는 크기가 두 배가 되어 8 바이트라서 더 큰 물리 주소를 가질 수 있다. 페이지 테이블이 정확하게 페이지 크기라는 불변성을 유지하기 위해 트리의 radix는 그에 상응하는 2^9로 떨어진다. 트리는 3단계 깊이이다. Sv39의 512 GiB 주소 공간은 각 1 GiB인 2^9 *기가페이지*로 나누어진다. 각 기가페이지는 2^9 메가페이지로 다시 나누어지고, Sv39에서는 Sv32에서 보다 약간 더 작은 2 MiB이다. 각 메가페이지는 4 KiB인 2^9 기본 페이지로 다시 나누어진다.

그림 10.17은 Sv39 PTE의 레이아웃을 보이고 있다. PPN 필드가 56비트 물리 주소 또는 물리 주소 공간의 2^{26} GiB를 지원하기 위해 44 비트로 넓어졌다는 것만 제외하고 Sv32 PTE와 동일하다.

63–54	53–28	27–19	18–10	9–8	7	6	5	4	3	2	1	0
Reserved	PPN[2]	PPN[1]	PPN[0]	RSW	D	A	G	U	X	W	R	V
10	26	9	9	2	1	1	1	1	1	1	1	1

그림 10.17: RV64 Sv39 페이지 테이블 엔트리(PTE).

	31	30–22	21–0
RV32	MODE	ASID	PPN
	1	9	22

	63–60	59–44	43–0
RV64	MODE	ASID	PPN
	4	16	44

그림 10.18: `satp` CSR. [Waterman and Asanović 2017]의 그림 4.11과 4.12 기반의 그림.

■ 고난도: 사용하지 않는 주소 비트

Sv39의 가상 주소는 RV64 정수 레지스터보다 더 좁으므로 나머지 25비트는 무엇이 되는지 궁금해 할 것이다. Sv39는 63–39번 주소 비트가 38번 비트의 복사본이 되도록 규정하고 있다. 따라서 타당한 가상 주소는 $\texttt{0000\_0000\_0000\_0000}_{hex}$–$\texttt{0000\_003f\_ffff\_ffff}_{hex}$ 그리고 $\texttt{ffff\_ffc0\_0000\_0000}_{hex}$–$\texttt{ffff_ffff_ffff_ffff}_{hex}$이다. 두 범위 사이의 간격은 두 범위가 결합된 크기보다 물론 2^{25} 배 더 커서 대략 64비트 레지스터가 표현할 수 있는 값의 99.999997%를 낭비한다. 왜 이런 여분의 25비트를 더 잘 사용하지 않은걸까? 대답은 프로그램이 가상 주소 공간의 512 GiB 이상 필요하도록 증가하므로 아키텍트는 하위 호환성을 깨지않고 주소 공간을 증가시키길 원하기 때문이다. 만약 프로그램이 25비트 이상에 다른 데이터를 저장하도록 한다면, 나중에 더 큰 주소를 가지기 위해 그 비트를 회수하는 것은 불가능할 것이다. 사용하지 않는 주소 비트에 데이터 저장을 허용하는 것은 심각한 오류지만, 컴퓨팅 역사에서 여러 번 반복되어 온 오류다.

S-mode CSR `satp`(*Supervisor Address Translation and Protection*)는 페이징 시스템을 제어한다. 그림 10.18에서 보이는 것과 같이 `satp`는 3개의 필드를 가지고 있다. MODE 필드는 페이징을 활성화시키고 페이지 테이블 깊이를 선택한다(그림 10.19는 인코딩을 보이고 있다). ASID(*Address Space Identifier*) 필드는 선택사항이고 컨텍스트 변환의 비용을 줄이기 위해 사용할 수 있다. 마지막으로 PPN 필드는 4 KiB 페이지 크기로 나눈 루트 페이지 테이블의 물리 주소를 가지고 있다. 일반적으로 M-mode 소프트웨어는 처음으로 S-mode로 진입하기 전에 `satp`에 0을 저장하여 페이징을 비활성화하고, 그리고 나서 S-mode 소프트웨어는 페이지 테이블을 설정한 후 다시 0을 저장한다.

RV32		
Value	Name	Description
0	Bare	No translation or protection.
1	Sv32	Page-based 32-bit virtual addressing.
RV64		
Value	Name	Description
0	Bare	No translation or protection.
8	Sv39	Page-based 39-bit virtual addressing.
9	Sv48	Page-based 48-bit virtual addressing.

그림 10.19: `satp` CSR에 있는 MODE 필드의 인코딩. [Waterman and Asanović 2017]의 표 4.3 기반의 그림.

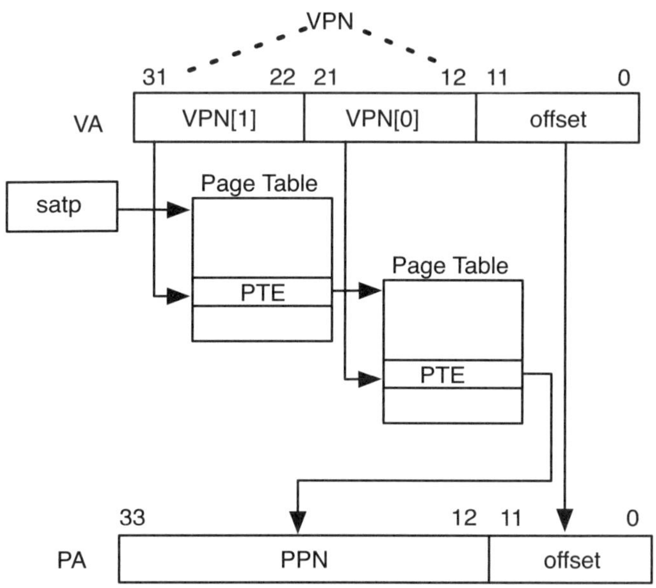

그림 10.20: Sv32 주소 변환 과정 다이어그램.

페이징이 `satp` 레지스터에서 활성화될 때 S-mode와 U-mode 가상 주소는 루트에서 시작하여 페이지 테이블을 탐색하여 물리 주소로 변환된다. 그림 10.20은 이 과정을 설명한다.

1. `satp`.PPN은 첫 번째 단계 페이지 테이블의 베이스 주소를 주고, VA[31:22]는 첫 번째 단계 인덱스를 제공하여 프로세서는 주소(`satp`.PPN×4096 + VA[31:22]×4)에 위치해 있는 PTE를 읽는다.
2. 그 PTE는 두 번째 단계 페이지 테이블의 베이스 주소를 포함하고 있고 VA[21:12]는 두 번째 단계 인덱스를 제공하여 프로세서는(PTE.PPN×4096 + VA[21:12]×4)에 위치한 리프 PTE를 읽는다.

3. 리프 PTE의 PPN 필드와 *페이지 오프셋*(원래 가상 주소의 하위 12 비트)은 마지막 결과를 만든다. 물리 주소는 LeafPTE.PPN×4096 + VA[11:0]이다.

그리고 나서 프로세서는 물리 메모리에 접근한다. 변환 과정은 더 큰 PTE와 간접 지정의 추가 한 단계를 제외하면 Sv39는 Sv32와 거의 동일하다. 본 장의 마지막에 있는 그림 10.27은 페이지 테이블 탐색 알고리즘에 대한 완전한 설명, 예외상황 조건에 대한 자세한 설명, 그리고 수퍼페이지 변환의 특별한 경우에 대하여 설명한다.

Cost

RISC-V 페이징 시스템에는 이것이 거의 전부이고 이제 하나만 남아있다. 만약 모든 명령어 내보내기, 적재, 그리고 저장이 페이지 테이블에 몇 번씩 접근하게 된다면, 페이징은 상당히 성능을 저하시킬 것이다! 모든 현대적 프로세서에는 이런 오버헤드를 주소 변환 캐쉬(보통 TLB (Translation Lookaside Buffer)라고 부름)를 사용해 줄이고 있다. 캐쉬의 비용을 줄이기 위해 대부분 프로세서는 캐쉬의 내용과 페이지 테이블을 자동적으로 일치시키지 않는다. 만약 운영체제가 페이지 테이블을 변경한다면 캐쉬는 이전 데이터가 된다. S-mode는 이런 문제를 해결하기 위해 하나 더 명령어를 추가한다. `sfence.vma`는 프로세서에게 소프트웨어가 페이지 테이블을 수정했을 수 있음을 알려, 프로세서가 적절하게 변환 캐쉬를 비울 수 있도록 한다. 그 명령어에는 비워야 할 캐쉬의 범위를 좁힐 수 있는 두 개의 선택적 매개변수가 있다. rs1은 페이지 테이블에 있는 어떤 가상 주소의 변환이 변경되었는지 가리키고, rs2는 페이지 테이블이 변경된 프로세스의 주소 공간 식별자를 나타낸다. 만약 x0이 두 매개변수 모두 주어진다면, 전체 변환 캐쉬는 비워지게 된다.

■ 고난도: 멀티프로세서에서 주소 변환 캐쉬 일관성

`sfence.vma`는 그 명령어를 실행하고 있는 hart에 대한 주소 변환 하드웨어에만 영향을 미친다. 하나의 hart가 다른 hart가 사용중인 페이지 테이블을 변경할 때, `sfence.vma` 명령어를 실행해야만 하는 두 번째 hart에 알려주기 위해 첫 번째 hart는 프로세서 간 인터럽트를 사용해야만 한다. 이 절차는 종종 *TLB shootdown*으로 언급된다.

10.7 식별 및 성능 CSR

나머지 CSR은 프로세서의 특징을 식별하거나 성능 측정을 도와주는 것이다. 식별 CSR은 다음과 같다.

- Machine ISA `misa` CSR은 프로세서 주소의 폭(32, 64, 또는 128비트)을 알려주고 어떤 명령어 확장을 포함하고 있는지 식별한다(그림 10.21).
- Vendor ID `mvendorid` CSR은 코어 제공자의 JEDEC 제작자 ID를 제공한다(그림 10.22).
- Machine Architecture ID CSR `marchid`는 기본 마이크로아키텍처를 알려준다. `mvendorid`와 `marchid`를 결합하여 구현된 마이크로아키텍처를 고유하게 식별한다 (그림 10.23).

- Machine Implementation ID CSR `mimpid`는 `marchid`에 있는 기본 마이크로아키텍처의 구현 버전을 알 수 있다.
- Hart ID CSR `mhartid`는 현재 실행 중인 hart의 정수로 된 ID를 알려준다(그림 10.23).

다음은 측정 CSR이다.

- Machine Time CSR `mtime`은 64비트 실시간 카운터이다(그림 10.24).
- Machine Time Compare CSR `mtimecmp`는 `mtime`이 이 값과 일치하거나 넘어설 때 인터럽트를 발생한다(그림 10.24).
- 32비트 Machine 및 Supervisor Counter-enable CSR(`mcounteren` 및 `scounteren`)은 다음으로 가장 낮은 특권 단계에서 하드웨어 성능 모니터 CSR의 가용성을 제어한다(그림 10.25).
- 31개 하드웨어 성능 모니터 CSR(`mcycle`, `minstret`, `mhpmcounter3`, ..., `mhpmcounter31`)은 클럭 사이클, 종료된(retired) 명령어, 그리고 `mhpmevent3`, ..., `mhpmevent31` CSR을 사용하여 프로그래머가 선택한 최대 29개 이벤트를 카운트한다.

10.8 결론

Study after study shows that the very best designers produce structures that are faster, smaller, simpler, clearer, and produced with less effort. The differences between the great and the average approach an order of magnitude.

—Fred Brooks, Jr., 1986.

Brooks는 튜링상 수상자이며 구현에서 구조를 격리하는 중요성을 증명한 컴퓨터인 IBM System/360 패밀리의 아키텍트이다. 1964년 구조의 후속제품들이 오늘날 여전히 팔리고 있다.

RISC-V 특권 구조의 모듈화는 다양한 시스템의 필요에 부응한다. 최소화된 구현을 통해 머신 모드는 낮은 비용으로 베어메탈(bare-metal) 임베디드 응용 프로그램을 지원한다. 추가적인 사용자 모드와 물리 메모리 보호는 둘 다 조금 더 복잡한 임베디드 시스템에서 멀티태스킹을 지원한다. 마지막으로 수퍼바이저 모드와 페이지 기반 가상 메모리는 현대의 운영 체제를 채용하기 위해 필요한 유연성을 제공한다.

Simplicity

Programmability

10.9 추가 학습

A. Waterman and K. Asanović, editors. *The RISC-V Instruction Set Manual Volume II: Privileged Architecture Version 1.10*. May 2017. URL `https://riscv.org/specifications/privileged-isa/`.

XLEN-1 XLEN-2	XLEN-3 26	25 0
MXL[1:0]	0	Extensions[25:0]
2	XLEN-28	26

그림 10.21: Machine ISA `misa` **CSR은 지원하는 ISA를 알려준다. MXL(Machine XLEN) 필드는 네이티브 베이스 정수 ISA 폭을 부호화(1은 32비트, 2는 64비트, 3은 128비트)한다. 확장 필드는 표준 확장을 알파벳 문자 당 한 비트로 부호화한다(비트 0은 "A"확장의 존재를, 비트 1은 "B"확장의 존재를, 비트 25까지 "Z"의 존재를 부호화한다).**

XLEN-1 7	6 0
Vendor ID register (`mvendorid`)	Offset
XLEN-7	7

그림 10.22: `mvendorid` **CSR은 코어의 JEDEC 제조사 ID를 제공한다.**

XLEN-1 0
Machine Architecture ID register `marchid`
Machine Implementation ID register `mimpid`
Machine Hart ID register `mhartid`
XLEN

그림 10.23: Machine identification CSRs (`marchid` , `mimpid`, `mhartid`) **는 프로세서의 마이크로아키텍처와 구현을 식별하고 현재 실행중인 hart 쓰레드의 개수를 제공한다.**

63 0
Machine Time register `mtime`
Machine Time Compare register `mtimecmp`
64

그림 10.24: Machine time CSR(`mtime` **및** `mtimecmp`**)은 시간을 측정한다. 그리고** `mtime` $\geq$ `mtimecmp`**일때 인터럽트를 발생한다.**

31	30	29	28 6	5	4	3	2	1	0
HPM31	HPM30	HPM29	...	HPM5	HPM4	HPM3	IR	TM	CY
1	1	1	23	1	1	1	1	1	1

그림 10.25: 카운터 활성화 레지스터 `mcounteren` **및** `scounteren`**. 다음으로 낮은 특권 모드를 위해 하드웨어 성능 모니터링 카운터의 가용성을 제어한다.**

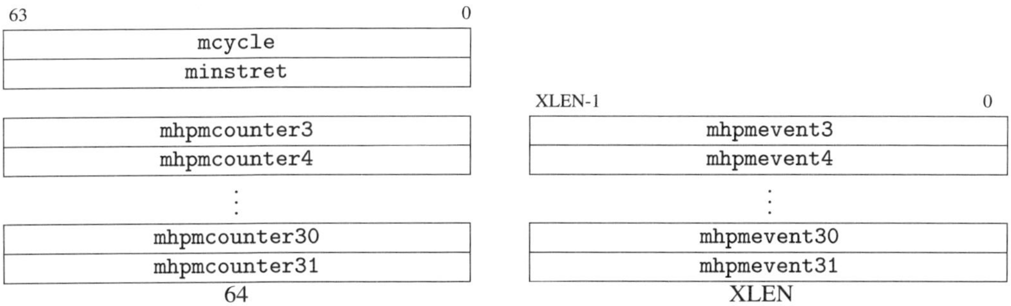

그림 10.26: 하드웨어 성능 모니터 CSR (`mcycle` , `minstret`, `mhpmcounter3`, ..., `mhpmcounter31`)와 그것들이 카운트하는 `mhpmevent3`, ..., `mhpmevent31` 이벤트. RV32에서만 `mcycle`, `minstret`, 그리고 `mhpmcounter`*n* CSR을 읽고 하위 32 비트를 반환한다. 반면에 `mcycleh`, `minstreth`, 그리고 `mhpmcounter`*n*`h` CSR을 읽어 대응하는 카운터의 63–32 비트를 반환한다.

1. Let a be `satp`.ppn $\times$ PAGESIZE, and let i = LEVELS $-$ 1.
2. Let pte be the value of the PTE at address $a + va.vpn[i] \times$ PTESIZE.
3. If $pte.v = 0$, or if $pte.r = 0$ and $pte.w = 1$, stop and raise a page-fault exception.
4. Otherwise, the PTE is valid. If $pte.r = 1$ or $pte.x = 1$, go to step 5. Otherwise, this PTE is a pointer to the next level of the page table. Let $i = i - 1$. If $i < 0$, stop and raise a page-fault exception. Otherwise, let $a = pte.ppn \times$ PAGESIZE and go to step 2.
5. A leaf PTE has been found. Determine if the requested memory access is allowed by the $pte.r$, $pte.w$, $pte.x$, and $pte.u$ bits, given the current privilege mode and the value of the SUM and MXR fields of the `mstatus` register. If not, stop and raise a page-fault exception.
6. If $i > 0$ and $pa.ppn[i-1:0] \neq 0$, this is a misaligned superpage; stop and raise a page-fault exception.
7. If $pte.a = 0$, or if the memory access is a store and $pte.d = 0$, then either:
   - Raise a page-fault exception, or:
   - Set $pte.a$ to 1 and, if the memory access is a store, also set $pte.d$ to 1.
8. The translation is successful. The translated physical address is given as follows:
   - $pa.pgoff = va.pgoff$.
   - If $i > 0$, then this is a superpage translation and $pa.ppn[i-1:0] = va.vpn[i-1:0]$.
   - $pa.ppn[\text{LEVELS}-1:i] = pte.ppn[\text{LEVELS}-1:i]$.

그림 10.27: 가상에서 물리 주소 변환을 위한 전체 프로그램. va는 가상 주소 입력이고 pa는 물리 주소 출력이다. PAGESIZE 상수는 2^{12}이다. Sv32에 대하여 LEVELS=2와 PTESIZE=4, 반면에 Sv39에 대하여 LEVELS=3과 PTESIZE=8이다. [Waterman and Asanović 2017]의 4.3.2절 기반의 그림.

11 향후 RISC-V 선택적 확장

Alan Perlis (1922–1990)는 튜링상 첫 수상자(1966)로, 고급 프로그래밍 언어와 컴파일러에 대한 영향력을 인정 받았다. 1958년에 그는 ALGOL 설계를 도왔는데 C와 자바를 포함한 모든 필수 프로그래밍 언어에 사실상 영향을 미쳤다.

Fools ignore complexity. Pragmatists suffer it. Some can avoid it. Geniuses remove it.

—Alan Perlis, 1982

RISC-V 재단은 적어도 8개의 선택적 확장을 개발할 것이다.

11.1 "B" 비트 조작을 위한 표준 확장

B 확장은 비트 조작을 제공한다(비트 필드의 입력, 추출, 그리고 테스트, 회전, funnel shift, 비트와 바이트 치환(permutation), count leading 및 trailing zero, count bits set).

11.2 "E" 임베디드를 위한 표준 확장

로우 엔드 코어의 비용을 줄이기 위해 16개의 적은 레지스터를 가지고 있다. 보존과 임시 레지스터가 레지스터 0-15와 16-31 사이에 분리되어 있는 이유가 RV32E이다(그림 3.2).

11.3 "H" 하이퍼바이저 지원을 위한 특권 구조 확장

Performance

특권 구조를 위한 H 확장은 같은 머신에서 다중 운영체제를 실행하는데 효율성을 향상시키기 위해 새로운 *하이퍼바이저* 모드를 추가하고 페이지 기반 주소 변환의 두 번째 단계를 추가한다.

11.4 "J" 동적으로 변환되는 언어를 위한 표준 확장

Performance

자바와 자바스크립트를 포함한 많은 유명한 언어는 대개 동적 변환으로 구현된다. 이런 언어들은 동적 체크와 가비지 콜렉션을 위한 추가적인 ISA 지원의 이점을 얻을 수 있다. (J는 *Just-In-Time* 컴파일러를 나타낸다.)

11.5 "L" 10진법 부동 소수점을 위한 표준 확장

Programmability

L 확장은 IEEE 754-2008 표준에서 정의한 10진법 부동 소수점 연산을 지원하려는 의도이다. 2진수를 사용하는 문제는 0.1과 같은 몇 가지 일반적인 10진수의 소수를 표현할 수 없다는 것이다. RV32L의 동기는 계산 기수(radix)가 입력과 출력의 기수와 동일하게 될 수 있다는 것이다.

11.6 "N" 사용자 수준 인터럽트를 위한 표준 확장

Simplicity

N 확장은 인터럽트와 예외상황이 외부 실행 환경을 부르지 않고 사용자 수준 트랩 핸들러로 직접 제어권을 넘기기 위해 사용자 수준 프로그램에서 발생하도록 허용한다. 사용자 수준 인터럽트는 단지 M-mode와 U-mode가 존재(10장)하는 시큐어 임베디드 시스템을 지원하려는 의도다. 그러나 유닉스같은 운영체제가 실행하는 시스템에서도 사용자 수준 트랩 핸들러를 지원할 수 있다. 유닉스 환경에서 사용될 때 종래의 시그널 처리 방식은 그대로 유지될 가능성이 높지만, 사용자 수준 인터럽트는 가비지 수집 장벽, 정수 오버플로우, 그리고 부동 소수점 트랩과 같은 사용자 수준 이벤트를 생성하는 향후 확장을 위한 빌딩 블록으로 사용될 수 있다.

11.7 "P" Packed-SIMD 명령어를 위한 표준 확장

Isolation of Arch from Impl

Performance

P 확장은 기존 구조적 레지스터를 세분화하여 더 작은 자료형에서 데이터 병렬적 계산을 제공한다. Packed-SIMD 설계는 기존 넓은 데이터패스 자원을 재사용할 때 합리적인 설계 방법이다. 그러나 만약 상당한 추가적인 자원이 데이터 병렬 실행에 추가되어야 한다면, 8장에서 설명한 벡터 구조를 위한 설계가 더 나은 선택이고, 아키텍트는 RVV 확장을 사용해야 한다.

11.8 "Q" 4중 정밀도 부동 소수점을 위한 표준 확장

Q 확장은 IEEE 754-2008 산술 표준에 호환되는 128비트 4중 정밀도 이진 부동 소수점 명령어를 추가한다. 부동 소수점 레지스터는 단일, 2중, 또는 4중 정밀도 부동 소수점 값 중에 하나를 저장할 수 있도록 이제 확장된다. 4중 정밀도 이진 부동 소수점 확장은 RV64IFD가 필요하다.

11.9 결론

Simplify, simplify.

—Henry David Thoreau, an eminent writer of the 19th century, 1854

Room for Growth

RISC-V 확장에 개방적이고 표준적인 위원회 접근방식으로 하는 것은 피드백과 토론이 너무 늦어서 변경할 수 없을 때인 명령어가 최종 확정된 이후가 아니라 이전에 발생한다는 것을 의미할 것이다. 이상적인 상황에 소수의 회원들이 비준되기 전에 그 제안을 구현할 것이고, 이는 FPGA에서 훨씬 더 쉽게 구현된다. RISC-V 재단 위원회를 통한 명령어 확장 제안도 상당한 양의 작업이 될 것이고 이는 x86-32에서 발생했던 것(1장에 있는 4페이지의 그림 1.2 참조)과는 달리 변화 속도를 느리게 유지할 것이다. 많은 확장을 채택하였지만 이 장에 있는 모든 것이 선택적이라는 것을 잊지 마십시오.

Elegance

RISC-V가 단순하고 효율적인 ISA로서 명성을 유지하면서 기술적 수요에 따라 진화해 나갈 수 있기를 바란다. 만약 성공한다면, RISC-V는 과거의 증분적 ISA와는 상당한 단절이 될 것이다.

A RISC-V 명령어 리스트

Coco Chanel (1883-1971) 샤넬 패션 브랜드의 창업자, 20세기 패션에서 고가의 단순함을 추구했다.

Simplicity is the keynote of all true elegance.

—Coco Chanel, 1923

이 부록에는 RV32/64I, RVV를 제외한 이 책에서 다룬 모든 확장 (RVM, RVA, RVF, RVD, RVC), 그리고 모든 의사명령어가 수록되어 있다. 각 항목는 명령어 이름, 피연산자, 레지스터-전송 수준 정의, 명령어 포맷 타입, 영어 설명, 압축 버전 (있는 경우), 그리고 옵코드가 있는 실제 레이아웃을 보이는 그림이 있다. 이 요약본에서 여러분이 이해해야할 모든 명령어에 대한 모든것을 가지고 있다고 생각한다. 그러나 만약 여러분이 더 자세한 내용을 원한다면 공식 RISC-V 사양 [Waterman and Asanović 2017]를 참조하면 된다.

이 부록에서 독자들이 원하는 명령어를 찾도록 돕기 위해 왼쪽(짝수) 페이지의 머리글은 해당 페이지 상단의 첫 번째 명령어를 포함하고, 오른쪽(홀수) 페이지는 해당 페이지 하단의 마지막 명령어를 포함한다. 이 형식은 사전의 머리글과 유사하며, 여러분의 단어가 있는 페이지를 찾는데 도움을 준다. 예를 들어 다음 *짝수* 페이지의 머리글은 그 페이지의 첫 번째 명령어 **AMOADD.W**가 표시되고, 다음 홀수 페이지의 머리글은 해당 페이지의 마지막 명령어인 **AMOMINU.D**를 보이고 있다. 이 두 페이지는 여러분이 다음의 10개 명령어들 중 하나를 찾을 수 있는 곳이다(`amoadd.w`, `amoand.d`, `amoand.w`, `amomax.d`, `amomax.w`, `amomaxu.d`, `amomaxu.w`, `amomin.d`, `amomin.w`, 그리고 `amominu.d`).

add rd, rs1, rs2 `x[rd] = x[rs1] + x[rs2]`

Add. R-type, RV32I and RV64I.

Adds register x[*rs2*] to register x[*rs1*] and writes the result to x[*rd*]. Arithmetic overflow is ignored.

Compressed forms: **c.add** rd, rs2; **c.mv** rd, rs2

31–25	24–20	19–15	14–12	11–7	6–0
0000000	rs2	rs1	000	rd	0110011

addi rd, rs1, immediate `x[rd] = x[rs1] + sext(immediate)`

Add Immediate. I-type, RV32I and RV64I.

Adds the sign-extended *immediate* to register x[*rs1*] and writes the result to x[*rd*]. Arithmetic overflow is ignored.

Compressed forms: **c.li** rd, imm; **c.addi** rd, imm; **c.addi16sp** imm; **c.addi4spn** rd, imm

31–20	19–15	14–12	11–7	6–0
immediate[11:0]	rs1	000	rd	0010011

addiw rd, rs1, immediate `x[rd] = sext((x[rs1] + sext(immediate))[31:0])`

Add Word Immediate. I-type, RV64I only.

Adds the sign-extended *immediate* to x[*rs1*], truncates the result to 32 bits, and writes the sign-extended result to x[*rd*]. Arithmetic overflow is ignored.

Compressed form: **c.addiw** rd, imm

31–20	19–15	14–12	11–7	6–0
immediate[11:0]	rs1	000	rd	0011011

addw rd, rs1, rs2 `x[rd] = sext((x[rs1] + x[rs2])[31:0])`

Add Word. R-type, RV64I only.

Adds register x[*rs2*] to register x[*rs1*], truncates the result to 32 bits, and writes the sign-extended result to x[*rd*]. Arithmetic overflow is ignored.

Compressed form: **c.addw** rd, rs2

31 25	24 20	19 15	14 12	11 7	6 0
0000000	rs2	rs1	000	rd	0111011

amoadd.d rd, rs2, (rs1) `x[rd] = AMO64(M[x[rs1]] + x[rs2])`

Atomic Memory Operation: Add Doubleword. R-type, RV64A only.

Atomically, let *t* be the value of the memory doubleword at address x[*rs1*], then set that memory doubleword to *t* + x[*rs2*]. Set x[*rd*] to *t*.

31 27	26	25	24 20	19 15	14 12	11 7	6 0
00000	aq	rl	rs2	rs1	011	rd	0101111

amoadd.w rd, rs2, (rs1) `x[rd] = AMO32(M[x[rs1]] + x[rs2])`

Atomic Memory Operation: Add Word. R-type, RV32A and RV64A.

Atomically, let *t* be the value of the memory word at address x[*rs1*], then set that memory word to *t* + x[*rs2*]. Set x[*rd*] to the sign extension of *t*.

31 27	26	25	24 20	19 15	14 12	11 7	6 0
00000	aq	rl	rs2	rs1	010	rd	0101111

amoand.d rd, rs2, (rs1) `x[rd] = AMO64(M[x[rs1]] & x[rs2])`

Atomic Memory Operation: AND Doubleword. R-type, RV64A only.

Atomically, let *t* be the value of the memory doubleword at address x[*rs1*], then set that memory doubleword to the bitwise AND of *t* and x[*rs2*]. Set x[*rd*] to *t*.

31 27	26	25	24 20	19 15	14 12	11 7	6 0
01100	aq	rl	rs2	rs1	011	rd	0101111

amoand.w rd, rs2, (rs1) `x[rd] = AMO32(M[x[rs1]] & x[rs2])`

Atomic Memory Operation: AND Word. R-type, RV32A and RV64A.

Atomically, let *t* be the value of the memory word at address x[*rs1*], then set that memory word to the bitwise AND of *t* and x[*rs2*]. Set x[*rd*] to the sign extension of *t*.

31 27	26	25	24 20	19 15	14 12	11 7	6 0
01100	aq	rl	rs2	rs1	010	rd	0101111

---

amomax.d rd, rs2, (rs1) `x[rd] = AMO64(M[x[rs1]] MAX x[rs2])`

Atomic Memory Operation: Maximum Doubleword. R-type, RV64A only.

Atomically, let *t* be the value of the memory doubleword at address x[*rs1*], then set that memory doubleword to the larger of *t* and x[*rs2*], using a two's complement comparison. Set x[*rd*] to *t*.

31 27	26	25	24 20	19 15	14 12	11 7	6 0
10100	aq	rl	rs2	rs1	011	rd	0101111

---

amomax.w rd, rs2, (rs1) `x[rd] = AMO32(M[x[rs1]] MAX x[rs2])`

Atomic Memory Operation: Maximum Word. R-type, RV32A and RV64A.

Atomically, let *t* be the value of the memory word at address x[*rs1*], then set that memory word to the larger of *t* and x[*rs2*], using a two's complement comparison. Set x[*rd*] to the sign extension of *t*.

31 27	26	25	24 20	19 15	14 12	11 7	6 0
10100	aq	rl	rs2	rs1	010	rd	0101111

---

amomaxu.d rd, rs2, (rs1) `x[rd] = AMO64(M[x[rs1]] MAXU x[rs2])`

Atomic Memory Operation: Maximum Doubleword, Unsigned. R-type, RV64A only.

Atomically, let *t* be the value of the memory doubleword at address x[*rs1*], then set that memory doubleword to the larger of *t* and x[*rs2*], using an unsigned comparison. Set x[*rd*] to *t*.

31 27	26	25	24 20	19 15	14 12	11 7	6 0
11100	aq	rl	rs2	rs1	011	rd	0101111

---

amomaxu.w rd, rs2, (rs1) `x[rd] = AM032(M[x[rs1]] MAXU x[rs2])`

Atomic Memory Operation: Maximum Word, Unsigned. R-type, RV32A and RV64A.

Atomically, let *t* be the value of the memory word at address x[*rs1*], then set that memory word to the larger of *t* and x[*rs2*], using an unsigned comparison. Set x[*rd*] to the sign extension of *t*.

31–27	26	25	24–20	19–15	14–12	11–7	6–0
11100	aq	rl	rs2	rs1	010	rd	0101111

---

amomin.d rd, rs2, (rs1) `x[rd] = AM064(M[x[rs1]] MIN x[rs2])`

Atomic Memory Operation: Minimum Doubleword. R-type, RV64A only.

Atomically, let *t* be the value of the memory doubleword at address x[*rs1*], then set that memory doubleword to the smaller of *t* and x[*rs2*], using a two's complement comparison. Set x[*rd*] to *t*.

31–27	26	25	24–20	19–15	14–12	11–7	6–0
10000	aq	rl	rs2	rs1	011	rd	0101111

---

amomin.w rd, rs2, (rs1) `x[rd] = AM032(M[x[rs1]] MIN x[rs2])`

Atomic Memory Operation: Minimum Word. R-type, RV32A and RV64A.

Atomically, let *t* be the value of the memory word at address x[*rs1*], then set that memory word to the smaller of *t* and x[*rs2*], using a two's complement comparison. Set x[*rd*] to the sign extension of *t*.

31–27	26	25	24–20	19–15	14–12	11–7	6–0
10000	aq	rl	rs2	rs1	010	rd	0101111

---

amominu.d rd, rs2, (rs1)   `x[rd] = AMO64(M[x[rs1]] MINU x[rs2])`

Atomic Memory Operation: Minimum Doubleword, Unsigned. R-type, RV64A only.

Atomically, let *t* be the value of the memory doubleword at address x[*rs1*], then set that memory doubleword to the smaller of *t* and x[*rs2*], using an unsigned comparison. Set x[*rd*] to *t*.

31–27	26	25	24–20	19–15	14–12	11–7	6–0
11000	aq	rl	rs2	rs1	011	rd	0101111

amominu.w rd, rs2, (rs1)   `x[rd] = AMO32(M[x[rs1]] MINU x[rs2])`

Atomic Memory Operation: Minimum Word, Unsigned. R-type, RV32A and RV64A.

Atomically, let *t* be the value of the memory word at address x[*rs1*], then set that memory word to the smaller of *t* and x[*rs2*], using an unsigned comparison. Set x[*rd*] to the sign extension of *t*.

31–27	26	25	24–20	19–15	14–12	11–7	6–0
11000	aq	rl	rs2	rs1	010	rd	0101111

amoor.d rd, rs2, (rs1)   `x[rd] = AMO64(M[x[rs1]] | x[rs2])`

Atomic Memory Operation: OR Doubleword. R-type, RV64A only.

Atomically, let *t* be the value of the memory doubleword at address x[*rs1*], then set that memory doubleword to the bitwise OR of *t* and x[*rs2*]. Set x[*rd*] to *t*.

31–27	26	25	24–20	19–15	14–12	11–7	6–0
01000	aq	rl	rs2	rs1	011	rd	0101111

amoor.w rd, rs2, (rs1)   `x[rd] = AMO32(M[x[rs1]] | x[rs2])`

Atomic Memory Operation: OR Word. R-type, RV32A and RV64A.

Atomically, let *t* be the value of the memory word at address x[*rs1*], then set that memory word to the bitwise OR of *t* and x[*rs2*]. Set x[*rd*] to the sign extension of *t*.

31–27	26	25	24–20	19–15	14–12	11–7	6–0
01000	aq	rl	rs2	rs1	010	rd	0101111

amoswap.d rd, rs2, (rs1) `x[rd] = AMO64(M[x[rs1]] SWAP x[rs2])`

Atomic Memory Operation: Swap Doubleword. R-type, RV64A only.

Atomically, let *t* be the value of the memory doubleword at address x[*rs1*], then set that memory doubleword to x[*rs2*]. Set x[*rd*] to *t*.

31–27	26	25	24–20	19–15	14–12	11–7	6–0
00001	aq	rl	rs2	rs1	011	rd	0101111

amoswap.w rd, rs2, (rs1) `x[rd] = AMO32(M[x[rs1]] SWAP x[rs2])`

Atomic Memory Operation: Swap Word. R-type, RV32A and RV64A.

Atomically, let *t* be the value of the memory word at address x[*rs1*], then set that memory word to x[*rs2*]. Set x[*rd*] to the sign extension of *t*.

31–27	26	25	24–20	19–15	14–12	11–7	6–0
00001	aq	rl	rs2	rs1	010	rd	0101111

amoxor.d rd, rs2, (rs1) `x[rd] = AMO64(M[x[rs1]] ^ x[rs2])`

Atomic Memory Operation: XOR Doubleword. R-type, RV64A only.

Atomically, let *t* be the value of the memory doubleword at address x[*rs1*], then set that memory doubleword to the bitwise XOR of *t* and x[*rs2*]. Set x[*rd*] to *t*.

31–27	26	25	24–20	19–15	14–12	11–7	6–0
00100	aq	rl	rs2	rs1	011	rd	0101111

amoxor.w rd, rs2, (rs1) `x[rd] = AMO32(M[x[rs1]] ^ x[rs2])`

Atomic Memory Operation: XOR Word. R-type, RV32A and RV64A.

Atomically, let *t* be the value of the memory word at address x[*rs1*], then set that memory word to the bitwise XOR of *t* and x[*rs2*]. Set x[*rd*] to the sign extension of *t*.

31–27	26	25	24–20	19–15	14–12	11–7	6–0
00100	aq	rl	rs2	rs1	010	rd	0101111

and rd, rs1, rs2 `x[rd] = x[rs1] & x[rs2]`

AND. R-type, RV32I and RV64I.

Computes the bitwise AND of registers x[*rs1*] and x[*rs2*] and writes the result to x[*rd*].

Compressed form: **c.and** rd, rs2

31 25	24 20	19 15	14 12	11 7	6 0
0000000	rs2	rs1	111	rd	0110011

andi rd, rs1, immediate `x[rd] = x[rs1] & sext(immediate)`

AND Immediate. I-type, RV32I and RV64I.

Computes the bitwise AND of the sign-extended *immediate* and register x[*rs1*] and writes the result to x[*rd*].

Compressed form: **c.andi** rd, imm

31 20	19 15	14 12	11 7	6 0
immediate[11:0]	rs1	111	rd	0010011

auipc rd, immediate `x[rd] = pc + sext(immediate[31:12] << 12)`

Add Upper Immediate to PC. U-type, RV32I and RV64I.

Adds the sign-extended 20-bit *immediate*, left-shifted by 12 bits, to the *pc*, and writes the result to x[*rd*].

31 12	11 7	6 0
immediate[31:12]	rd	0010111

beq rs1, rs2, offset `if (rs1 == rs2) pc += sext(offset)`

Branch if Equal. B-type, RV32I and RV64I.

If register x[*rs1*] equals register x[*rs2*], set the *pc* to the current *pc* plus the sign-extended *offset*.

Compressed form: **c.beqz** rs1, offset

31 25	24 20	19 15	14 12	11 7	6 0
offset[12|10:5]	rs2	rs1	000	offset[4:1|11]	1100011

beqz rs1, offset `if (rs1 == 0) pc += sext(offset)`

Branch if Equal to Zero. Pseudoinstruction, RV32I and RV64I.

Expands to **beq** rs1, x0, offset.

---

bge rs1, rs2, offset `if (rs1` $\geq_s$ `rs2) pc += sext(offset)`

Branch if Greater Than or Equal. B-type, RV32I and RV64I.

If register x[*rs1*] is at least x[*rs2*], treating the values as two's complement numbers, set the *pc* to the current *pc* plus the sign-extended *offset*.

31–25	24–20	19–15	14–12	11–7	6–0
offset[12|10:5]	rs2	rs1	101	offset[4:1|11]	1100011

---

bgeu rs1, rs2, offset `if (rs1` $\geq_u$ `rs2) pc += sext(offset)`

Branch if Greater Than or Equal, Unsigned. B-type, RV32I and RV64I.

If register x[*rs1*] is at least x[*rs2*], treating the values as unsigned numbers, set the *pc* to the current *pc* plus the sign-extended *offset*.

31–25	24–20	19–15	14–12	11–7	6–0
offset[12|10:5]	rs2	rs1	111	offset[4:1|11]	1100011

---

bgez rs1, offset `if (rs1` $\geq_s$ `0) pc += sext(offset)`

Branch if Greater Than or Equal to Zero. Pseudoinstruction, RV32I and RV64I.

Expands to **bge** rs1, x0, offset.

---

bgt rs1, rs2, offset `if (rs1` $>_s$ `rs2) pc += sext(offset)`

Branch if Greater Than. Pseudoinstruction, RV32I and RV64I.

Expands to **blt** rs2, rs1, offset.

---

bgtu rs1, rs2, offset `if (rs1` $>_u$ `rs2) pc += sext(offset)`

Branch if Greater Than, Unsigned. Pseudoinstruction, RV32I and RV64I.

Expands to **bltu** rs2, rs1, offset.

---

bgtz rs2, offset

`if (rs2 >s 0) pc += sext(offset)`

Branch if Greater Than Zero. Pseudoinstruction, RV32I and RV64I.

Expands to **blt** x0, rs2, offset.

---

ble rs1, rs2, offset

`if (rs1 ≤s rs2) pc += sext(offset)`

Branch if Less Than or Equal. Pseudoinstruction, RV32I and RV64I.

Expands to **bge** rs2, rs1, offset.

---

bleu rs1, rs2, offset

`if (rs1 ≤u rs2) pc += sext(offset)`

Branch if Less Than or Equal, Unsigned. Pseudoinstruction, RV32I and RV64I.

Expands to **bgeu** rs2, rs1, offset.

---

blez rs2, offset

`if (rs2 ≤s 0) pc += sext(offset)`

Branch if Less Than or Equal to Zero. Pseudoinstruction, RV32I and RV64I.

Expands to **bge** x0, rs2, offset.

---

blt rs1, rs2, offset

`if (rs1 <s rs2) pc += sext(offset)`

Branch if Less Than. B-type, RV32I and RV64I.

If register x[*rs1*] is less than x[*rs2*], treating the values as two's complement numbers, set the *pc* to the current *pc* plus the sign-extended *offset*.

31–25	24–20	19–15	14–12	11–7	6–0
offset[12|10:5]	rs2	rs1	100	offset[4:1|11]	1100011

---

bltz rs1, offset

`if (rs1 <s 0) pc += sext(offset)`

Branch if Less Than Zero. Pseudoinstruction, RV32I and RV64I.

Expands to **blt** rs1, x0, offset.

---

bltu rs1, rs2, offset `if (rs1 <u rs2) pc += sext(offset)`

Branch if Less Than, Unsigned. B-type, RV32I and RV64I.

If register x[*rs1*] is less than x[*rs2*], treating the values as unsigned numbers, set the *pc* to the current *pc* plus the sign-extended *offset*.

31–25	24–20	19–15	14–12	11–7	6–0
offset[12|10:5]	rs2	rs1	110	offset[4:1|11]	1100011

bne rs1, rs2, offset `if (rs1 ≠ rs2) pc += sext(offset)`

Branch if Not Equal. B-type, RV32I and RV64I.

If register x[*rs1*] does not equal register x[*rs2*], set the *pc* to the current *pc* plus the sign-extended *offset*.

Compressed form: **c.bnez** rs1, offset

31–25	24–20	19–15	14–12	11–7	6–0
offset[12|10:5]	rs2	rs1	001	offset[4:1|11]	1100011

bnez rs1, offset `if (rs1 ≠ 0) pc += sext(offset)`

Branch if Not Equal to Zero. Pseudoinstruction, RV32I and RV64I.

Expands to **bne** rs1, x0, offset.

c.add rd, rs2 `x[rd] = x[rd] + x[rs2]`

Add. RV32IC and RV64IC.

Expands to **add** rd, rd, rs2. Invalid when rd=x0 or rs2=x0.

15–13	12	11–7	6–2	1–0
100	1	rd	rs2	10

c.addi rd, imm

`x[rd] = x[rd] + sext(imm)`

Add Immediate. RV32IC and RV64IC.

Expands to **addi** rd, rd, imm.

15–13	12	11–7	6–2	1–0
000	imm[5]	rd	imm[4:0]	01

---

c.addi16sp imm

`x[2] = x[2] + sext(imm)`

Add Immediate, Scaled by 16, to Stack Pointer. RV32IC and RV64IC.

Expands to **addi** x2, x2, imm. Invalid when imm=0.

15–13	12	11–7	6–2	1–0
011	imm[9]	00010	imm[4|6|8:7|5]	01

---

c.addi4spn rd′, uimm

`x[8+rd′] = x[2] + uimm`

Add Immediate, Scaled by 4, to Stack Pointer, Nondestructive. RV32IC and RV64IC.

Expands to **addi** rd, x2, uimm, where rd=8+rd′. Invalid when uimm=0.

15–13	12–5	4–2	1–0
000	uimm[5:4|9:6|2|3]	rd′	00

---

c.addiw rd, imm

`x[rd] = sext((x[rd] + sext(imm))[31:0])`

Add Word Immediate. RV64IC only.

Expands to **addiw** rd, rd, imm. Invalid when rd=x0.

15–13	12	11–7	6–2	1–0
001	imm[5]	rd	imm[4:0]	01

c.and rd′, rs2′

`x[8+rd′] = x[8+rd′] & x[8+rs2′]`

AND. RV32IC and RV64IC.

Expands to **and** rd, rd, rs2, where rd=8+rd′ and rs2=8+rs2′.

15–10	9–7	6–5	4–2	1–0
100011	rd′	11	rs2′	01

---

c.addw rd′, rs2′

`x[8+rd′] = sext((x[8+rd′] + x[8+rs2′])[31:0])`

Add Word. RV64IC only.

Expands to **addw** rd, rd, rs2, where rd=8+rd′ and rs2=8+rs2′.

15–10	9–7	6–5	4–2	1–0
100111	rd′	01	rs2′	01

---

c.andi rd′, imm

`x[8+rd′] = x[8+rd′] & sext(imm)`

AND Immediate. RV32IC and RV64IC.

Expands to **andi** rd, rd, imm, where rd=8+rd′.

15–13	12	11–10	9–7	6–2	1–0
100	imm[5]	10	rd′	imm[4:0]	01

---

c.beqz rs1′, offset

`if (x[8+rs1′] == 0) pc += sext(offset)`

Branch if Equal to Zero. RV32IC and RV64IC.

Expands to **beq** rs1, x0, offset, where rs1=8+rs1′.

15–13	12–10	9–7	6–2	1–0
110	offset[8|4:3]	rs1′	offset[7:6|2:1|5]	01

---

c.bnez rs1′, offset   `if (x[8+rs1′] ≠ 0) pc += sext(offset)`

Branch if Not Equal to Zero. RV32IC and RV64IC.

Expands to **bne** rs1, x0, offset, where rs1=8+rs1′.

15 13	12 10	9 7	6 2	1 0
111	offset[8|4:3]	rs1′	offset[7:6|2:1|5]	01

---

c.ebreak   `RaiseException(Breakpoint)`

Environment Breakpoint. RV32IC and RV64IC.

Expands to **ebreak**.

15 13	12	11 7	6 2	1 0
100	1	00000	00000	10

---

c.fld rd′, uimm(rs1′)   `f[8+rd′] = M[x[8+rs1′] + uimm][63:0]`

Floating-point Load Doubleword. RV32DC and RV64DC.

Expands to **fld** rd, uimm(rs1), where rd=8+rd′ and rs1=8+rs1′.

15 13	12 10	9 7	6 5	4 2	1 0
001	uimm[5:3]	rs1′	uimm[7:6]	rd′	00

---

c.fldsp rd, uimm(x2)   `f[rd] = M[x[2] + uimm][63:0]`

Floating-point Load Doubleword, Stack-Pointer Relative. RV32DC and RV64DC.

Expands to **fld** rd, uimm(x2).

15 13	12	11 7	6 2	1 0
001	uimm[5]	rd	uimm[4:3|8:6]	10

---

c.flw rd′, uimm(rs1′)

`f[8+rd′] = M[x[8+rs1′] + uimm][31:0]`

Floating-point Load Word. RV32FC only.

Expands to **flw** rd, uimm(rs1), where rd=8+rd′ and rs1=8+rs1′.

15 13	12 10	9 7	6 5	4 2	1 0
011	uimm[5:3]	rs1′	uimm[2|6]	rd′	00

---

c.flwsp rd, uimm(x2)

`f[rd] = M[x[2] + uimm][31:0]`

Floating-point Load Word, Stack-Pointer Relative. RV32FC only.

Expands to **flw** rd, uimm(x2).

15 13	12	11 7	6 2	1 0
011	uimm[5]	rd	uimm[4:2|7:6]	10

---

c.fsd rs2′, uimm(rs1′)

`M[x[8+rs1′] + uimm][63:0] = f[8+rs2′]`

Floating-point Store Doubleword. RV32DC and RV64DC.

Expands to **fsd** rs2, uimm(rs1), where rs2=8+rs2′ and rs1=8+rs1′.

15 13	12 10	9 7	6 5	4 2	1 0
101	uimm[5:3]	rs1′	uimm[7:6]	rs2′	00

---

c.fsdsp rs2, uimm(x2)

`M[x[2] + uimm][63:0] = f[rs2]`

Floating-point Store Doubleword, Stack-Pointer Relative. RV32DC and RV64DC.

Expands to **fsd** rs2, uimm(x2).

15 13	12 7	6 2	1 0
101	uimm[5:3|8:6]	rs2	10

---

c.fsw rs2′, uimm(rs1′)

`M[x[8+rs1′] + uimm][31:0] = f[8+rs2′]`

Floating-point Store Word. RV32FC only.

Expands to **fsw** rs2, uimm(rs1), where rs2=8+rs2′ and rs1=8+rs1′.

15–13	12–10	9–7	6–5	4–2	1–0
111	uimm[5:3]	rs1′	uimm[2|6]	rs2′	00

---

c.fswsp rs2, uimm(x2)

`M[x[2] + uimm][31:0] = f[rs2]`

Floating-point Store Word, Stack-Pointer Relative. RV32FC only.

Expands to **fsw** rs2, uimm(x2).

15–13	12–7	6–2	1–0
111	uimm[5:2|7:6]	rs2	10

---

c.j offset

`pc += sext(offset)`

Jump. RV32IC and RV64IC.

Expands to **jal** x0, offset.

15–13	12–2	1–0
101	offset[11|4|9:8|10|6|7|3:1|5]	01

---

c.jal offset

`x[1] = pc+2; pc += sext(offset)`

Jump and Link. RV32IC only.

Expands to **jal** x1, offset.

15–13	12–2	1–0
001	offset[11|4|9:8|10|6|7|3:1|5]	01

---

c.jalr rs1

`t = pc+2; pc = x[rs1]; x[1] = t`

Jump and Link Register. RV32IC and RV64IC.

Expands to **jalr** x1, 0(rs1). Invalid when rs1=x0.

15 13	12	11 7	6 2	1 0
100	1	rs1	00000	10

c.jr rs1

`pc = x[rs1]`

Jump Register. RV32IC and RV64IC.

Expands to **jalr** x0, 0(rs1). Invalid when rs1=x0.

15 13	12	11 7	6 2	1 0
100	0	rs1	00000	10

c.ld rd′, uimm(rs1′)

`x[8+rd′] = M[x[8+rs1′] + uimm][63:0]`

Load Doubleword. RV64IC only.

Expands to **ld** rd, uimm(rs1), where rd=8+rd′ and rs1=8+rs1′.

15 13	12 10	9 7	6 5	4 2	1 0
011	uimm[5:3]	rs1′	uimm[7:6]	rd′	00

c.ldsp rd, uimm(x2)

`x[rd] = M[x[2] + uimm][63:0]`

Load Doubleword, Stack-Pointer Relative. RV64IC only.

Expands to **ld** rd, uimm(x2). Invalid when rd=x0.

<table>
<tr><th>15 13</th><th>12</th><th>11 7</th><th>6 2</th><th>1 0</th></tr>
<tr><td>011</td><td>uimm[5]</td><td>rd</td><td>uimm[4:3|8:6]</td><td>10</td></tr>
</table>

c.li rd, imm

`x[rd] = sext(imm)`

Load Immediate. RV32IC and RV64IC.

Expands to **addi** rd, x0, imm.

15 13	12	11 7	6 2	1 0
010	imm[5]	rd	imm[4:0]	01

c.lui rd, imm

`x[rd] = sext(imm[17:12] << 12)`

Load Upper Immediate. RV32IC and RV64IC.

Expands to **lui** rd, imm. Invalid when rd=x2 or imm=0.

15 13	12	11 7	6 2	1 0
011	imm[17]	rd	imm[16:12]	01

c.lw rd′, uimm(rs1′)

`x[8+rd′] = sext(M[x[8+rs1′] + uimm][31:0])`

Load Word. RV32IC and RV64IC.

Expands to **lw** rd, uimm(rs1), where rd=8+rd′ and rs1=8+rs1′.

15 13	12 10	9 7	6 5	4 2	1 0
010	uimm[5:3]	rs1′	uimm[2|6]	rd′	00

c.lwsp rd, uimm(x2)

`x[rd] = sext(M[x[2] + uimm][31:0])`

Load Word, Stack-Pointer Relative. RV32IC and RV64IC.

Expands to **lw** rd, uimm(x2). Invalid when rd=x0.

15 13	12	11 7	6 2	1 0
010	uimm[5]	rd	uimm[4:2|7:6]	10

c.mv rd, rs2

`x[rd] = x[rs2]`

Move. RV32IC and RV64IC.

Expands to **add** rd, x0, rs2. Invalid when rs2=x0.

15 13	12	11 7	6 2	1 0
100	0	rd	rs2	10

c.or rd′, rs2′

x[8+rd′] = x[8+rd′] | x[8+rs2′]

OR. RV32IC and RV64IC.

Expands to **or** rd, rd, rs2, where rd=8+rd′ and rs2=8+rs2′.

15 10	9 7	6 5	4 2	1 0
100011	rd′	10	rs2′	01

---

c.sd rs2′, uimm(rs1′)

M[x[8+rs1′] + uimm][63:0] = x[8+rs2′]

Store Doubleword. RV64IC only.

Expands to **sd** rs2, uimm(rs1), where rs2=8+rs2′ and rs1=8+rs1′.

15 13	12 10	9 7	6 5	4 2	1 0
111	uimm[5:3]	rs1′	uimm[7:6]	rs2′	00

---

c.sdsp rs2, uimm(x2)

M[x[2] + uimm][63:0] = x[rs2]

Store Doubleword, Stack-Pointer Relative. RV64IC only.

Expands to **sd** rs2, uimm(x2).

15 13	12 7	6 2	1 0
111	uimm[5:3|8:6]	rs2	10

---

c.slli rd, uimm

x[rd] = x[rd] << uimm

Shift Left Logical Immediate. RV32IC and RV64IC.

Expands to **slli** rd, rd, uimm.

15 13	12	11 7	6 2	1 0
000	uimm[5]	rd	uimm[4:0]	10

---

c.srai rd′, uimm

x[8+rd′] = x[8+rd′] $>>_s$ uimm

Shift Right Arithmetic Immediate. RV32IC and RV64IC.

Expands to **srai** rd, rd, uimm, where rd=8+rd′.

15 13	12	11 10	9 7	6 2	1 0
100	uimm[5]	01	rd′	uimm[4:0]	01

---

c.srli rd′, uimm

`x[8+rd′] = x[8+rd′] >>`$_u$` uimm`

Shift Right Logical Immediate. RV32IC and RV64IC.

Expands to **srli** rd, rd, uimm, where rd=8+rd′.

15 13	12	11 10	9 7	6 2	1 0
100	uimm[5]	00	rd′	uimm[4:0]	01

---

c.sub rd′, rs2′

`x[8+rd′] = x[8+rd′] - x[8+rs2′]`

Subtract. RV32IC and RV64IC.

Expands to **sub** rd, rd, rs2, where rd=8+rd′ and rs2=8+rs2′.

15 10	9 7	6 5	4 2	1 0
100011	rd′	00	rs2′	01

---

c.subw rd′, rs2′

`x[8+rd′] = sext((x[8+rd′] - x[8+rs2′])[31:0])`

Subtract Word. RV64IC only.

Expands to **subw** rd, rd, rs2, where rd=8+rd′ and rs2=8+rs2′.

15 10	9 7	6 5	4 2	1 0
100111	rd′	00	rs2′	01

---

c.sw rs2′, uimm(rs1′)

`M[x[8+rs1′] + uimm][31:0] = x[8+rs2′]`

Store Word. RV32IC and RV64IC.

Expands to **sw** rs2, uimm(rs1), where rs2=8+rs2′ and rs1=8+rs1′.

15 13	12 10	9 7	6 5	4 2	1 0
110	uimm[5:3]	rs1′	uimm[2|6]	rs2′	00

---

c.swsp rs2, uimm(x2)

`M[x[2] + uimm][31:0] = x[rs2]`

Store Word, Stack-Pointer Relative. RV32IC and RV64IC.

Expands to **sw** rs2, uimm(x2).

15 13	12 7	6 2	1 0
110	uimm[5:2|7:6]	rs2	10

---

c.xor rd′, rs2′ `x[8+rd′] = x[8+rd′] ^ x[8+rs2′]`

Exclusive-OR. RV32IC and RV64IC.

Expands to **xor** rd, rd, rs2, where rd=8+rd′ and rs2=8+rs2′.

15–10	9–7	6–5	4–2	1–0
100011	rd′	01	rs2′	01

---

call rd, symbol `x[rd] = pc+8; pc = &symbol`

Call. Pseudoinstruction, RV32I and RV64I.

Writes the address of the next instruction (*pc*+8) to x[*rd*], then sets the *pc* to *symbol*. Expands to **auipc** rd, offsetHi then **jalr** rd, offsetLo(rd). If *rd* is omitted, x1 is implied.

---

csrr rd, csr `x[rd] = CSRs[csr]`

Control and Status Register Read. Pseudoinstruction, RV32I and RV64I.

Copies control and status register *csr* to x[*rd*]. Expands to **csrrs** rd, csr, x0.

---

csrc csr, rs1 `CSRs[csr] &= ~x[rs1]`

Control and Status Register Clear. Pseudoinstruction, RV32I and RV64I.

For each bit set in x[*rs1*], clear the corresponding bit in control and status register *csr*. Expands to **csrrc** x0, csr, rs1.

---

csrci csr, zimm[4:0] `CSRs[csr] &= ~zimm`

Control and Status Register Clear Immediate. Pseudoinstruction, RV32I and RV64I.

For each bit set in the five-bit zero-extended immediate, clear the corresponding bit in control and status register *csr*. Expands to **csrrci** x0, csr, zimm.

---

csrrc rd, csr, rs1 `t = CSRs[csr]; CSRs[csr] = t&~x[rs1]; x[rd] = t`

Control and Status Register Read and Clear. I-type, RV32I and RV64I.

Let *t* be the value of control and status register *csr*. Write the bitwise AND of *t* and the ones' complement of x[*rs1*] to the *csr*, then write *t* to x[*rd*].

31 20	19 15	14 12	11 7	6 0
csr	rs1	011	rd	1110011

---

csrrci rd, csr, zimm[4:0] `t = CSRs[csr]; CSRs[csr] = t&~zimm; x[rd] = t`

Control and Status Register Read and Clear Immediate. I-type, RV32I and RV64I.

Let *t* be the value of control and status register *csr*. Write the bitwise AND of *t* and the ones' complement of the five-bit zero-extended immediate *zimm* to the *csr*, then write *t* to x[*rd*]. (Bits 5 and above in the *csr* are not modified.)

31 20	19 15	14 12	11 7	6 0
csr	zimm[4:0]	111	rd	1110011

---

csrrs rd, csr, rs1 `t = CSRs[csr]; CSRs[csr] = t | x[rs1]; x[rd] = t`

Control and Status Register Read and Set. I-type, RV32I and RV64I.

Let *t* be the value of control and status register *csr*. Write the bitwise OR of *t* and x[*rs1*] to the *csr*, then write *t* to x[*rd*].

31 20	19 15	14 12	11 7	6 0
csr	rs1	010	rd	1110011

---

csrrsi rd, csr, zimm[4:0] `t = CSRs[csr]; CSRs[csr] = t | zimm; x[rd] = t`

Control and Status Register Read and Set Immediate. I-type, RV32I and RV64I.

Let *t* be the value of control and status register *csr*. Write the bitwise OR of *t* and the five-bit zero-extended immediate *zimm* to the *csr*, then write *t* to x[*rd*]. (Bits 5 and above in the *csr* are not modified.)

31–20	19–15	14–12	11–7	6–0
csr	zimm[4:0]	110	rd	1110011

---

csrrw rd, csr, rs1 `t = CSRs[csr]; CSRs[csr] = x[rs1]; x[rd] = t`

Control and Status Register Read and Write. I-type, RV32I and RV64I.

Let *t* be the value of control and status register *csr*. Copy x[*rs1*] to the *csr*, then write *t* to x[*rd*].

31–20	19–15	14–12	11–7	6–0
csr	rs1	001	rd	1110011

---

csrrwi rd, csr, zimm[4:0] `x[rd] = CSRs[csr]; CSRs[csr] = zimm`

Control and Status Register Read and Write Immediate. I-type, RV32I and RV64I.

Copies the control and status register *csr* to x[*rd*], then writes the five-bit zero-extended immediate *zimm* to the *csr*.

31–20	19–15	14–12	11–7	6–0
csr	zimm[4:0]	101	rd	1110011

---

csrs csr, rs1 `CSRs[csr] |= x[rs1]`

Control and Status Register Set. Pseudoinstruction, RV32I and RV64I.

For each bit set in x[*rs1*], set the corresponding bit in control and status register *csr*. Expands to **csrrs** x0, csr, rs1.

---

csrsi csr, zimm[4:0]

`CSRs[csr] |= zimm`

Control and Status Register Set Immediate. Pseudoinstruction, RV32I and RV64I.

For each bit set in the five-bit zero-extended immediate, set the corresponding bit in control and status register *csr*. Expands to **csrrsi** x0, csr, zimm.

---

csrw csr, rs1

`CSRs[csr] = x[rs1]`

Control and Status Register Write. Pseudoinstruction, RV32I and RV64I.

Copies x[*rs1*] to control and status register *csr*. Expands to **csrrw** x0, csr, rs1.

---

csrwi csr, zimm[4:0]

`CSRs[csr] = zimm`

Control and Status Register Write Immediate. Pseudoinstruction, RV32I and RV64I.

Copies the five-bit zero-extended immediate to control and status register *csr*. Expands to **csrrwi** x0, csr, zimm.

---

div rd, rs1, rs2

x[rd] = x[rs1] $\div_s$ x[rs2]

Divide. R-type, RV32M and RV64M.

Divides x[*rs1*] by x[*rs2*], rounding towards zero, treating the values as two's complement numbers, and writes the quotient to x[*rd*].

31–25	24–20	19–15	14–12	11–7	6–0
0000001	rs2	rs1	100	rd	0110011

---

divu rd, rs1, rs2

x[rd] = x[rs1] $\div_u$ x[rs2]

Divide, Unsigned. R-type, RV32M and RV64M.

Divides x[*rs1*] by x[*rs2*], rounding towards zero, treating the values as unsigned numbers, and writes the quotient to x[*rd*].

31–25	24–20	19–15	14–12	11–7	6–0
0000001	rs2	rs1	101	rd	0110011

---

divuw rd, rs1, rs2 `x[rd] = sext(x[rs1][31:0]` $\div_u$ `x[rs2][31:0])`

Divide Word, Unsigned. R-type, RV64M only.

Divides the lower 32 bits of x[*rs1*] by the lower 32 bits of x[*rs2*], rounding towards zero, treating the values as unsigned numbers, and writes the sign-extended 32-bit quotient to x[*rd*].

31–25	24–20	19–15	14–12	11–7	6–0
0000001	rs2	rs1	101	rd	0111011

divw rd, rs1, rs2 `x[rd] = sext(x[rs1][31:0]` $\div_s$ `x[rs2][31:0])`

Divide Word. R-type, RV64M only.

Divides the lower 32 bits of x[*rs1*] by the lower 32 bits of x[*rs2*], rounding towards zero, treating the values as two's complement numbers, and writes the sign-extended 32-bit quotient to x[*rd*].

31–25	24–20	19–15	14–12	11–7	6–0
0000001	rs2	rs1	100	rd	0111011

ebreak `RaiseException(Breakpoint)`

Environment Breakpoint. I-type, RV32I and RV64I.

Makes a request of the debugger by raising a Breakpoint exception.

31–20	19–15	14–12	11–7	6–0
000000000001	00000	000	00000	1110011

ecall `RaiseException(EnvironmentCall)`

Environment Call. I-type, RV32I and RV64I.

Makes a request of the execution environment by raising an Environment Call exception.

31–20	19–15	14–12	11–7	6–0
000000000000	00000	000	00000	1110011

fabs.d rd, rs1 `f[rd] = |f[rs1]|`

Floating-point Absolute Value. Pseudoinstruction, RV32D and RV64D.

Writes the absolute value of the double-precision floating-point number in f[*rs1*] to f[*rd*]. Expands to **fsgnjx.d** rd, rs1, rs1.

---

fabs.s rd, rs1 `f[rd] = |f[rs1]|`

Floating-point Absolute Value. Pseudoinstruction, RV32F and RV64F.

Writes the absolute value of the single-precision floating-point number in f[*rs1*] to f[*rd*]. Expands to **fsgnjx.s** rd, rs1, rs1.

---

fadd.d rd, rs1, rs2 `f[rd] = f[rs1] + f[rs2]`

Floating-point Add, Double-Precision. R-type, RV32D and RV64D.

Adds the double-precision floating-point numbers in registers f[*rs1*] and f[*rs2*] and writes the rounded double-precision sum to f[*rd*].

31 25	24 20	19 15	14 12	11 7	6 0
0000001	rs2	rs1	rm	rd	1010011

---

fadd.s rd, rs1, rs2 `f[rd] = f[rs1] + f[rs2]`

Floating-point Add, Single-Precision. R-type, RV32F and RV64F.

Adds the single-precision floating-point numbers in registers f[*rs1*] and f[*rs2*] and writes the rounded single-precision sum to f[*rd*].

31 25	24 20	19 15	14 12	11 7	6 0
0000000	rs2	rs1	rm	rd	1010011

---

fclass.d rd, rs1

`x[rd] = classify`$_d$`(f[rs1])`

Floating-point Classify, Double-Precision. R-type, RV32D and RV64D.

Writes to x[*rd*] a mask indicating the class of the double-precision floating-point number in f[*rs1*]. See the description of **fclass.s** for the interpretation of the value written to x[*rd*].

31–25	24–20	19–15	14–12	11–7	6–0
1110001	00000	rs1	001	rd	1010011

fclass.s rd, rs1

`x[rd] = classify`$_s$`(f[rs1])`

Floating-point Classify, Single-Precision. R-type, RV32F and RV64F.

Writes to x[*rd*] a mask indicating the class of the single-precision floating-point number in f[*rs1*]. Exactly one bit in x[*rd*] is set, per the following table:

x[*rd*] bit	Meaning
0	f[*rs1*] is $-\infty$.
1	f[*rs1*] is a negative normal number.
2	f[*rs1*] is a negative subnormal number.
3	f[*rs1*] is -0.
4	f[*rs1*] is $+0$.
5	f[*rs1*] is a positive subnormal number.
6	f[*rs1*] is a positive normal number.
7	f[*rs1*] is $+\infty$.
8	f[*rs1*] is a signaling NaN.
9	f[*rs1*] is a quiet NaN.

31–25	24–20	19–15	14–12	11–7	6–0
1110000	00000	rs1	001	rd	1010011

fcvt.d.l rd, rs1

`f[rd] = f64`$_{s64}$`(x[rs1])`

Floating-point Convert to Double from Long. R-type, RV64D only.

Converts the 64-bit two's complement integer in x[*rs1*] to a double-precision floating-point number and writes it to f[*rd*].

31–25	24–20	19–15	14–12	11–7	6–0
1101001	00010	rs1	rm	rd	1010011

---

fcvt.d.lu rd, rs1

`f[rd] = f64`$_{u64}$`(x[rs1])`

Floating-point Convert to Double from Unsigned Long. R-type, RV64D only.

Converts the 64-bit unsigned integer in x[*rs1*] to a double-precision floating-point number and writes it to f[*rd*].

31–25	24–20	19–15	14–12	11–7	6–0
1101001	00011	rs1	rm	rd	1010011

---

fcvt.d.s rd, rs1

`f[rd] = f64`$_{f32}$`(f[rs1])`

Floating-point Convert to Double from Single. R-type, RV32D and RV64D.

Converts the single-precision floating-point number in f[*rs1*] to a double-precision floating-point number and writes it to f[*rd*].

31–25	24–20	19–15	14–12	11–7	6–0
0100001	00000	rs1	rm	rd	1010011

---

fcvt.d.w rd, rs1

`f[rd] = f64`$_{s32}$`(x[rs1])`

Floating-point Convert to Double from Word. R-type, RV32D and RV64D.

Converts the 32-bit two's complement integer in x[*rs1*] to a double-precision floating-point number and writes it to f[*rd*].

31–25	24–20	19–15	14–12	11–7	6–0
1101001	00000	rs1	rm	rd	1010011

---

fcvt.d.wu rd, rs1

`f[rd] = f64`$_{u32}$`(x[rs1])`

Floating-point Convert to Double from Unsigned Word. R-type, RV32D and RV64D.

Converts the 32-bit unsigned integer in x[*rs1*] to a double-precision floating-point number and writes it to f[*rd*].

31–25	24–20	19–15	14–12	11–7	6–0
1101001	00001	rs1	rm	rd	1010011

fcvt.l.d rd, rs1

`x[rd] = s64`$_{f64}$`(f[rs1])`

Floating-point Convert to Long from Double. R-type, RV64D only.

Converts the double-precision floating-point number in register f[*rs1*] to a 64-bit two's complement integer and writes it to x[*rd*].

31–25	24–20	19–15	14–12	11–7	6–0
1100001	00010	rs1	rm	rd	1010011

fcvt.l.s rd, rs1

`x[rd] = s64`$_{f32}$`(f[rs1])`

Floating-point Convert to Long from Single. R-type, RV64F only.

Converts the single-precision floating-point number in register f[*rs1*] to a 64-bit two's complement integer and writes it to x[*rd*].

31–25	24–20	19–15	14–12	11–7	6–0
1100000	00010	rs1	rm	rd	1010011

fcvt.lu.d rd, rs1

`x[rd] = u64`$_{f64}$`(f[rs1])`

Floating-point Convert to Unsigned Long from Double. R-type, RV64D only.

Converts the double-precision floating-point number in register f[*rs1*] to a 64-bit unsigned integer and writes it to x[*rd*].

31–25	24–20	19–15	14–12	11–7	6–0
1100001	00011	rs1	rm	rd	1010011

fcvt.lu.s rd, rs1

`x[rd] = u64`$_{f32}$`(f[rs1])`

Floating-point Convert to Unsigned Long from Single. R-type, RV64F only.

Converts the single-precision floating-point number in register f[*rs1*] to a 64-bit unsigned integer and writes it to x[*rd*].

31–25	24–20	19–15	14–12	11–7	6–0
1100000	00011	rs1	rm	rd	1010011

---

fcvt.s.d rd, rs1

`f[rd] = f32`$_{f64}$`(f[rs1])`

Floating-point Convert to Single from Double. R-type, RV32D and RV64D.

Converts the double-precision floating-point number in f[*rs1*] to a single-precision floating-point number and writes it to f[*rd*].

31–25	24–20	19–15	14–12	11–7	6–0
0100000	00001	rs1	rm	rd	1010011

---

fcvt.s.l rd, rs1

`f[rd] = f32`$_{s64}$`(x[rs1])`

Floating-point Convert to Single from Long. R-type, RV64F only.

Converts the 64-bit two's complement integer in x[*rs1*] to a single-precision floating-point number and writes it to f[*rd*].

31–25	24–20	19–15	14–12	11–7	6–0
1101000	00010	rs1	rm	rd	1010011

---

fcvt.s.lu rd, rs1

`f[rd] = f32`$_{u64}$`(x[rs1])`

Floating-point Convert to Single from Unsigned Long. R-type, RV64F only.

Converts the 64-bit unsigned integer in x[*rs1*] to a single-precision floating-point number and writes it to f[*rd*].

31–25	24–20	19–15	14–12	11–7	6–0
1101000	00011	rs1	rm	rd	1010011

---

fcvt.s.w rd, rs1

`f[rd] = f32`$_{s32}$`(x[rs1])`

Floating-point Convert to Single from Word. R-type, RV32F and RV64F.

Converts the 32-bit two's complement integer in x[*rs1*] to a single-precision floating-point number and writes it to f[*rd*].

31–25	24–20	19–15	14–12	11–7	6–0
1101000	00000	rs1	rm	rd	1010011

fcvt.s.wu rd, rs1

`f[rd] = f32`$_{u32}$`(x[rs1])`

Floating-point Convert to Single from Unsigned Word. R-type, RV32F and RV64F.

Converts the 32-bit unsigned integer in x[*rs1*] to a single-precision floating-point number and writes it to f[*rd*].

31–25	24–20	19–15	14–12	11–7	6–0
1101000	00001	rs1	rm	rd	1010011

fcvt.w.d rd, rs1

`x[rd] = sext(s32`$_{f64}$`(f[rs1]))`

Floating-point Convert to Word from Double. R-type, RV32D and RV64D.

Converts the double-precision floating-point number in register f[*rs1*] to a 32-bit two's complement integer and writes the sign-extended result to x[*rd*].

31–25	24–20	19–15	14–12	11–7	6–0
1100001	00000	rs1	rm	rd	1010011

fcvt.wu.d rd, rs1

`x[rd] = sext(u32`$_{f64}$`(f[rs1]))`

Floating-point Convert to Unsigned Word from Double. R-type, RV32D and RV64D.

Converts the double-precision floating-point number in register f[*rs1*] to a 32-bit unsigned integer and writes the sign-extended result to x[*rd*].

31–25	24–20	19–15	14–12	11–7	6–0
1100001	00001	rs1	rm	rd	1010011

fcvt.w.s rd, rs1 `x[rd] = sext(s32`$_{f32}$`(f[rs1]))`

Floating-point Convert to Word from Single. R-type, RV32F and RV64F.

Converts the single-precision floating-point number in register f[*rs1*] to a 32-bit two's complement integer and writes the sign-extended result to x[*rd*].

31–25	24–20	19–15	14–12	11–7	6–0
1100000	00000	rs1	rm	rd	1010011

---

fcvt.wu.s rd, rs1 `x[rd] = sext(u32`$_{f32}$`(f[rs1]))`

Floating-point Convert to Unsigned Word from Single. R-type, RV32F and RV64F.

Converts the single-precision floating-point number in register f[*rs1*] to a 32-bit unsigned integer and writes the sign-extended result to x[*rd*].

31–25	24–20	19–15	14–12	11–7	6–0
1100000	00001	rs1	rm	rd	1010011

---

fdiv.d rd, rs1, rs2 `f[rd] = f[rs1] ÷ f[rs2]`

Floating-point Divide, Double-Precision. R-type, RV32D and RV64D.

Divides the double-precision floating-point number in register f[*rs1*] by f[*rs2*] and writes the rounded double-precision quotient to f[*rd*].

31–25	24–20	19–15	14–12	11–7	6–0
0001101	rs2	rs1	rm	rd	1010011

---

fdiv.s rd, rs1, rs2 `f[rd] = f[rs1] ÷ f[rs2]`

Floating-point Divide, Single-Precision. R-type, RV32F and RV64F.

Divides the single-precision floating-point number in register f[*rs1*] by f[*rs2*] and writes the rounded single-precision quotient to f[*rd*].

31–25	24–20	19–15	14–12	11–7	6–0
0001100	rs2	rs1	rm	rd	1010011

---

fence pred, succ `Fence(pred, succ)`

Fence Memory and I/O. I-type, RV32I and RV64I.

Renders preceding memory and I/O accesses in the *pred*ecessor set observable to other threads and devices before subsequent memory and I/O accesses in the *succ*essor set become observable. Bits 3, 2, 1, and 0 in these sets correspond to device **i**nput, device **o**utput, memory **r**eads, and memory **w**rites, respectively. The instruction **fence** r,rw, for example, orders older reads with younger reads and writes, and is encoded with *pred*=0010 and *succ*=0011. If the arguments are omitted, a full **fence** iorw, iorw is implied.

31–28	27–24	23–20	19–15	14–12	11–7	6–0
0000	pred	succ	00000	000	00000	0001111

fence.i `Fence(Store, Fetch)`

Fence Instruction Stream. I-type, RV32I and RV64I.

Renders stores to instruction memory observable to subsequent instruction fetches.

31–20	19–15	14–12	11–7	6–0
000000000000	00000	001	00000	0001111

feq.d rd, rs1, rs2 `x[rd] = f[rs1] == f[rs2]`

Floating-point Equals, Double-Precision. R-type, RV32D and RV64D.

Writes 1 to x[*rd*] if the double-precision floating-point number in f[*rs1*] equals the number in f[*rs2*], and 0 if not.

31–25	24–20	19–15	14–12	11–7	6–0
1010001	rs2	rs1	010	rd	1010011

feq.s rd, rs1, rs2 `x[rd] = f[rs1] == f[rs2]`

Floating-point Equals, Single-Precision. R-type, RV32F and RV64F.

Writes 1 to x[*rd*] if the single-precision floating-point number in f[*rs1*] equals the number in f[*rs2*], and 0 if not.

31–25	24–20	19–15	14–12	11–7	6–0
1010000	rs2	rs1	010	rd	1010011

fld rd, offset(rs1)

`f[rd] = M[x[rs1] + sext(offset)][63:0]`

Floating-point Load Doubleword. I-type, RV32D and RV64D.

Loads a double-precision floating-point number from memory address x[*rs1*] + *sign-extend*(*offset*) and writes it to f[*rd*].

Compressed forms: **c.fldsp** rd, offset; **c.fld** rd, offset(rs1)

31–20	19–15	14–12	11–7	6–0
offset[11:0]	rs1	011	rd	0000111

---

fle.d rd, rs1, rs2

`x[rd] = f[rs1]` $\leq$ `f[rs2]`

Floating-point Less Than or Equal, Double-Precision. R-type, RV32D and RV64D.

Writes 1 to x[*rd*] if the double-precision floating-point number in f[*rs1*] is less than or equal to the number in f[*rs2*], and 0 if not.

31–25	24–20	19–15	14–12	11–7	6–0
1010001	rs2	rs1	000	rd	1010011

---

fle.s rd, rs1, rs2

`x[rd] = f[rs1]` $\leq$ `f[rs2]`

Floating-point Less Than or Equal, Single-Precision. R-type, RV32F and RV64F.

Writes 1 to x[*rd*] if the single-precision floating-point number in f[*rs1*] is less than or equal to the number in f[*rs2*], and 0 if not.

31–25	24–20	19–15	14–12	11–7	6–0
1010000	rs2	rs1	000	rd	1010011

---

flt.d rd, rs1, rs2

`x[rd] = f[rs1] < f[rs2]`

Floating-point Less Than, Double-Precision. R-type, RV32D and RV64D.

Writes 1 to x[*rd*] if the double-precision floating-point number in f[*rs1*] is less than the number in f[*rs2*], and 0 if not.

31–25	24–20	19–15	14–12	11–7	6–0
1010001	rs2	rs1	001	rd	1010011

---

flt.s rd, rs1, rs2

`x[rd] = f[rs1] < f[rs2]`

Floating-point Less Than, Single-Precision. R-type, RV32F and RV64F.

Writes 1 to x[*rd*] if the single-precision floating-point number in f[*rs1*] is less than the number in f[*rs2*], and 0 if not.

31 — 25	24 — 20	19 — 15	14 — 12	11 — 7	6 — 0
1010000	rs2	rs1	001	rd	1010011

flw rd, offset(rs1)

`f[rd] = M[x[rs1] + sext(offset)][31:0]`

Floating-point Load Word. I-type, RV32F and RV64F.

Loads a single-precision floating-point number from memory address x[*rs1*] + *sign-extend*(*offset*) and writes it to f[*rd*].

Compressed forms: **c.flwsp** rd, offset; **c.flw** rd, offset(rs1)

31 — 20	19 — 15	14 — 12	11 — 7	6 — 0
offset[11:0]	rs1	010	rd	0000111

fmadd.d rd, rs1, rs2, rs3

`f[rd] = f[rs1]×f[rs2]+f[rs3]`

Floating-point Fused Multiply-Add, Double-Precision. R4-type, RV32D and RV64D.

Multiplies the double-precision floating-point numbers in f[*rs1*] and f[*rs2*], adds the unrounded product to the double-precision floating-point number in f[*rs3*], and writes the rounded double-precision result to f[*rd*].

31 — 27	26 — 25	24 — 20	19 — 15	14 — 12	11 — 7	6 — 0
rs3	01	rs2	rs1	rm	rd	1000011

fmadd.s rd, rs1, rs2, rs3

`f[rd] = f[rs1]×f[rs2]+f[rs3]`

Floating-point Fused Multiply-Add, Single-Precision. R4-type, RV32F and RV64F.

Multiplies the single-precision floating-point numbers in f[*rs1*] and f[*rs2*], adds the unrounded product to the single-precision floating-point number in f[*rs3*], and writes the rounded single-precision result to f[*rd*].

31 — 27	26 — 25	24 — 20	19 — 15	14 — 12	11 — 7	6 — 0
rs3	00	rs2	rs1	rm	rd	1000011

fmax.d rd, rs1, rs2 `f[rd] = max(f[rs1], f[rs2])`

Floating-point Maximum, Double-Precision. R-type, RV32D and RV64D.

Copies the larger of the double-precision floating-point numbers in registers f[*rs1*] and f[*rs2*] to f[*rd*].

31–25	24–20	19–15	14–12	11–7	6–0
0010101	rs2	rs1	001	rd	1010011

fmax.s rd, rs1, rs2 `f[rd] = max(f[rs1], f[rs2])`

Floating-point Maximum, Single-Precision. R-type, RV32F and RV64F.

Copies the larger of the single-precision floating-point numbers in registers f[*rs1*] and f[*rs2*] to f[*rd*].

31–25	24–20	19–15	14–12	11–7	6–0
0010100	rs2	rs1	001	rd	1010011

fmin.d rd, rs1, rs2 `f[rd] = min(f[rs1], f[rs2])`

Floating-point Minimum, Double-Precision. R-type, RV32D and RV64D.

Copies the smaller of the double-precision floating-point numbers in registers f[*rs1*] and f[*rs2*] to f[*rd*].

31–25	24–20	19–15	14–12	11–7	6–0
0010101	rs2	rs1	000	rd	1010011

fmin.s rd, rs1, rs2 `f[rd] = min(f[rs1], f[rs2])`

Floating-point Minimum, Single-Precision. R-type, RV32F and RV64F.

Copies the smaller of the single-precision floating-point numbers in registers f[*rs1*] and f[*rs2*] to f[*rd*].

31–25	24–20	19–15	14–12	11–7	6–0
0010100	rs2	rs1	000	rd	1010011

fmsub.d rd, rs1, rs2, rs3 `f[rd] = f[rs1]×f[rs2]-f[rs3]`

Floating-point Fused Multiply-Subtract, Double-Precision. R4-type, RV32D and RV64D.

Multiplies the double-precision floating-point numbers in f[*rs1*] and f[*rs2*], subtracts the double-precision floating-point number in f[*rs3*] from the unrounded product, and writes the rounded double-precision result to f[*rd*].

31–27	26–25	24–20	19–15	14–12	11–7	6–0
rs3	01	rs2	rs1	rm	rd	1000111

fmsub.s rd, rs1, rs2, rs3 `f[rd] = f[rs1]×f[rs2]-f[rs3]`

Floating-point Fused Multiply-Subtract, Single-Precision. R4-type, RV32F and RV64F.

Multiplies the single-precision floating-point numbers in f[*rs1*] and f[*rs2*], subtracts the single-precision floating-point number in f[*rs3*] from the unrounded product, and writes the rounded single-precision result to f[*rd*].

31–27	26–25	24–20	19–15	14–12	11–7	6–0
rs3	00	rs2	rs1	rm	rd	1000111

fmul.d rd, rs1, rs2 `f[rd] = f[rs1] × f[rs2]`

Floating-point Multiply, Double-Precision. R-type, RV32D and RV64D.

Multiplies the double-precision floating-point numbers in registers f[*rs1*] and f[*rs2*] and writes the rounded double-precision product to f[*rd*].

31–25	24–20	19–15	14–12	11–7	6–0
0001001	rs2	rs1	rm	rd	1010011

fmul.s rd, rs1, rs2 `f[rd] = f[rs1] × f[rs2]`

Floating-point Multiply, Single-Precision. R-type, RV32F and RV64F.

Multiplies the single-precision floating-point numbers in registers f[*rs1*] and f[*rs2*] and writes the rounded single-precision product to f[*rd*].

31–25	24–20	19–15	14–12	11–7	6–0
0001000	rs2	rs1	rm	rd	1010011

fmv.d rd, rs1 `f[rd] = f[rs1]`

Floating-point Move. Pseudoinstruction, RV32D and RV64D.

Copies the double-precision floating-point number in f[*rs1*] to f[*rd*]. Expands to **fsgnj.d** rd, rs1, rs1.

---

fmv.d.x rd, rs1 `f[rd] = x[rs1][63:0]`

Floating-point Move Doubleword from Integer. R-type, RV64D only.

Copies the double-precision floating-point number in register x[*rs1*] to f[*rd*].

31–25	24–20	19–15	14–12	11–7	6–0
1111001	00000	rs1	000	rd	1010011

---

fmv.s rd, rs1 `f[rd] = f[rs1]`

Floating-point Move. Pseudoinstruction, RV32F and RV64F.

Copies the single-precision floating-point number in f[*rs1*] to f[*rd*]. Expands to **fsgnj.s** rd, rs1, rs1.

---

fmv.w.x rd, rs1 `f[rd] = x[rs1][31:0]`

Floating-point Move Word from Integer. R-type, RV32F and RV64F.

Copies the single-precision floating-point number in register x[*rs1*] to f[*rd*].

31–25	24–20	19–15	14–12	11–7	6–0
1111000	00000	rs1	000	rd	1010011

---

fmv.x.d rd, rs1 `x[rd] = f[rs1][63:0]`

Floating-point Move Doubleword to Integer. R-type, RV64D only.

Copies the double-precision floating-point number in register f[*rs1*] to x[*rd*].

31–25	24–20	19–15	14–12	11–7	6–0
1110001	00000	rs1	000	rd	1010011

---

fmv.x.w rd, rs1 `x[rd] = sext(f[rs1][31:0])`

Floating-point Move Word to Integer. R-type, RV32F and RV64F.

Copies the single-precision floating-point number in register f[*rs1*] to x[*rd*], sign-extending the result for RV64F.

31–25	24–20	19–15	14–12	11–7	6–0
1110000	00000	rs1	000	rd	1010011

---

fneg.d rd, rs1 `f[rd] = -f[rs1]`

Floating-point Negate. Pseudoinstruction, RV32D and RV64D.

Writes the opposite of the double-precision floating-point number in f[*rs1*] to f[*rd*]. Expands to **fsgnjn.d** rd, rs1, rs1.

---

fneg.s rd, rs1 `f[rd] = -f[rs1]`

Floating-point Negate. Pseudoinstruction, RV32F and RV64F.

Writes the opposite of the single-precision floating-point number in f[*rs1*] to f[*rd*]. Expands to **fsgnjn.s** rd, rs1, rs1.

---

fnmadd.d rd, rs1, rs2, rs3 `f[rd] = -f[rs1]×f[rs2]-f[rs3]`

Floating-point Fused Negative Multiply-Add, Double-Precision. R4-type, RV32D and RV64D.

Multiplies the double-precision floating-point numbers in f[*rs1*] and f[*rs2*], negates the result, subtracts the double-precision floating-point number in f[*rs3*] from the unrounded product, and writes the rounded double-precision result to f[*rd*].

31–27	26–25	24–20	19–15	14–12	11–7	6–0
rs3	01	rs2	rs1	rm	rd	1001111

---

fnmadd.s rd, rs1, rs2, rs3

`f[rd] = -f[rs1]×f[rs2]-f[rs3]`

Floating-point Fused Negative Multiply-Add, Single-Precision. R4-type, RV32F and RV64F.
Multiplies the single-precision floating-point numbers in f[*rs1*] and f[*rs2*], negates the result, subtracts the single-precision floating-point number in f[*rs3*] from the unrounded product, and writes the rounded single-precision result to f[*rd*].

31–27	26–25	24–20	19–15	14–12	11–7	6–0
rs3	00	rs2	rs1	rm	rd	1001111

---

fnmsub.d rd, rs1, rs2, rs3

`f[rd] = -f[rs1]×f[rs2]+f[rs3]`

Floating-point Fused Negative Multiply-Subtract, Double-Precision. R4-type, RV32D and RV64D.
Multiplies the double-precision floating-point numbers in f[*rs1*] and f[*rs2*], negates the result, adds the unrounded product to the double-precision floating-point number in f[*rs3*], and writes the rounded double-precision result to f[*rd*].

31–27	26–25	24–20	19–15	14–12	11–7	6–0
rs3	01	rs2	rs1	rm	rd	1001011

---

fnmsub.s rd, rs1, rs2, rs3

`f[rd] = -f[rs1]×f[rs2]+f[rs3]`

Floating-point Fused Negative Multiply-Subtract, Single-Precision. R4-type, RV32F and RV64F.
Multiplies the single-precision floating-point numbers in f[*rs1*] and f[*rs2*], negates the result, adds the unrounded product to the single-precision floating-point number in f[*rs3*], and writes the rounded single-precision result to f[*rd*].

31–27	26–25	24–20	19–15	14–12	11–7	6–0
rs3	00	rs2	rs1	rm	rd	1001011

---

frcsr rd

`x[rd] = CSRs[fcsr]`

Floating-point Read Control and Status Register. Pseudoinstruction, RV32F and RV64F.
Copies the floating-point control and status register to x[*rd*]. Expands to **csrrs** rd, fcsr, x0.

---

frflags rd

`x[rd] = CSRs[fflags]`

Floating-point Read Exception Flags. Pseudoinstruction, RV32F and RV64F.

Copies the floating-point exception flags to x[*rd*]. Expands to **csrrs** rd, fflags, x0.

---

frrm rd

`x[rd] = CSRs[frm]`

Floating-point Read Rounding Mode. Pseudoinstruction, RV32F and RV64F.

Copies the floating-point rounding mode to x[*rd*]. Expands to **csrrs** rd, frm, x0.

---

fscsr rd, rs1

`t = CSRs[fcsr]; CSRs[fcsr] = x[rs1]; x[rd] = t`

Floating-point Swap Control and Status Register. Pseudoinstruction, RV32F and RV64F.

Copies x[*rs1*] to the floating-point control and status register, then copies the previous value of the floating-point control and status register to x[*rd*]. Expands to **csrrw** rd, fcsr, rs1. If *rd* is omitted, x0 is assumed.

---

fsd rs2, offset(rs1)

`M[x[rs1] + sext(offset)] = f[rs2][63:0]`

Floating-point Store Doubleword. S-type, RV32D and RV64D.

Stores the double-precision floating-point number in register f[*rs2*] to memory at address x[*rs1*] + *sign-extend(offset)*.

Compressed forms: **c.fsdsp** rs2, offset; **c.fsd** rs2, offset(rs1)

31–25	24–20	19–15	14–12	11–7	6–0
offset[11:5]	rs2	rs1	011	offset[4:0]	0100111

---

fsflags rd, rs1

`t = CSRs[fflags]; CSRs[fflags] = x[rs1]; x[rd] = t`

Floating-point Swap Exception Flags. Pseudoinstruction, RV32F and RV64F.

Copies x[*rs1*] to the floating-point exception flags register, then copies the previous floating-point exception flags to x[*rd*]. Expands to **csrrw** rd, fflags, rs1. If *rd* is omitted, x0 is assumed.

---

fsgnj.d rd, rs1, rs2 `f[rd] = {f[rs2][63], f[rs1][62:0]}`

Floating-point Sign Inject, Double-Precision. R-type, RV32D and RV64D.

Constructs a new double-precision floating-point number from the exponent and significand of f[*rs1*], taking the sign from f[*rs2*], and writes it to f[*rd*].

31–25	24–20	19–15	14–12	11–7	6–0
0010001	rs2	rs1	000	rd	1010011

---

fsgnj.s rd, rs1, rs2 `f[rd] = {f[rs2][31], f[rs1][30:0]}`

Floating-point Sign Inject, Single-Precision. R-type, RV32F and RV64F.

Constructs a new single-precision floating-point number from the exponent and significand of f[*rs1*], taking the sign from f[*rs2*], and writes it to f[*rd*].

31–25	24–20	19–15	14–12	11–7	6–0
0010000	rs2	rs1	000	rd	1010011

---

fsgnjn.d rd, rs1, rs2 `f[rd] = {~f[rs2][63], f[rs1][62:0]}`

Floating-point Sign Inject-Negate, Double-Precision. R-type, RV32D and RV64D.

Constructs a new double-precision floating-point number from the exponent and significand of f[*rs1*], taking the opposite sign of f[*rs2*], and writes it to f[*rd*].

31–25	24–20	19–15	14–12	11–7	6–0
0010001	rs2	rs1	001	rd	1010011

---

fsgnjn.s rd, rs1, rs2 `f[rd] = {~f[rs2][31], f[rs1][30:0]}`

Floating-point Sign Inject-Negate, Single-Precision. R-type, RV32F and RV64F.

Constructs a new single-precision floating-point number from the exponent and significand of f[*rs1*], taking the opposite sign of f[*rs2*], and writes it to f[*rd*].

31–25	24–20	19–15	14–12	11–7	6–0
0010000	rs2	rs1	001	rd	1010011

---

fsgnjx.d rd, rs1, rs2 `f[rd] = {f[rs1][63] ^ f[rs2][63], f[rs1][62:0]}`

Floating-point Sign Inject-XOR, Double-Precision. R-type, RV32D and RV64D.

Constructs a new double-precision floating-point number from the exponent and significand of f[*rs1*], taking the sign from the XOR of the signs of f[*rs1*] and f[*rs2*], and writes it to f[*rd*].

31–25	24–20	19–15	14–12	11–7	6–0
0010001	rs2	rs1	010	rd	1010011

fsgnjx.s rd, rs1, rs2 `f[rd] = {f[rs1][31] ^ f[rs2][31], f[rs1][30:0]}`

Floating-point Sign Inject-XOR, Single-Precision. R-type, RV32F and RV64F.

Constructs a new single-precision floating-point number from the exponent and significand of f[*rs1*], taking the sign from the XOR of the signs of f[*rs1*] and f[*rs2*], and writes it to f[*rd*].

31–25	24–20	19–15	14–12	11–7	6–0
0010000	rs2	rs1	010	rd	1010011

fsqrt.d rd, rs1 $\texttt{f[rd]} = \sqrt{\texttt{f[rs1]}}$

Floating-point Square Root, Double-Precision. R-type, RV32D and RV64D.

Computes the square root of the double-precision floating-point number in register f[*rs1*] and writes the rounded double-precision result to f[*rd*].

31–25	24–20	19–15	14–12	11–7	6–0
0101101	00000	rs1	rm	rd	1010011

fsqrt.s rd, rs1 $\texttt{f[rd]} = \sqrt{\texttt{f[rs1]}}$

Floating-point Square Root, Single-Precision. R-type, RV32F and RV64F.

Computes the square root of the single-precision floating-point number in register f[*rs1*] and writes the rounded single-precision result to f[*rd*].

31–25	24–20	19–15	14–12	11–7	6–0
0101100	00000	rs1	rm	rd	1010011

fsrm rd, rs1 `t = CSRs[frm]; CSRs[frm] = x[rs1]; x[rd] = t`

Floating-point Swap Rounding Mode. Pseudoinstruction, RV32F and RV64F.

Copies x[*rs1*] to the floating-point rounding mode register, then copies the previous floating-point rounding mode to x[*rd*]. Expands to **csrrw** rd, frm, rs1. If *rd* is omitted, x0 is assumed.

---

fsub.d rd, rs1, rs2 `f[rd] = f[rs1] - f[rs2]`

Floating-point Subtract, Double-Precision. R-type, RV32D and RV64D.

Subtracts the double-precision floating-point number in register f[*rs2*] from f[*rs1*] and writes the rounded double-precision difference to f[*rd*].

31 25	24 20	19 15	14 12	11 7	6 0
0000101	rs2	rs1	rm	rd	1010011

---

fsub.s rd, rs1, rs2 `f[rd] = f[rs1] - f[rs2]`

Floating-point Subtract, Single-Precision. R-type, RV32F and RV64F.

Subtracts the single-precision floating-point number in register f[*rs2*] from f[*rs1*] and writes the rounded single-precision difference to f[*rd*].

31 25	24 20	19 15	14 12	11 7	6 0
0000100	rs2	rs1	rm	rd	1010011

---

fsw rs2, offset(rs1) `M[x[rs1] + sext(offset)] = f[rs2][31:0]`

Floating-point Store Word. S-type, RV32F and RV64F.

Stores the single-precision floating-point number in register f[*rs2*] to memory at address x[*rs1*] + *sign-extend(offset)*.

Compressed forms: **c.fswsp** rs2, offset; **c.fsw** rs2, offset(rs1)

31 25	24 20	19 15	14 12	11 7	6 0
offset[11:5]	rs2	rs1	010	offset[4:0]	0100111

---

j offset `pc += sext(offset)`

Jump. Pseudoinstruction, RV32I and RV64I.

Sets the *pc* to the current *pc* plus the sign-extended *offset*. Expands to **jal** x0, offset.

---

jal rd, offset `x[rd] = pc+4; pc += sext(offset)`

Jump and Link. J-type, RV32I and RV64I.

Writes the address of the next instruction (*pc*+4) to x[*rd*], then set the *pc* to the current *pc* plus the sign-extended *offset*. If *rd* is omitted, x1 is assumed.

Compressed forms: **c.j** offset; **c.jal** offset

<table>
<tr><th>31 — 12</th><th>11 — 7</th><th>6 — 0</th></tr>
<tr><td>offset[20|10:1|11|19:12]</td><td>rd</td><td>1101111</td></tr>
</table>

---

jalr rd, offset(rs1) `t=pc+4; pc=(x[rs1]+sext(offset))&~1; x[rd]=t`

Jump and Link Register. I-type, RV32I and RV64I.

Sets the *pc* to x[*rs1*] + *sign-extend*(*offset*), masking off the least-significant bit of the computed address, then writes the previous *pc*+4 to x[*rd*]. If *rd* is omitted, x1 is assumed.

Compressed forms: **c.jr** rs1; **c.jalr** rs1

31 — 20	19 — 15	14 — 12	11 — 7	6 — 0
offset[11:0]	rs1	000	rd	1100111

---

jr rs1 `pc = x[rs1]`

Jump Register. Pseudoinstruction, RV32I and RV64I.

Sets the *pc* to x[*rs1*]. Expands to **jalr** x0, 0(rs1).

---

la rd, symbol `x[rd] = &symbol`

Load Address. Pseudoinstruction, RV32I and RV64I.

Loads the address of *symbol* into x[*rd*]. When assembling position-independent code, it expands into a load from the Global Offset Table: for RV32I, **auipc** rd, offsetHi then **lw** rd, offsetLo(rd); for RV64I, **auipc** rd, offsetHi then **ld** rd, offsetLo(rd). Otherwise, it expands into **auipc** rd, offsetHi then **addi** rd, rd, offsetLo.

---

lb rd, offset(rs1)

`x[rd] = sext(M[x[rs1] + sext(offset)][7:0])`

Load Byte. I-type, RV32I and RV64I.

Loads a byte from memory at address x[*rs1*] + *sign-extend*(*offset*) and writes it to x[*rd*], sign-extending the result.

31 — 20	19 — 15	14 — 12	11 — 7	6 — 0
offset[11:0]	rs1	000	rd	0000011

---

lbu rd, offset(rs1)

`x[rd] = M[x[rs1] + sext(offset)][7:0]`

Load Byte, Unsigned. I-type, RV32I and RV64I.

Loads a byte from memory at address x[*rs1*] + *sign-extend*(*offset*) and writes it to x[*rd*], zero-extending the result.

31 — 20	19 — 15	14 — 12	11 — 7	6 — 0
offset[11:0]	rs1	100	rd	0000011

---

ld rd, offset(rs1)

`x[rd] = M[x[rs1] + sext(offset)][63:0]`

Load Doubleword. I-type, RV64I only.

Loads eight bytes from memory at address x[*rs1*] + *sign-extend*(*offset*) and writes them to x[*rd*].

Compressed forms: **c.ldsp** rd, offset; **c.ld** rd, offset(rs1)

31 — 20	19 — 15	14 — 12	11 — 7	6 — 0
offset[11:0]	rs1	011	rd	0000011

---

lh rd, offset(rs1)

`x[rd] = sext(M[x[rs1] + sext(offset)][15:0])`

Load Halfword. I-type, RV32I and RV64I.

Loads two bytes from memory at address x[*rs1*] + *sign-extend*(*offset*) and writes them to x[*rd*], sign-extending the result.

31 — 20	19 — 15	14 — 12	11 — 7	6 — 0
offset[11:0]	rs1	001	rd	0000011

---

lhu rd, offset(rs1)

`x[rd] = M[x[rs1] + sext(offset)][15:0]`

Load Halfword, Unsigned. I-type, RV32I and RV64I.

Loads two bytes from memory at address x[*rs1*] + *sign-extend*(*offset*) and writes them to x[*rd*], zero-extending the result.

31 — 20	19 — 15	14 — 12	11 — 7	6 — 0
offset[11:0]	rs1	101	rd	0000011

---

li rd, immediate

`x[rd] = immediate`

Load Immediate. Pseudoinstruction, RV32I and RV64I.

Loads a constant into x[*rd*], using as few instructions as possible. For RV32I, it expands to **lui** and/or **addi**; for RV64I, it's as long as **lui**, **addi**, **slli**, **addi**, **slli**, **addi**, **slli**, **addi**.

---

lla rd, symbol

`x[rd] = &symbol`

Load Local Address. Pseudoinstruction, RV32I and RV64I.

Loads the address of *symbol* into x[*rd*]. Expands into **auipc** rd, offsetHi then **addi** rd, rd, offsetLo.

---

lr.d rd, (rs1)

`x[rd] = LoadReserved64(M[x[rs1]])`

Load-Reserved Doubleword. R-type, RV64A only.

Loads the eight bytes from memory at address x[*rs1*], writes them to x[*rd*], and registers a reservation on that memory doubleword.

31 — 27	26	25	24 — 20	19 — 15	14 — 12	11 — 7	6 — 0
00010	aq	rl	00000	rs1	011	rd	0101111

---

lr.w rd, (rs1)

`x[rd] = LoadReserved32(M[x[rs1]])`

Load-Reserved Word. R-type, RV32A and RV64A.

Loads the four bytes from memory at address x[*rs1*], writes them to x[*rd*], sign-extending the result, and registers a reservation on that memory word.

31 27	26	25	24 20	19 15	14 12	11 7	6 0
00010	aq	rl	00000	rs1	010	rd	0101111

---

lw rd, offset(rs1)

`x[rd] = sext(M[x[rs1] + sext(offset)][31:0])`

Load Word. I-type, RV32I and RV64I.

Loads four bytes from memory at address x[*rs1*] + *sign-extend(offset)* and writes them to x[*rd*]. For RV64I, the result is sign-extended.

Compressed forms: **c.lwsp** rd, offset; **c.lw** rd, offset(rs1)

31 20	19 15	14 12	11 7	6 0
offset[11:0]	rs1	010	rd	0000011

---

lwu rd, offset(rs1)

`x[rd] = M[x[rs1] + sext(offset)][31:0]`

Load Word, Unsigned. I-type, RV64I only.

Loads four bytes from memory at address x[*rs1*] + *sign-extend(offset)* and writes them to x[*rd*], zero-extending the result.

31 20	19 15	14 12	11 7	6 0
offset[11:0]	rs1	110	rd	0000011

---

lui rd, immediate

`x[rd] = sext(immediate[31:12] << 12)`

Load Upper Immediate. U-type, RV32I and RV64I.

Writes the sign-extended 20-bit *immediate*, left-shifted by 12 bits, to x[*rd*], zeroing the lower 12 bits.

Compressed form: **c.lui** rd, imm

31 12	11 7	6 0
immediate[31:12]	rd	0110111

---

mret `ExceptionReturn(Machine)`

Machine-mode Exception Return. R-type, RV32I and RV64I privileged architectures.

Returns from a machine-mode exception handler. Sets the *pc* to CSRs[mepc], the privilege mode to CSRs[mstatus].MPP, CSRs[mstatus].MIE to CSRs[mstatus].MPIE, and CSRs[mstatus].MPIE to 1; and, if user mode is supported, sets CSRs[mstatus].MPP to 0.

31–25	24–20	19–15	14–12	11–7	6–0
0011000	00010	00000	000	00000	1110011

---

mul rd, rs1, rs2 `x[rd] = x[rs1] × x[rs2]`

Multiply. R-type, RV32M and RV64M.

Multiplies x[*rs1*] by x[*rs2*] and writes the product to x[*rd*]. Arithmetic overflow is ignored.

31–25	24–20	19–15	14–12	11–7	6–0
0000001	rs2	rs1	000	rd	0110011

---

mulh rd, rs1, rs2 $\texttt{x[rd] = (x[rs1]} \ {}_s\!\times_s \ \texttt{x[rs2])} >>_s \texttt{XLEN}$

Multiply High. R-type, RV32M and RV64M.

Multiplies x[*rs1*] by x[*rs2*], treating the values as two's complement numbers, and writes the upper half of the product to x[*rd*].

31–25	24–20	19–15	14–12	11–7	6–0
0000001	rs2	rs1	001	rd	0110011

---

mulhsu rd, rs1, rs2 $\texttt{x[rd] = (x[rs1]} \ {}_s\!\times_u \ \texttt{x[rs2])} >>_s \texttt{XLEN}$

Multiply High Signed-Unsigned. R-type, RV32M and RV64M.

Multiplies x[*rs1*] by x[*rs2*], treating x[rs1] as a two's complement number and x[rs2] as an unsigned number, and writes the upper half of the product to x[*rd*].

31–25	24–20	19–15	14–12	11–7	6–0
0000001	rs2	rs1	010	rd	0110011

---

mulhu rd, rs1, rs2

`x[rd] = (x[rs1]` $_u\times_u$ `x[rs2]) >>`$_u$ `XLEN`

Multiply High Unsigned. R-type, RV32M and RV64M.

Multiplies x[*rs1*] by x[*rs2*], treating the values as unsigned numbers, and writes the upper half of the product to x[*rd*].

31–25	24–20	19–15	14–12	11–7	6–0
0000001	rs2	rs1	011	rd	0110011

---

mulw rd, rs1, rs2

`x[rd] = sext((x[rs1]` $\times$ `x[rs2])[31:0])`

Multiply Word. R-type, RV64M only.

Multiplies x[*rs1*] by x[*rs2*], truncates the product to 32 bits, and writes the sign-extended result to x[*rd*]. Arithmetic overflow is ignored.

31–25	24–20	19–15	14–12	11–7	6–0
0000001	rs2	rs1	000	rd	0111011

---

mv rd, rs1

`x[rd] = x[rs1]`

Move. Pseudoinstruction, RV32I and RV64I.

Copies register x[*rs1*] to x[*rd*]. Expands to **addi** rd, rs1, 0.

---

neg rd, rs2

`x[rd] = -x[rs2]`

Negate. Pseudoinstruction, RV32I and RV64I.

Writes the two's complement of x[*rs2*] to x[*rd*]. Expands to **sub** rd, x0, rs2.

---

negw rd, rs2

`x[rd] = sext((-x[rs2])[31:0])`

Negate Word. Pseudoinstruction, RV64I only.

Computes the two's complement of x[*rs2*], truncates the result to 32 bits, and writes the sign-extended result to x[*rd*]. Expands to **subw** rd, x0, rs2.

---

nop

Nothing

No operation. Pseudoinstruction, RV32I and RV64I.

Merely advances the *pc* to the next instruction. Expands to **addi** x0, x0, 0.

---

not rd, rs1

`x[rd] = ~x[rs1]`

NOT. Pseudoinstruction, RV32I and RV64I.

Writes the ones' complement of x[*rs1*] to x[*rd*]. Expands to **xori** rd, rs1, -1.

---

or rd, rs1, rs2

`x[rd] = x[rs1] | x[rs2]`

OR. R-type, RV32I and RV64I.

Computes the bitwise inclusive-OR of registers x[*rs1*] and x[*rs2*] and writes the result to x[*rd*].

Compressed form: **c.or** rd, rs2

31 — 25	24 — 20	19 — 15	14 — 12	11 — 7	6 — 0
0000000	rs2	rs1	110	rd	0110011

---

ori rd, rs1, immediate

`x[rd] = x[rs1] | sext(immediate)`

OR Immediate. I-type, RV32I and RV64I.

Computes the bitwise inclusive-OR of the sign-extended *immediate* and register x[*rs1*] and writes the result to x[*rd*].

31 — 20	19 — 15	14 — 12	11 — 7	6 — 0
immediate[11:0]	rs1	110	rd	0010011

---

rdcycle rd

`x[rd] = CSRs[cycle]`

Read Cycle Counter. Pseudoinstruction, RV32I and RV64I.

Writes the number of cycles that have elapsed to x[*rd*]. Expands to **csrrs** rd, cycle, x0.

---

rdcycleh rd

`x[rd] = CSRs[cycleh]`

Read Cycle Counter High. Pseudoinstruction, RV32I only.

Writes the number of cycles that have elapsed, shifted right by 32 bits, to x[*rd*]. Expands to **csrrs** rd, cycleh, x0.

---

rdinstret rd

`x[rd] = CSRs[instret]`

Read Instructions-Retired Counter. Pseudoinstruction, RV32I and RV64I.

Writes the number of instructions that have retired to x[*rd*]. Expands to **csrrs** rd, instret, x0.

---

rdinstreth rd

`x[rd] = CSRs[instreth]`

Read Instructions-Retired Counter High. Pseudoinstruction, RV32I only.

Writes the number of instructions that have retired, shifted right by 32 bits, to x[*rd*]. Expands to **csrrs** rd, instreth, x0.

---

rdtime rd

`x[rd] = CSRs[time]`

Read Time. Pseudoinstruction, RV32I and RV64I.

Writes the current time to x[*rd*]. The timer frequency is platform-dependent. Expands to **csrrs** rd, time, x0.

---

rdtimeh rd

`x[rd] = CSRs[timeh]`

Read Time High. Pseudoinstruction, RV32I only.

Writes the current time, shifted right by 32 bits, to x[*rd*]. The timer frequency is platform-dependent. Expands to **csrrs** rd, timeh, x0.

---

rem rd, rs1, rs2

`x[rd] = x[rs1]` $\%_s$ `x[rs2]`

Remainder. R-type, RV32M and RV64M.

Divides x[*rs1*] by x[*rs2*], rounding towards zero, treating the values as two's complement numbers, and writes the remainder to x[*rd*].

31 — 25	24 — 20	19 — 15	14 — 12	11 — 7	6 — 0
0000001	rs2	rs1	110	rd	0110011

---

remu rd, rs1, rs2

`x[rd] = x[rs1] %`$_u$` x[rs2]`

Remainder, Unsigned. R-type, RV32M and RV64M.

Divides x[*rs1*] by x[*rs2*], rounding towards zero, treating the values as unsigned numbers, and writes the remainder to x[*rd*].

31–25	24–20	19–15	14–12	11–7	6–0
0000001	rs2	rs1	111	rd	0110011

---

remuw rd, rs1, rs2

`x[rd] = sext(x[rs1][31:0] %`$_u$` x[rs2][31:0])`

Remainder Word, Unsigned. R-type, RV64M only.

Divides the lower 32 bits of x[*rs1*] by the lower 32 bits of x[*rs2*], rounding towards zero, treating the values as unsigned numbers, and writes the sign-extended 32-bit remainder to x[*rd*].

31–25	24–20	19–15	14–12	11–7	6–0
0000001	rs2	rs1	111	rd	0111011

---

remw rd, rs1, rs2

`x[rd] = sext(x[rs1][31:0] %`$_s$` x[rs2][31:0])`

Remainder Word. R-type, RV64M only.

Divides the lower 32 bits of x[*rs1*] by the lower 32 bits of x[*rs2*], rounding towards zero, treating the values as two's complement numbers, and writes the sign-extended 32-bit remainder to x[*rd*].

31–25	24–20	19–15	14–12	11–7	6–0
0000001	rs2	rs1	110	rd	0111011

---

ret

`pc = x[1]`

Return. Pseudoinstruction, RV32I and RV64I.

Returns from a subroutine. Expands to **jalr** x0, 0(x1).

---

sb rs2, offset(rs1) `M[x[rs1] + sext(offset)] = x[rs2][7:0]`

Store Byte. S-type, RV32I and RV64I.

Stores the least-significant byte in register x[*rs2*] to memory at address x[*rs1*] + *sign-extend*(*offset*).

31–25	24–20	19–15	14–12	11–7	6–0
offset[11:5]	rs2	rs1	000	offset[4:0]	0100011

sc.d rd, rs2, (rs1) `x[rd] = StoreConditional64(M[x[rs1]], x[rs2])`

Store-Conditional Doubleword. R-type, RV64A only.

Stores the eight bytes in register x[*rs2*] to memory at address x[*rs1*], provided there exists a load reservation on that memory address. Writes 0 to x[*rd*] if the store succeeded, or a nonzero error code otherwise.

31–27	26	25	24–20	19–15	14–12	11–7	6–0
00011	aq	rl	rs2	rs1	011	rd	0101111

sc.w rd, rs2, (rs1) `x[rd] = StoreConditional32(M[x[rs1]], x[rs2])`

Store-Conditional Word. R-type, RV32A and RV64A.

Stores the four bytes in register x[*rs2*] to memory at address x[*rs1*], provided there exists a load reservation on that memory address. Writes 0 to x[*rd*] if the store succeeded, or a nonzero error code otherwise.

31–27	26	25	24–20	19–15	14–12	11–7	6–0
00011	aq	rl	rs2	rs1	010	rd	0101111

sd rs2, offset(rs1) `M[x[rs1] + sext(offset)] = x[rs2][63:0]`

Store Doubleword. S-type, RV64I only.

Stores the eight bytes in register x[*rs2*] to memory at address x[*rs1*] + *sign-extend*(*offset*).

Compressed forms: **c.sdsp** rs2, offset; **c.sd** rs2, offset(rs1)

31–25	24–20	19–15	14–12	11–7	6–0
offset[11:5]	rs2	rs1	011	offset[4:0]	0100011

seqz rd, rs1

`x[rd] = (x[rs1] == 0)`

Set if Equal to Zero. Pseudoinstruction, RV32I and RV64I.

Writes 1 to x[*rd*] if x[*rs1*] equals 0, or 0 if not. Expands to **sltiu** rd, rs1, 1.

---

sext.w rd, rs1

`x[rd] = sext(x[rs1][31:0])`

Sign-extend Word. Pseudoinstruction, RV64I only.

Reads the lower 32 bits of x[*rs1*], sign-extends them, and writes the result to x[*rd*]. Expands to **addiw** rd, rs1, 0.

---

sfence.vma rs1, rs2

`Fence(Store, AddressTranslation)`

Fence Virtual Memory. R-type, RV32I and RV64I privileged architectures.

Orders preceding stores to the page tables with subsequent virtual-address translations. When *rs2*=0, translations for all address spaces are affected; otherwise, only translations for address space identified by x[*rs2*] are ordered. When *rs1*=0, translations for all virtual addresses in the selected address spaces are ordered; otherwise, only translations for the page containing virtual address x[*rs1*] in the selected address spaces are ordered.

31 — 25	24 — 20	19 — 15	14 — 12	11 — 7	6 — 0
0001001	rs2	rs1	000	00000	1110011

---

sgtz rd, rs2

`x[rd] = (x[rs2]` $>_s$ `0)`

Set if Greater Than to Zero. Pseudoinstruction, RV32I and RV64I.

Writes 1 to x[*rd*] if x[*rs2*] is greater than 0, or 0 if not. Expands to **slt** rd, x0, rs2.

---

sh rs2, offset(rs1)

`M[x[rs1] + sext(offset)] = x[rs2][15:0]`

Store Halfword. S-type, RV32I and RV64I.

Stores the two least-significant bytes in register x[*rs2*] to memory at address x[*rs1*] + *sign-extend*(*offset*).

31 — 25	24 — 20	19 — 15	14 — 12	11 — 7	6 — 0
offset[11:5]	rs2	rs1	001	offset[4:0]	0100011

---

sw rs2, offset(rs1) `M[x[rs1] + sext(offset)] = x[rs2][31:0]`

Store Word. S-type, RV32I and RV64I.

Stores the four least-significant bytes in register x[*rs2*] to memory at address x[*rs1*] + *sign-extend*(*offset*).

Compressed forms: **c.swsp** rs2, offset; **c.sw** rs2, offset(rs1)

31 — 25	24 — 20	19 — 15	14 — 12	11 — 7	6 — 0
offset[11:5]	rs2	rs1	010	offset[4:0]	0100011

sll rd, rs1, rs2 `x[rd] = x[rs1] << x[rs2]`

Shift Left Logical. R-type, RV32I and RV64I.

Shifts register x[*rs1*] left by x[*rs2*] bit positions. The vacated bits are filled with zeros, and the result is written to x[*rd*]. The least-significant five bits of x[*rs2*] (or six bits for RV64I) form the shift amount; the upper bits are ignored.

31 — 25	24 — 20	19 — 15	14 — 12	11 — 7	6 — 0
0000000	rs2	rs1	001	rd	0110011

slli rd, rs1, shamt `x[rd] = x[rs1] << shamt`

Shift Left Logical Immediate. I-type, RV32I and RV64I.

Shifts register x[*rs1*] left by *shamt* bit positions. The vacated bits are filled with zeros, and the result is written to x[*rd*]. For RV32I, the instruction is only legal when *shamt*[5]=0.

Compressed form: **c.slli** rd, shamt

31 — 26	25 — 20	19 — 15	14 — 12	11 — 7	6 — 0
000000	shamt	rs1	001	rd	0010011

slliw rd, rs1, shamt

`x[rd] = sext((x[rs1] << shamt)[31:0])`

Shift Left Logical Word Immediate. I-type, RV64I only.

Shifts x[*rs1*] left by *shamt* bit positions. The vacated bits are filled with zeros, the result is truncated to 32 bits, and the sign-extended 32-bit result is written to x[*rd*]. The instruction is only legal when *shamt*[5]=0.

31–26	25–20	19–15	14–12	11–7	6–0
000000	shamt	rs1	001	rd	0011011

sllw rd, rs1, rs2

`x[rd] = sext((x[rs1] << x[rs2][4:0])[31:0])`

Shift Left Logical Word. R-type, RV64I only.

Shifts the lower 32 bits of x[*rs1*] left by x[*rs2*] bit positions. The vacated bits are filled with zeros, and the sign-extended 32-bit result is written to x[*rd*]. The least-significant five bits of x[*rs2*] form the shift amount; the upper bits are ignored.

31–25	24–20	19–15	14–12	11–7	6–0
0000000	rs2	rs1	001	rd	0111011

slt rd, rs1, rs2

$x[rd] = x[rs1] <_s x[rs2]$

Set if Less Than. R-type, RV32I and RV64I.

Compares x[*rs1*] and x[*rs2*] as two's complement numbers, and writes 1 to x[*rd*] if x[*rs1*] is smaller, or 0 if not.

31–25	24–20	19–15	14–12	11–7	6–0
0000000	rs2	rs1	010	rd	0110011

slti rd, rs1, immediate

$x[rd] = x[rs1] <_s \text{sext(immediate)}$

Set if Less Than Immediate. I-type, RV32I and RV64I.

Compares x[*rs1*] and the sign-extended *immediate* as two's complement numbers, and writes 1 to x[*rd*] if x[*rs1*] is smaller, or 0 if not.

31–20	19–15	14–12	11–7	6–0
immediate[11:0]	rs1	010	rd	0010011

sltiu rd, rs1, immediate

`x[rd] = x[rs1]` $<_u$ `sext(immediate)`

Set if Less Than Immediate, Unsigned. I-type, RV32I and RV64I.

Compares x[*rs1*] and the sign-extended *immediate* as unsigned numbers, and writes 1 to x[*rd*] if x[*rs1*] is smaller, or 0 if not.

31–20	19–15	14–12	11–7	6–0
immediate[11:0]	rs1	011	rd	0010011

---

sltu rd, rs1, rs2

`x[rd] = x[rs1]` $<_u$ `x[rs2]`

Set if Less Than, Unsigned. R-type, RV32I and RV64I.

Compares x[*rs1*] and x[*rs2*] as unsigned numbers, and writes 1 to x[*rd*] if x[*rs1*] is smaller, or 0 if not.

31–25	24–20	19–15	14–12	11–7	6–0
0000000	rs2	rs1	011	rd	0110011

---

sltz rd, rs1

`x[rd] = (x[rs1]` $<_s$ `0)`

Set if Less Than to Zero. Pseudoinstruction, RV32I and RV64I.

Writes 1 to x[*rd*] if x[*rs1*] is less than zero, or 0 if not. Expands to **slt** rd, rs1, x0.

---

snez rd, rs2

`x[rd] = (x[rs2]` $\neq$ `0)`

Set if Not Equal to Zero. Pseudoinstruction, RV32I and RV64I.

Writes 0 to x[*rd*] if x[*rs2*] equals 0, or 1 if not. Expands to **sltu** rd, x0, rs2.

---

sra rd, rs1, rs2

`x[rd] = x[rs1]` $>>_s$ `x[rs2]`

Shift Right Arithmetic. R-type, RV32I and RV64I.

Shifts register x[*rs1*] right by x[*rs2*] bit positions. The vacated bits are filled with copies of x[*rs1*]'s most-significant bit, and the result is written to x[*rd*]. The least-significant five bits of x[*rs2*] (or six bits for RV64I) form the shift amount; the upper bits are ignored.

31–25	24–20	19–15	14–12	11–7	6–0
0100000	rs2	rs1	101	rd	0110011

---

srai rd, rs1, shamt

`x[rd] = x[rs1] >>`$_s$ `shamt`

Shift Right Arithmetic Immediate. I-type, RV32I and RV64I.

Shifts register x[*rs1*] right by *shamt* bit positions. The vacated bits are filled with copies of x[*rs1*]'s most-significant bit, and the result is written to x[*rd*]. For RV32I, the instruction is only legal when *shamt*[5]=0.

Compressed form: **c.srai** rd, shamt

31–26	25–20	19–15	14–12	11–7	6–0
010000	shamt	rs1	101	rd	0010011

---

sraiw rd, rs1, shamt

`x[rd] = sext(x[rs1][31:0] >>`$_s$ `shamt)`

Shift Right Arithmetic Word Immediate. I-type, RV64I only.

Shifts the lower 32 bits of x[*rs1*] right by *shamt* bit positions. The vacated bits are filled with copies of x[*rs1*][31], and the sign-extended 32-bit result is written to x[*rd*]. The instruction is only legal when *shamt*[5]=0.

31–26	25–20	19–15	14–12	11–7	6–0
010000	shamt	rs1	101	rd	0011011

---

sraw rd, rs1, rs2

`x[rd] = sext(x[rs1][31:0] >>`$_s$ `x[rs2][4:0])`

Shift Right Arithmetic Word. R-type, RV64I only.

Shifts the lower 32 bits of x[*rs1*] right by x[*rs2*] bit positions. The vacated bits are filled with x[*rs1*][31], and the sign-extended 32-bit result is written to x[*rd*]. The least-significant five bits of x[*rs2*] form the shift amount; the upper bits are ignored.

31–25	24–20	19–15	14–12	11–7	6–0
0100000	rs2	rs1	101	rd	0111011

---

sret ExceptionReturn(Supervisor)

Supervisor-mode Exception Return. R-type, RV32I and RV64I privileged architectures.

Returns from a supervisor-mode exception handler. Sets the *pc* to CSRs[sepc], the privilege mode to CSRs[sstatus].SPP, CSRs[sstatus].SIE to CSRs[sstatus].SPIE, CSRs[sstatus].SPIE to 1, and CSRs[sstatus].SPP to 0.

31 25	24 20	19 15	14 12	11 7	6 0
0001000	00010	00000	000	00000	1110011

---

srl rd, rs1, rs2 x[rd] = x[rs1] $>>_u$ x[rs2]

Shift Right Logical. R-type, RV32I and RV64I.

Shifts register x[*rs1*] right by x[*rs2*] bit positions. The vacated bits are filled with zeros, and the result is written to x[*rd*]. The least-significant five bits of x[*rs2*] (or six bits for RV64I) form the shift amount; the upper bits are ignored.

31 25	24 20	19 15	14 12	11 7	6 0
0000000	rs2	rs1	101	rd	0110011

---

srli rd, rs1, shamt x[rd] = x[rs1] $>>_u$ shamt

Shift Right Logical Immediate. I-type, RV32I and RV64I.

Shifts register x[*rs1*] right by *shamt* bit positions. The vacated bits are filled with zeros, and the result is written to x[*rd*]. For RV32I, the instruction is only legal when *shamt*[5]=0.

Compressed form: **c.srli** rd, shamt

31 26	25 20	19 15	14 12	11 7	6 0
000000	shamt	rs1	101	rd	0010011

---

srliw rd, rs1, shamt `x[rd] = sext(x[rs1][31:0] >>u shamt)`

Shift Right Logical Word Immediate. I-type, RV64I only.

Shifts the lower 32 bits of x[*rs1*] right by *shamt* bit positions. The vacated bits are filled with zeros, and the sign-extended 32-bit result is written to x[*rd*]. The instruction is only legal when *shamt*[5]=0.

31–26	25–20	19–15	14–12	11–7	6–0
000000	shamt	rs1	101	rd	0011011

---

srlw rd, rs1, rs2 `x[rd] = sext(x[rs1][31:0] >>u x[rs2][4:0])`

Shift Right Logical Word. R-type, RV64I only.

Shifts the lower 32 bits of x[*rs1*] right by x[*rs2*] bit positions. The vacated bits are filled with zeros, and the sign-extended 32-bit result is written to x[*rd*]. The least-significant five bits of x[*rs2*] form the shift amount; the upper bits are ignored.

31–25	24–20	19–15	14–12	11–7	6–0
0000000	rs2	rs1	101	rd	0111011

---

sub rd, rs1, rs2 `x[rd] = x[rs1] - x[rs2]`

Subtract. R-type, RV32I and RV64I.

Subtracts register x[*rs2*] from register x[*rs1*] and writes the result to x[*rd*]. Arithmetic overflow is ignored.

Compressed form: **c.sub** rd, rs2

31–25	24–20	19–15	14–12	11–7	6–0
0100000	rs2	rs1	000	rd	0110011

subw rd, rs1, rs2

`x[rd] = sext((x[rs1] - x[rs2])[31:0])`

Subtract Word. R-type, RV64I only.

Subtracts register x[*rs2*] from register x[*rs1*], truncates the result to 32 bits, and writes the sign-extended result to x[*rd*]. Arithmetic overflow is ignored.

Compressed form: **c.subw** rd, rs2

31–25	24–20	19–15	14–12	11–7	6–0
0100000	rs2	rs1	000	rd	0111011

---

tail symbol

`pc = &symbol; clobber x[6]`

Tail call. Pseudoinstruction, RV32I and RV64I.

Sets the *pc* to *symbol*, overwriting x[6] in the process. Expands to **auipc** x6, offsetHi then **jalr** x0, offsetLo(x6).

---

wfi

`while (noInterruptsPending) idle`

Wait for Interrupt. R-type, RV32I and RV64I privileged architectures.

Idles the processor to save energy if no enabled interrupts are currently pending.

31–25	24–20	19–15	14–12	11–7	6–0
0001000	00101	00000	000	00000	1110011

---

xor rd, rs1, rs2

`x[rd] = x[rs1] ^ x[rs2]`

Exclusive-OR. R-type, RV32I and RV64I.

Computes the bitwise exclusive-OR of registers x[*rs1*] and x[*rs2*] and writes the result to x[*rd*].

Compressed form: **c.xor** rd, rs2

31–25	24–20	19–15	14–12	11–7	6–0
0000000	rs2	rs1	100	rd	0110011

---

xori rd, rs1, immediate

`x[rd] = x[rs1] ^ sext(immediate)`

Exclusive-OR Immediate. I-type, RV32I and RV64I.

Computes the bitwise exclusive-OR of the sign-extended *immediate* and register x[*rs1*] and writes the result to x[*rd*].

31 — 20	19 — 15	14 — 12	11 — 7	6 — 0
immediate[11:0]	rs1	100	rd	0010011

B RISC-V로 부터 번역

Plato (428-348 BCE)는 서양의 수학, 철학, 과학의 기초를 닦은 그리스의 고전 철학자이다.

Simplicity

Beauty of style and harmony and grace and good rhythm depend on simplicity.

— Plato, *The Republic*.

B.1 소개

이 부록에는 RV32I의 일반적인 명령어와 관용어를 동등한 ARM-32와 x86-32 코드로 변역하는 표가 포함되어 있다. 이 부록을 작성하는 목표는 RISC-V에 익숙하지는 않지만 ARM-32 또는 x86-32에는 친밀한 프로그래머를 보조하여 RISC-V를 배우고 이전 ISA로 부터 기본 RISC-V 코드로 변환하는 데 도움을 주는 것이다. 부록은 이진 트리를 탐색하는 C 루틴과 3개의 ISA에 대한 주석이 포함된 어셈블리 코드로 마무리한다. 관련성을 명확히 하기 위해 가능한 한 유사하게 3개 구현의 명령어를 배치했다.

그림 B.1의 데이터 전송 명령어는 가장 잘 알려진 주소지정 방식을 위한 RV32I와 ARM-32의 적재와 저장 사이에 유사성을 보여준다. RV32I 및 ARM-32 ISA는 적재-저장 중심인데 반해 x86-32 ISA의 메모리-레지스터 중심을 고려할 때, x86은 이동(move) 명령어를 사용하는 대신에 데이터를 전송한다.

표준 정수 산술, 논리 및 쉬프트 명령어에 추가로 그림 B.2는 각 ISA에서 몇 가지 일반적인 연산이 어떻게 수행되는지 보여준다. 예를 들어 레지스터를 0으로 만드는 것은 RV32I

Description	RV32I	ARM-32	x86-32
Load word	`lw t0, 4(t1)`	`ldr r0, [r1, #4]`	`mov eax, [edi+4]`
Load halfword	`lh t0, 4(t1)`	`ldrsh r0, [r1, #4]`	`movsx eax,WORD PTR[edi+4]`
Load halfword unsigned	`lhu t0, 4(t1)`	`ldrh r0, [r1, #4]`	`movzx eax,WORD PTR[edi+4]`
Load byte	`lb t0, 4(t1)`	`ldrsb r0, [r1, #4]`	`movsx eax,BYTE PTR[edi+4]`
Load byte unsigned	`lbu t0, 4(t1)`	`ldrb r0, [r1, #4]`	`movzx eax,BYTE PTR[edi+4]`
Store byte	`sb t0, 4(t1)`	`strb r0, [r1, #4]`	`mov [edi+4], al`
Store halfword	`sh t0, 4(t1)`	`strh r0, [r1, #4]`	`mov [edi+4], ax`
Store word	`sw t0, 4(t1)`	`str r0, [r1, #4]`	`mov [edi+4], eax`

그림 B.1: ARM-32와 x86-32로 변환된 RV32I 메모리 접근 명령어.

Description	RV32I	ARM-32	x86-32
Zero register	`li t0, 0`	`mov r0, #0`	`xor eax, eax`
Move register	`mv t0, t1`	`mov r0, r1`	`mov eax, edi`
Complement register	`not t0, t1`	`mvn r0, r1`	`not eax, edi`
Negate register	`neg t0, t1`	`rsb r0, r1, #0`	`mov eax, edi` `neg eax`
Load large constant	`lui t0, 0xABCDE` `addi t0, t0, 0x123`	`movw r0, #0xE123` `movt r0, #0xABCD`	`mov eax, 0xABCDE123`
Move PC to register	`auipc t0, 0`	`ldr r0, [pc, #-8]`	`call 1f` `1: pop eax`
Add	`add t0, t1, t2`	`add r0, r1, r2`	`lea eax, [edi+esi]`
Add (imm.)	`addi t0, t0, 1`	`add r0, r0, #1`	`add eax, 1`
Subtract	`sub t0, t0, t1`	`sub r0, r0, r1`	`sub eax, edi`

Set reg. to (reg=0)	`sltiu t0, t1, 1`	`rsbs r0, r1, #1`
		`movcc r0, #0`
			`xor eax, eax`
			`test edx, edx`
			`sete al`

Set reg. to (reg≠0)	`sltu t0, x0, t1`	`adds r0, r1, #0`
		`movne r0, #1`
			`xor eax, eax`
			`test edx, edx`
			`setne al`

Bitwise-OR	`or t0, t0, t1`	`orr r0, r0, r1`	`or eax, edi`
Bitwise-AND	`and t0, t0, t1`	`and r0, r0, r1`	`and eax, edi`
Bitwise-XOR	`xor t0, t0, t1`	`eor r0, r0, r1`	`xor eax, edi`
Bitwise-OR (imm.)	`ori t0, t0, 1`	`orr r0, r0, #1`	`or eax, 1`
Bitwise-AND (imm.)	`andi t0, t0, 1`	`and r0, r0, #1`	`and eax, 1`
Bitwise-XOR (imm.)	`xori t0, t0, 1`	`eor r0, r0, #1`	`xor eax, 1`
Shift left	`sll t0, t0, t1`	`lsl r0, r0, r1`	`sal eax, cl`
Shift right logical	`srl t0, t0, t1`	`lsr r0, r0, r1`	`shr eax, cl`
Shift right arith.	`sra t0, t0, t1`	`asr r0, r0, r1`	`sar eax, cl`
Shift left (imm.)	`slli t0, t0, 1`	`lsl r0, r0, #1`	`sal eax, 1`
Shift right logical (imm.)	`srli t0, t0, 1`	`lsr r0, r0, #1`	`shr eax, 1`
Shift right arith. (imm.)	`srai t0, t0, 1`	`asr r0, r0, #1`	`sar eax, 1`

그림 B.2: ARM-32 및 x86-32로 변환된 RV32I 산술 명령어. 2개 피연산자 x86-32 명령어 포맷은 ARM-32 및 RV32I의 3개 피연산자 명령어보다 더 많은 명령어가 종종 필요하다.

Description	RV32I	ARM-32	x86-32
Branch if =	`beq t0, t1, foo`	`cmp r0, r1` `beq foo`	`cmp eax, esi` `je foo`
Branch if ≠	`bne t0, t1, foo`	`cmp r0, r1` `bne foo`	`cmp eax, esi` `jne foo`
Branch if <	`blt t0, t1, foo`	`cmp r0, r1` `blt foo`	`cmp eax, esi` `jl foo`
Branch if $\geq_s$	`bge t0, t1, foo`	`cmp r0, r1` `bge foo`	`cmp eax, esi` `jge foo`
Branch if $<_u$	`bltu t0, t1, foo`	`cmp r0, r1` `bcc foo`	`cmp eax, esi` `jb foo`
Branch if $\geq_u$	`bgeu t0, t1, foo`	`cmp r0, r1` `bcs foo`	`cmp eax, esi` `jnb foo`
Branch if =0	`beqz t0, foo`	`cmp r0, #0` `beq foo`	`test eax, eax` `je foo`
Branch if ≠0	`bnez t0, foo`	`cmp r0, #0` `bne foo`	`test eax, eax` `jne foo`
Direct jump or tail call	`jal x0, foo`	`b foo`	`jmp foo`
Subroutine call	`jal ra, foo`	`bl foo`	`call foo`
Subroutine return	`jalr x0, 0(ra)`	`bx lr`	`ret`
Indirect call	`jalr ra, 0(t0)`	`blx r0`	`call eax`
Indirect jump or tail call	`jalr x0, 0(t0)`	`bx r0`	`jmp eax`

그림 B.3: ARM-32 및 x86-32로 변환된 RV32I 제어-흐름 명령어. RV32I의 compare-and-branch 명령어는 ARM-32 및 x86-32의 조건 코드 기반 분기의 명령어 개수 반이 든다.

에서는 의사명령어 `li`를 사용하고, ARM-32에서는 수치 이동 명령어, 그리고 x86-32에서는 레지스터를 자신과 exclusive-OR를 하여 사용한다. x86-32 명령어의 2개 피연산자 제한은 가변 길이 명령어 포맷이 큰 상수를 하나의 명령어에 적재시킬 수 있지만, 몇 가지 경우에 더 많은 명령어를 의미한다. 기존의 덧셈, 뺄셈, 논리 및 쉬프트 명령어 (실행된 대부분 명령어를 담당함)는 ISA 사이에 1대1로 매핑된다.

Performance

그림 B.3은 조건 및 무조건 분기 그리고 호출 명령어를 나열한다. 조건부 분기에서 조건 코드 방식인 ARM-32 및 x86-32는 2개의 명령어가 필요하고 RV32I는 단지 하나가 필요하다. 챕터 2의 그림 2.5에서 2.11에 나타난 바와 같이 명령어 집합 설계에 최소화 방식임에도 불구하고 RISC-V의 compare-and-execute 분기는 삽입 정렬에서 명령어의 개수를 ARM-32 및 x86-32의 화려한 주소지정 방식과 푸쉬 및 팝 명령어 만큼 줄인다.

B.2 Tree Sum을 사용한 RV32I, ARM-32, 그리고 x86-32 비교

그림 B.4는 그림 B.5에서 B.7의 세 개의 ISA를 나란히 비교하기 위해 사용하는 예시 C 프로그램이다. 순차적 트리 탐색을 사용하여 이진 트리에서 값을 더한다. 트리는 기본 자료 구조인데, 트리 연산이 과도하게 단순해 보일 수 있지만 단지 몇개의 어셈블리 명령어로 재귀와 반복을 모두 보여줄 수 있어서 선택했다. 루틴은 왼쪽 하위 트리의 합을 계산하기 위해 재귀방식을 사용하지만 오른쪽 하위 트리의 합을 계산하기 위해 반복을 사용하여 메모리 풋프린트와 명령어 개수를 줄인다. 최적화된 컴파일러는 완전한 재귀 코드를 이 버전으로 변환할 수 있다. 명확성을 위해 명시적으로 반복을 보여준다.

세 개의 어셈블리어 프로그램의 크기 사이의 가장 큰 차이는 함수 진입과 종료다. RISC-V는 스택에 3개 레지스터를 저장하고 복구하기 위해 그리고 스택 포인터를 조정하기 위해 4개의 명령어를 사용한다. x86-32는 레지스터에 모두를 적재하는 대신에 메모리 피연산자로 산술 연산을 수행할 수 있으므로 스택에 2개 레지스터만 저장하고 복구한다. RISC-V에서와 같이 명시적으로 스택 포인터를 조정하는 대신에 암묵적으로 푸쉬와 팝 명령어를 이용해 저장하고 복구한다. ARM-32는 단일 푸쉬 명령어를 이용해 스택에 3개 레지스터와 복귀 주소를 가지고 있는 링크 레지스터를 저장하고, 단일 팝 명령어로 그것들을 복구한다.

Performance

주 루프를 수행하기 위해 다른 ISA는 8개 명령어가 필요하지만 RISC-V는 7개 명령어로 실행된다. 그림 B.3에서 보이는 것과 같이 분기문 연산이 ARM-32 및 x86-32는 2개의 명령어가 필요한 반면에 단일 명령어(compare-and-branch)로 할 수 있기 때문이다. 루프에서 명령어의 나머지에 대해 그림 B.1과 B.2에서 보이는 것과 같이 RV32I와 ARM-32는 1 대 1 매핑된다. 하나의 차이는 x86의 `call`과 `ret` 명령어는 암묵적으로 스택에 복귀 주소를 푸쉬하고 스택으로 부터 팝한다. 반면 다른 ISA에서는 그렇게 하는 대신에 명시적으로 프롤로그와 에필로그에서 한다 (RV32I에 대해서는 `ra`를 저장 및 복구하고, ARM-32에 대해서는 `lr`을 푸쉬 및 `pc`에 팝). 또한 x86-32 호출 규약은 스택에 매개변수를 전달하므로 x86-32 코드는 다른 ISA는 피할 수 있는 루프에 `push` 및 `pop` 명령어를 가지고 있다. 추가 데이터 전송으로 성능이 저하된다.

B.3 결론

Programmability

ISA 철학은 매우 다르지만 결과적인 프로그램은 매우 유사하여, 구식 아키텍처의 프로그램 버전을 RISC-V로 직관적으로 번역할 수 있다. RISC-V에 32개 레지스터 vs. ARM-32는 16개 그리고 x86-32는 8개를 가지고 있어서 RISC-V로의 변환은 단순해지지만 다른 방향은 훨씬 더 어려워진다. 먼저 함수 프롤로그와 에필로그를 조정하고, 조건 코드 기반에서 compare-and-branch 명령어 기반으로 조건 분기를 변경하고, 마지막으로 모든 레지스터와 명령어 이름을 RISC-V와 동등하게 교체한다. 가변 길이 x86-32 ISA에서 긴 상수와 주소를 처리하거나 만약 데이터 전송에서 사용된 화려한 주소지정 방식을 수행하기 위해 RISC-V 명령어를 추가하는 것과 같은 몇 가지 조정이 더 남아있을 수 있지만 이런 3 단계만을 따르면 거의 근접하게 된다.

```
struct tree_node {
  struct tree_node *left;
  struct tree_node *right;
  long value;
};

long tree_sum(const struct tree_node *node)
{
  long result = 0;
  while (node) {
    result += tree_sum(node->left);
    result += node->value;
    node = node->right;
  }
  return result;
}
```

그림 B.4: 순차적 탐색을 사용하여 이진 트리에서 값을 더하는 C 루틴.

```
  addi sp,sp,-16  # Allocate stack frame
  sw   s1,4(sp)   # Preserve s1
  sw   s0,8(sp)   # Preserve s0
  sw   ra,12(sp)  # Preserve ra
  li   s1,0       # sum = 0
  beqz a0,.L1     # Skip loop if node == 0
  mv   s0,a0      # s0 = node
.L3:
  lw   a0,0(s0)   # a0 = node->left
  jal  tree_sum   # Recurse; result in a0
  lw   a5,8(s0)   # a5 = node->value
  lw   s0,4(s0)   # node = node->right
  add  s1,a0,s1   # sum += a0
  add  s1,s1,a5   # sum += a5
  bnez s0,.L3     # Loop if node != 0
.L1:
  mv   a0,s1      # Return sum in a0
  lw   s1,4(sp)   # Restore s1
  lw   s0,8(sp)   # Restore s0
  lw   ra,12(sp)  # Restore ra
  addi sp,sp,16   # Deallocate stack frame
  ret             # Return
```

그림 B.5: 순차적 트리 탐색을 위한 RV32I 코드. compare-and-branch 명령어 (bnez) 때문에 다른 2개의 ISA를 위한 버전보다 주 루프가 더 짧다.

```
  push {r4, r5, r6, lr}  # Preserve regs
  mov  r5, #0            # sum = 0
  subs r4, r0, #0        # r4 = node; node == 0?
  beq  .L1               # Skip loop if so
.L3:
  ldr  r0, [r4]          # r0 = node->left
  bl   tree_sum          # Recurse; result in r0
  ldr  r3, [r4, #8]      # r3 = node->value
  ldr  r4, [r4, #4]      # r4 = node->right
  add  r5, r0, r5        # sum += r0
  add  r5, r5, r3        # sum += r3
  cmp  r4, #0            # node == 0?
  bne  .L3               # Loop if not
.L1:
  mov  r0, r5            # Return sum in r0
  pop  {r4, r5, r6, pc}  # Restore regs and return
```

그림 B.6: 순차적 트리 탐색을 위한 ARM-32 코드. 멀티워드 푸쉬와 팝 명령어는 다른 ISA에 비해 ARM-32의 코드 크기를 줄인다.

```
  push esi              # Preserve esi
  push ebx              # Preserve ebx
  xor  esi, esi         # sum = 0
  mov  ebx, [esp+12]    # ebx = node
  test ebx, ebx         # node == 0?
  je   .L1              # Skip if so
.L3:
  push [ebx]            # Load node->left; push to stack
  call tree_sum         # Recurse; result in eax
  pop  edx              # Pop old arg and discard
  add  esi, [ebx+8]     # sum += node->value
  mov  ebx, [ebx+4]     # node = node->right
  add  esi, eax         # sum += eax
  test ebx, ebx         # node == 0?
  jne  .L3              # Loop if not
.L1:
  mov  eax, esi         # Return sum in eax
  pop  ebx              # Restore ebx
  pop  esi              # Restore esi
  ret                   # Return
```

그림 B.7: 순차적 트리 탐색을 위한 x86-32 코드. 주 루프는 다른 ISA를 위한 프로그램 버전에서는 찾을 수 없는 푸쉬와 팝 명령어를 가지고 있어서 추가적인 데이터 트래픽이 발생한다.

찾아보기

【 S 】